茶道古典

茶道古典

茶神傳 · 東茶頌 · 茶經

茶顚 尹炳相 編譯注

연세대학교 출판부

서문 序文

나의 차론(茶論)

우리나라에 차가 처음 들어온 기록은 정사(正史)인 김부식의 『삼국사기』(三國史記)에서 찾아볼 수 있다. "신라본기(新羅本紀)의 흥덕왕 3년(서기 828년)에 당나라에 회환사로 갔던 대렴(大廉)이 차나무 종자를 가지고 돌아와 왕께 바쳤더니 왕께서 지리산에 심으라고 하였다. 차는 선덕왕(632-647) 때부터 있었으나 흥덕왕 때 와서 가장 성행했다"고 되어 있다. 그러므로 우리나라에서 차를 마시기 시작한 것은 천삼백 년이 훨씬 넘는다.

三國史記 新羅本紀興德王 三年條 興德王三年
삼국사기 신라본기흥덕왕 삼년조 흥덕왕삼년

自唐廻使 大廉持茶種子來 王使植地理山
자당회사 대렴지차종자래 왕사식지리산

茶自善德王時有之 至於此盛焉
차자선덕왕시유지 지어차성언

우리나라에 차가 들어온 또 다른 기록으로는 일연의 『삼국유사』(三國遺事)에서 찾을 수 있다.

"경덕왕 24년 (서기 765년) .... 삼월삼짓날 왕은 귀정문 위에 나와 .... 다시 한 중이 있어 납의를 입고 앵통을 둘러메고 남쪽으로부터 오고 있었다. 왕은 반가운 마음으로 바라보다가 그를 문루 위로 영접하였다. 그가 둘러멘 통 속을 살펴보았더니 다른 것은 없고 차 끓이는데 필요한 기구들만 들어 있을 뿐이었다. 왕은 묻기를 '그대는 누구인가?' '충담이옵니다.' '어디서 오는 길인가?' 충담은 대답하기를 '제가 해마다 삼짓날과 중구날이면 남산 삼화령의 미륵세존께 차를 달여 올리는데 지금 바로 차를 올리고 돌아오는 길입니다.' 왕은 물었다. '나에게도 차 한 잔 줄 수 있겠는가?' 충담은 곧 차를 달여 드렸다. 차 향기와 맛이 범상치 않았으며 그릇 속에선 이상한 향기가 진하게 풍겼다고 하였다."

이 글에 나오는 경덕왕 24년은 서기 765년이므로 흥덕왕 3년보다 63년이 앞선다.

三國遺史　卷二　景德王條　王御國二四年 .....
삼국유사 권이 경덕왕조 왕어국이사년

三月三日　王御歸正門樓上 ..... 更有一僧 被衲
삼월삼일 왕어귀정문루상 갱유일승 피납

衣　負櫻筒 從南以來　王喜見之 邀致樓上　視其
의 부앵통 종남이래 왕희견지 요치루상 시기

筒中 盛茶具已　日 汝爲誰邪　僧日 忠談日 何所
통중 성차구이 왈 여위수야 승왈 충담왈 하소

歸來　僧日　僧每重三重九之日　烹茶饗南山三
귀래 승왈 승매중삼중구지일 팽차향남산삼

花嶺 彌勒世尊　今玆旣獻而還矣　王日 寡人亦一
화령 미륵세존 금자기헌이환의 왕왈 과인역일

甌茶有分乎　僧乃煎茶獻之　茶之氣味異常　甌
구차유분호 승내전차헌지 차지기미이상 구

中異香郁烈
중이향욱렬

또한 이능화의 『조선불교통사』(朝鮮佛敎通史)에는 "김해 백월산에 죽로차가 있는데 세상에 전해진 말은 김수로 왕비 허씨가 인도에서 차 종자를 가지고 왔다"고 하였다.

李能和 朝鮮佛敎通史下 "金海白月山 有竹露
이능화 조선불교통사하 김해백월산 유죽로
茶世傳 首露王妃許氏 自印度持來之 茶種子云"
차세전 수로왕비허씨 자인도지래지 차종자운

가락국(駕洛國 42-562)의 시조인 김수로왕(42-199)의 왕비가 된 아유타국(阿踰陁國)의 공주인 허황옥이 인도로부터 차나무 종자를 가지고 와서 심은 것이 죽로차라는 것이다. 전설적인 이야기이지만 이미 1세기에 처음으로 차나무를 김해 부근에 심었다고 한다. 그러나 우리는 정사(正史)를 토대로 하여 말할 수밖에 없기 때문에 우리나라에 차나무 종자가 들어온 것은 천삼백여 년 전이라고 하는 것이 옳을 것이다.

우리나라의 차에 관한 문헌은 1495년경 한재(寒齋) 이목(李穆)이 산문시 형식으로 쓴 『차부』(茶賦)가 있고, 초의(艸衣) 장의순(張意恂)이 1830년에 『만보전서』에서 베껴 쓴 『차신전』(茶神傳)이 있으며 1837년에는 『동차송』(東茶頌)을 저술하여 오늘날까지 전해지고 있다.

차나무는 산차화과(山茶花科)에 속하는 상록관엽수(常綠觀葉樹)로서 가을에 다섯 잎의 흰 꽃이 피며 동백 씨앗 같은 열매를 맺는다. 차는 세잎(一槍二旗)의 새순이 뾰족 나왔을 때 입하(立夏) 뒤에 차잎을 따서 솥에 아홉번 덖어서 손으로 비비고 그늘에 말린 것을 끓인 물에 우려내어 마시는 것이다.

차 끓이는 물은 『차신전』에 의하면 산의 물이 가장 좋고 다음은 강물이며 그 다음은 우물물이라고 하였다. 산수라도 폭포처럼 급히 떨어지는 물은 나쁘고 바위틈에서 졸졸 흐르는 물이나 평지에서 잔잔히 흐르는 물이 좋다고 하였다. 성현(成俔)의 『용재총화』에는 충주의 달천수(達川水)가 가장 좋은 물이고 다음은 한강의 우중수(牛重水)라 하였고 그 다음은 속리산의 삼타수(三陀水)가 좋은 물이라고 하였다.

좋은 물을 선택하였으면 다음은 차를 만들 물을 끓이는 일이다. 차를 만들 물은 섭씨 100도까지 끓여야 한다. 물이 덜 끓은 것을 맹탕이라 하고 물이 너무 오래 끓은 것을 노수(老水)라 한다. 맹탕이나 노수는 차를 만드는데 적합하지 않다. 완전히 끓은 물을 물 식히는 그릇에 부어 섭씨 80도(우리나라 차의 경우) 정도로 식힌 다음에 차를 우려내야 차의 빛깔과 차의 향기와 차의 맛이 온전하다.

물을 끓여 식힌 물을 차 주전자에 붓고 차를 넣어 우려내는데 여름철에는 차 주전자에 물을 먼저 붓고 그 위에 차를 넣는다(上投). 겨울철에는 그 반대로 차를 먼저 차 주전자에 넣고 그 위에 물을 붓는다(下投). 봄과 가을에는 차 만들 분량의 물의 반을 먼저 붓고 그 위에 차를 넣은 다음에 다시 나머지 분량의 물을 붓는다(中投). 차는 차 주전자에 물을 붓고 2-3분 후에 찻잔에 세 번에 걸쳐 골고루 따른 다음에 마신다. 그리고 차는 두 번 혹은 세 번 정도 우려서 마시는 것이 가장 좋다. 발효차는 더 많이 우려서 마실 수 있다.

차를 우려서 마실 때는 먼저 찻물의 빛깔(色)을 감상하고 다음에 차의 향기(香)를 맡고 조금씩 맛(味)을 보고난 후에 마셔야 한다.

차를 마실 때의 손님의 수는 『동차송』에 의하면 혼자 마시는 것이 가장 좋고(神), 그 다음은 둘이 마시는 것이 좋고(勝), 또 그 다음은 삼사 명이 마시는 것이 좋다고 하였다(趣). 다섯, 여섯 명이 함께 마시는 것은 덤덤하고(泛), 칠팔 명이 함께 마시는 것은 나누어 주는데 불과하다고 하였다(施).

차의 효능에 대하여 『동차송』에는 차를 마시면 "귀와 눈이 밝아지고 입맛이 돌고 술을 깨게 하고 피로를 풀며 갈증을 멈추게 하고 추위를 막고 더위를 물리친다"고 하였다.

차는 사람에게 무한한 은혜를 베풀고 있다. 차를 마시면 소화를 도와 속을 편안하게 하고 머리를 맑게 하며 마음을 상쾌하게 하는 효능이 있다. 차는 몽롱한 정신과 피곤한 몸을 가볍게 만든다. 또한 갈증을 풀어주고 우리 몸의 불순물을 소변으로 배설시켜 준다. 차는 눈을 맑게 하고 해독 작용을 하며 피부를 곱게 하는 작용을 한다. 또한 차를 오랫동안 마시면 비만을 예방할 뿐 아니라 비만 치료와 알콜 해독에도 탁월한 효과가 있다(『동의보감』). 요즘의 연구에 의하면 암의 예방과 치료에도 효과가 있다고 하였다.

조선조 때에 차가 쇠퇴하거나 없어지게 된 이유를 문일평(文一平)은 『사외이문』(史外異文)에서 조선조의 배불숭유사상과 차보다 더 맛있던 숭늉과 달고 시원한 우물물 때문에 차가 점점 없어지게 되었다고 하였다. 그리고 또 다른 이유는 차세(茶稅)를 현물로 너무 가혹하게 많이 받아 차농사를 짓던 사람들이 차밭을 없애 버렸기 때문이라고도 하였다. 차밭을 없앤 뒤에도 차세는 계속 부과되어 민폐가 되었다고 문일평은 기록하였다.

차는 우리나라의 예절과 관계가 깊다. 먼저 혼례(婚禮)에서 혼인이 결정되어 납폐(納幣)를 보낼 때에 봉차(封茶)하여 함에 넣어 보냈다. 혼례에서 차를 보내는 것은 차는 약속을 의미하며, 차는 변하지 않기 때문에 혼인의 신성함을 의미하였다. 또한 차는 혼례식 때 차를 우려내어 큰 대접에 담아 초례상(醮禮床)의 한가운데에 올려놓았다. 초례 때에 차를 사용한 의미는 차는 달고(甘) 쓰고(苦) 시고(酸) 짜고(鹽) 떫은(澁) 다섯 가지 맛을 가지고 있기 때문에 인생행로를 차의 다섯 가지 맛에 비유하여 결혼 생활의 인내와 감수를 상징적으로 표현한 것이다. 혼례식 후에 신랑과 신부가 시댁에 가서 어른들에게 폐백(幣帛)을 드리기 전에 먼저 사당(祠堂)에 가서 조상들께 헌차(獻茶)를 하였다. 이때에 신부가 조상에게 차를 올리는 것은 시댁에서 언제나 푸른 차나무처럼 싱싱하게 어른들을 받들고 자녀를 낳아 잘 기르며 인생을 잘 살겠다고 다짐하고 결심하는 것을 의미하는 것이고 정절을 지키며 한 아비만을 섬기며 살겠다는 상징적 의미인 것이다. 차나무는 옮겨 심으면 죽기 때문이다.

차는 제례(祭禮) 때도 사용하였다. 지금은 기제사(忌祭祀) 때 냉수를 사용하고 있지만 본래는 차를 올렸다. 차가 없어졌기 때문에 냉수를 사용하였으나 『상례비요』(喪禮備要)에는 숭늉(熟水)을 차 대신 사용하라고 되어 있다. 그러나 기제사의 14가지 순서 가운데 11번째 순서는 헌차(獻茶)로 되어 있다. 차를 달여 기제사에 사용했던 것을 알 수 있다.

우리나라 차인들은 행차법(行茶法)에 대해서는 많이 배우고 가르치려고 한다. 그러나 다도(茶道) 즉 차의 정신에 관해서는 알려고 하지 않는다. 음료수로서의 차만을 생각하면 행차법을 익히는 것으로 충분하지만 다도라는 말을 사용하게 되면 행차법이나 차의 성분, 차의 종류, 차기에 관해서만 배워서는 안 된다.

다도란 철학이다. 마시는 음료인 차에 의미를 부여하는 것이다. 차를 상징으로 삼고 그 상징이 갖는 정신은 무엇인가 하는 것을 예로부터 지금까지 말해 왔다. 차가 상징하는 것을 동양 삼국에서는 다도라고 말한다. 도(道)란 길이란 뜻도 있지만 방법이란 의미도 있고 준수해야 할 덕(德)이나 만물의 근원이란 의미도 가지고 있다. 다도라고 말할 때 그것은 차가 내포하고 있는 의미로서의 덕이나 근원은 무엇인가 하는 것이고 그 덕이나 근원은 곧 차의 정신을 의미하는 것이다. 다도란 하나의 상징이다. 우리 조상들이 관혼상제의 예법에 차를 사용한 것을 보아도 차의 상징성을 알 수 있다.

중국의 다도 정신은 육우의 『차경』에서 말한 "정행검덕"(精行儉德)이다. 이것은 차인은 "행동은 깨끗하고 바르게 하며 생활은 검소하고 성품은 덕스러워야 한다"는 것을 의미한다. 일본의 다도정신은 "화경청적"(和敬清寂)이다. 이 뜻은 차인은 "서로 화목하고 존경하며 깨끗하고 고요한 마음을 가져야 한다"는 것이다. "화경청적"은 센리큐(千利休)가 말한 것으로 되어 있지만 사실은 중국의 송나라 때 백운산의 수단선사(守端禪師)의 제자 유원보(劉元甫)가 "화경청적"을 다도의 도리로 정하고 다도회를 조직한 시조라고 한다.

한국의 다도정신은 초의 장의순이 『동차송』에서 말한 "중정"(中

正)이다. 여기서 중정이란 “차의 근본인 물(體)과 차의 싱그러운 기운(神氣)이 비록 온전하다 하더라도 오히려 중정을 지나치면 못 쓰게 된다. 중정이란 우려낸 차의 빛깔이 좋아야 하고(健), 차의 간이 함께 잘 맞아야 한다(靈)”고 하였다. (體神雖全猶恐過中正 체신수전유공과중정 中正不過健靈倂 중정불과건영병)

『차신전』의 차를 우려내는 방법(泡法)에서는 중정의 방법으로 차를 우려내는 것을 말하고 있다. 즉 “차 주전자에 차를 넣을 때 차가 많지도 적지도 않고 알맞게 넣어야 한다. 중정을 지나치거나 적당치 않으면 안된다. 차잎을 많이 넣으면 차맛이 쓰고 차향기는 가라앉는다. 물이 많으면 우려낸 차의 빛깔은 맑고 맛은 부족하다”고 하였다. (茶葉多寡宜酌 차엽다과의작 不可過中失正 불가과중실정 茶重則味苦香沈水勝則色淸味寡 차중즉미고향침수승즉색청미과).

중정의 정신은 봄에 차잎을 딸 때부터 시작된다. 차 잎을 너무 일찍 따면 차맛이 온전치 못하고 너무 늦게 따면 차의 싱그러움이 없어진다. 그러므로 가장 적절한 시기에 차 잎을 채취해야 한다. 이것이 중정이다. 차를 만들기 위하여 물을 끓일 때도 너무 오래 끓이면 노수(老水)가 되어 차를 우려내는 데 부적절하고 물이 덜 끓으면 차의 향기가 제대로 우러나지 않기 때문에 물을 끓일 때도 중정을 지켜야 한다. 물을 끓여 차를 우릴 때도 차의 분량을 너무 적게 넣으면 차맛이 싱겁고 차의 양을 너무 많이 넣으면 차맛이 써서 향기가 떨어진다. 또한 차를 우려낼 때도 차 주전자 안에 너무 오래 두었다가 따르거나 너무 일찍 우려내서도 안 된다. 이 모두가 중정의 도를 넘어서면 차의 제 맛을 낼 수 없기 때문이다. 중정이란 차의 간이 맞는 것을 말한다. 차는 다섯 가지의 맛을 가지고 있다. 즉 달고 쓰고 시고 짜고 떫은 맛이 함께 어우러져 있다. 이 다섯 가지의 맛이 전체적으로 싱거워도 간은 맞지 않고 너무 짜도 간은 맞지 않는다. 또한 어느 한 가지의 맛이 유별나게 튀어도 간은 맞지 않는다. 그래서 차를 간이 맞게 잘 우려내기란 그리 쉬운 일이 아니다.

우리나라의 다도 정신은 중정(中正)에서 비롯된 것이다. 중정이란, 차인(茶人)은 모든 일에 지나쳐도 안 되고 모자라도 안 된다는 것을 의미한다. 이것은 또한 자기의 분수를 알고 지키라는 말이다. 별로 아는 것이 없으면서 자기의 지식을 지나치게 과시하거나 별로 가진 것이 없으면서 가진 자처럼 보이려는 허영심을 버리라는 뜻이다. 사람의 성격에 있어서도 과격하거나 모나는 성격도 중정의 정신에는 어긋난 것이다. 그러므로 중정의 정신은 우리의 인간성 형성에 가장 중요한 요소가 되어야 한다. 그리하여 차인은 소극적인 삶이 적극적인 삶으로 바뀌고 부정적인 삶이 긍정적인 삶으로 바뀌도록 하여야 한다. 또한 중정의 정신은 다른 사람과 더불어 사는 생활 원리가 되어야 한다.

차 생활은 빈부귀천에서 해방되어 누구나 즐겨 마실 수 있을 때 차원 높은 생활문화가 될 수 있다. 그리하여 차 생활은 우리의 생활 전체와 밀접히 관련되어 떨어질 수 없는 생활양식이 되어야 한다. 차 생활에서의 행차법(行茶法)은 손님에 대한 예절의 형식이며, 그 근본은 마음을 다하는 정성이 담겨져 있으면 그것으로 훌륭한 것이다. 차 생활은 날로 발전되어 가고 차 생활 인구도 증가되어 가지만 차의 정신은 오히려 후퇴하고 있는 것이 아닌가 우려되는 때도 있다. 그럼에도 불구하고 차문화는 생활문화가 되어야 한다.

우리의 생활에서 다도 정신인 중정의 길이란 어느 한곳에 치우침이 없는 사고방식과 삶의 태도를 가짐으로 온전한 생활을 영위할 수 있다. 중정을 지키는 온전한 생활이란 다도에서 말하는 색(色) 향(香) 미(味) 즉 인간의 타고난 본래의 빛깔, 본래의 향기, 본래의 맛을 지니고 살아가는 것을 뜻한다. 다도란 높은 정신과 예절이 함께 어우러져서 격조 높은 가치와 의식으로 생활화하는 것이다.

우리가 차 생활을 하는 제일의 목적은 바람직한 인간 형성이다. 이것은 예절과 도덕을 비롯하여 다른 사람과 더불어 살아가는 생활 원리를 제공해 준다. 그 다음은 문화의 새로운 창조 작업이다. 옛것만 문화는 아니다. 오늘 우리가 살아가는 삶의 양태는 곧 우리의 오늘의 문화이며 이것은 후대에 문화유산으로 전수된다. 문화 창조는 근원적인 인간 형성이 바르게 되어 졌을 때 그 문화도 바르게 창조될 수 있다.

다도 정신인 "중정"을 알고 차 생활을 하는 차인은 다음의 것을 이어가야 한다. 첫째는 선비정신의 계승이고, 둘째는 전통예절의 올바른 계승이며, 셋째는 도덕과 윤리의 향상이고, 넷째는 전통문화와 미풍양속의 보존이며, 다섯째는 우리 차문화의 새로운 창조이고, 여섯째는 고상한 취미 생활이다. 이 모두는 차인의 품격을 갖추는 일이며 중정의 정신으로 살아가는 일이다.

욕심에 찌든 마음을 열고 한번쯤은 한국의 다도 정신인 중정의 의미를 되새겨 봄은 어떨까? 물질중심과 자아중심의 세계에서 청

빈하고 맑은 마음으로 되돌아오고 남과 이웃을 내 삶의 공간으로 함께 끌어들여 차가 갖는 중정의 마음 자리를 공유해 보는 일은 어떨까? 차인에게는 이런 노력이 있어야 한다.

한국의 다도 정신을 "중정"(中正)으로 결정한 것은 1977년 1월 15일에 다솔사에서 〈한국차도회〉가 창립되었고 그 때에 한국의 다도 정신을 "중정"이라고 정식으로 채택하였다. 그리고 1979년 1월 20일에 〈한국차인회〉가 결성되고 한국차인회의 회지였던 『다원』(茶苑)이란 차 월간지의 창간호에 "한국 차의 정신은 중정이다"라는 글을 처음으로 본인이 쓰게 되었다.

여기에 번역한 『다도고전』은 차를 공부하려고 하는 초보자 특히 한자를 모르는 젊은이들을 위하여 번역하였기 때문에 한자의 뜻풀이도 아울러 적었다. 『다도고전』을 번역하게 된 동기는 연세대학교와 이화여자대학교의 차 동아리 학생들에게 『차신전』, 『동차송』, 『차경』을 강의하면서 차례로 번역하게 되었다.

내가 처음 차와 만난 것은 일본에 유학을 가서였다. 일본인들은 차문화를 일본의 고유한 전통문화로 정착시키기 위하여 복잡한 행차법과 예법을 만들어 오백 년이 넘는 동안 이끌어 왔다. 우리의 차문화 역사는 일본보다 훨씬 길지만 우리는 고유한 전통문화로 정착시키지 못하였다.(일본은 송나라 때 차가 들어왔다)

해방 후 다도의 불모지에서 다도를 다시 일으킨 분은 효당(曉堂) 최범술(崔凡述), 의재(毅齋) 허백련(許百鍊), 청사(晴斯) 안광석(安光碩) 세 분 선생님이었다. 나는 천구백육십년대 후반에 원효사상을 공부하기 위하여 경남 사천에 있는 봉명산 다솔사에 가서 효당 선생님께 불경을 공부하게 되었고 그때 차와 인연을 맺게 되었다. 나는 위의 세 분 선생님에게서 차를 배웠다.

효당 선생님은 차의 이론가이시고, 의재 선생님은 차를 재배하고 만드시고 차를 보급하신 분이고, 청사 선생님은 다도를 몸소 실천하며 다도를 가르치시는 선생님이시다. 효당 선생님은 원효 연구와 다도 이론의 선구자이시며 독립운동가요 불교의 승려이셨다. 의재 선생님은 무등산 춘설헌에서 일생을 사신 화가이시며 농촌 청년을 위하여 농업학교를 운영하신 애국자이셨다. 청사 선생님은 다도 중흥을 위하여 헌신하신 차인 이셨으며 우리 나라 최고의 전각 예술가였다.

나는 세 분 스승님께 많은 사랑과 가르침을 받고 스승들의 뒤를 따르기 위하여 열심히 다도 공부를 하고 있다. 나는 『다도고전』에 있는 세 책을 번역하여 세 분 스승님께 이 책을 바침으로써 그동안 받은 사랑과 가르침에 보답코자 한다.

『다도고전』을 출판해 주신 연세대학교 출판부 원장님을 비롯해 편집부 여러 선생님들께 마음깊이 감사를 드린다.

2007년 9월

青霞山房에서 茶顚 尹炳相

해제 解題

『다도고전』(茶道古典)은 차에 관한 고전 3권인 『차신전』, 『동차송』, 『차경』을 함께 묶어 번역한 책이다. 『차신전』(茶神傳)은 초의 장의순(艸衣 張意恂)이 중국의 백과사전인 『만보전서』(萬寶全書)에서 빼내어 쓴 책으로 차에 관한 기초적인 모든 것이 망라되어 있다. 『동차송』(東茶頌)은 초의 장의순이 중국 차와 우리나라 차를 비교하면서 우리나라 차의 우수성을 강조하기 위해 시의 형식으로 쓴 책이다. 『차경』(茶經)은 중국의 당(唐)나라 때 육우(陸羽)가 쓴 책으로 차에 관한 완벽한 지식을 모두 담고 있다. 다도(茶道)의 구조를 알려면 육우의 『차경』을 연구해야 한다.

차신전(茶神傳)

『차신전』은 1830년에 초의 장의순이 45세 때 중국의 백과사전인 『만보전서』에서 빼내어 쓴 책이다. 『만보전서』에는 모환문(毛煥文)이 쓴 『차경채요』(茶經採要)가 실려 있다. 『차신전』은 이 『차경채요』란 책을 그대로 적고 책의 끝에 발문을 붙였다. 그런데 모환문의 『차경채요』는 1595년에 중국 명나라의 장원(張源)이 지은 『차록』(茶錄)을 그대로 베끼고 책의 이름만 바꾼 것이다. 그러므로 초의의 『차신전』은 장원의 『차록』이 원본인 셈이다.

『차신전』은 『차록』과 『차경채요』와 그 내용이 동일하다. 다만 "분차합"(分茶盒)이란 항목이 빠져 있고 "다도"(茶道)란 항목을 "차

위"(茶衛)라고 바꾸었을 뿐이다. 그러므로 『차신전』을 초의의 저서라고 하기는 어렵다.

『차신전』은 당나라 때의 떡차(餠茶)가 잎차(녹차)로 바뀐 뒤의 차에 관한 교과서로서 『차경』과 비견된다고 할 수 있다.

『차신전』에 "다도란 차를 만들 때는 정성스럽게 하고, 차를 저장할 때는 건조하게 하며 차를 우릴 때는 청결하게 해야 한다"고 했다. 그러나 이것은 다도를 정신적인 것으로 보지 않고 차 생활로만 본 것이다.

『차신전』의 내용은 육우의 『차경』과 달리 차 잎을 채취하는 것부터 차에 관한 기초적인 모든 것을 쉽고 완벽하게 기록했기 때문에 초보자라도 쉽게 이해할 수 있다.

『차신전』의 내용은 22항목으로 되어 있다. (1) 차잎 따기 (2) 차 만드는 법 (3) 차의 품질 식별 (4) 차를 보관하는 방법 (5) 불 가늠 (6) 끓는 물을 분별하는 방법 (7) 끓인 물 (8) 차를 우려내는 방법 (9) 찻 주전자에 차 잎을 넣는 방법 (10) 차 마시는 아취 (11) 차의 향기 (12) 차의 빛깔 (13) 차의 맛 (14) 차는 오염되면 참됨을 잃는다. (15) 변한 차는 쓰지 못한다. (16) 물의 등급 (17) 우물 물은 차에 부적절하다. (18) 물의 보관 (19) 차 그릇 (20) 찻잔 (21) 차 행주 헝겁 (22) 차의 위생 등이다.

동차송(東茶頌)

『동차송』은 1837년 초의 장의순이 52세 때 해거도인(海居道人) 홍현주(洪顯周)가 진도부사였던 변지화(卞持和)를 통하여 초의에게 다도(茶道)에 관해 알고자 하여 저술하여 보낸 우리 나라에서 유일한 차의 경전이다.

홍현주와 초의가 교분을 가진 것은 『동차송』을 저술한 이후 같다. 홍현주는 정조 임금의 둘째 딸 숙선 옹주와 혼인하여 영명위(永明尉)가 된 사람이다.

"동차"(東茶)란 우리나라에서 생산되는 차를 말하며 "송"(頌)이란 우리나라 차를 "칭송한다" "예찬한다"는 뜻이다. 초의는 『동차송』을 저술하여 당시의 중국 차에 대한 사대주의적인 흠모를 타파하고 우리나라 차의 우수성에 대해 칭송하고 민족정신을 고취하였다. 『동차송』에는 우리나라 차는 중국 차에 비해 약효나 맛에 있어 결코 뒤지지 않는다고 하였다. 중국의 육안차(陸安茶)의 맛이나 몽산차(蒙山茶)의 약효를 우리나라 차는 모두 갖추고 있다고 하였고 우리나라 차의 맛과 효능의 우수성을 거듭 강조하면서 육우나 이찬황(李贊皇)이 생존해 있다면 두 분은 반드시 초의의 주장을 인정할 것이라고 단정하였다.

『동차송』은 시의 형식으로 썼기 때문에 32송(頌)으로 되어 있으며 각 송마다 주(注)를 달아서 설명하고 있다. 송의 주제는 육우의 『차경』을 비롯하여 중국의 옛 고전과 21개의 문헌에서 34회나 인용하였다. 이것은 초의의 해박한 지식을 알게 해 준 것이다.

육우의 『차경』이나 『차신전』에는 차 잎을 따는 시기는 곡우 전 5일에 따는 차가 품질이 가장 좋고 그 다음이 곡우 후 5일에 따는 것이고 다시 그 후 5일에 따는 차는 하등품이라고 하였다. 이는 중국의 남쪽 지역을 기준으로 한 것이다. 그러나 초의는 우리나라 차를 따는 시기는 곡우 전후가 아니라 입하(立夏) 후가 적당하다고 자기의 경험을 통해 수정하였다.

초의는 차에는 현묘(玄妙)함과 지극한 경지(境地)가 있어 "다도"(茶道)라 하였다. 『동차송』에서 우리나라 차의 정신 즉 다도를 "중정(中正)이라고 하였다(중국의 차 정신은 "정행검덕"(精行儉德)이고 일본의 차 정신은 "화경청적"(和敬淸寂)이다). 우리나라 차의 정신인 "중정"의 의미는 "차인은 모든 것에 지나쳐도 안되고 부족해도 안 된다"는 것을 말한다. 이것은 자기의 본분을 지키라는 뜻이다. 다도란 정신과 예절이 함께 어우러져서 격조 높은 가치와 의식으로 생활화하는 것이다. 다도(차 생활)에서 지나친 형식은 금물이다

초의는 산천도인(山泉道人)에게 보낸 차시에서 예로부터 성현들은 모두 차를 사랑하고 마셨으며, 차는 군자(君子)와 같아서 차의 성품에는 사악함(邪)이 없다고 하였다. 차를 마시는 사람은 올바른 사람이어야 하고 또 차를 마시면 올바른 사람이 된다는 뜻도 된다.

초의는 차를 마시는 사람의 수에 따라 그 운치가 다름을 말했다. 혼자서 차를 마시는 것은 신비롭고, 둘이 차를 마시면 아주 좋고, 삼사 명이 함께 마시면 아취(雅趣)가 있고, 오륙 명이 마시면 덤덤하고, 칠팔 명이 마시면 그저 나누어 마시는데 불과하다고 하였다.

초의는 차를 달이는 데는 좋은 차와 함께 좋은 물이 있어야 한다고 강조했다. 우리나라는 어디서나 수질이 좋은 유천(乳泉)과 석지(石池)의 자연천수(自然泉水)가 있어 차의 맛과 향과 효능이 더욱 좋다고 하였다.

초의가 차선일미(茶禪一味)와 차선일체(茶禪一體)의 법희선열(法喜禪悅)을 주장한 것은 차 마시는 일을 단순히 차를 음료수로서의 차만을 생각한 것이 아니고 정신적인 차원으로까지 승화시킨 것이다. 그래서 다도 정신까지를 말하게 된 것이다.

『동차송』의 내용은 시의 형태로 기록했기 때문에 항목을 쓰지 않았다. 그 내용은 (1) 차나무는 아름다운 나무로서 기후가 따뜻한 남방에서 자라며 옮겨 심으면 안 된다. (2) 차나무의 꽃은 백장미처럼 희고 가을에 피며 꽃심은 황금처럼 누르다. (3) 차는 특별한 효험이 있다. (4) 차 만드는 법과 차의 산지와 우리나라 차의 품질이 우수하다. (5) 우리나라의 물맛이 뛰어나다. (6) 지리산 화개동에는 차나무가 4,50리나 널려 있다. (7) 지리산의 차는 중국의 최상의 차와 다를 것이 없다. (8) 차에는 9가지 어려움과 4가지 향기가 있다. (9) 차 잎을 따는 시기는 곡우 전후보다는 입하 후가 가장 좋다. (10) 차를 덖는 것과 차를 달여 간 맞추는 것에 대해 기록했다. (11) 차를 마실 때의 손님의 수에 대해 말하고, 차는 백운(白雲)과 명월(明月)을 벗삼아 마시는 것이 좋다 등이다.

『동차송』은 7언 고시체의 송시(頌詩)다. 시의 형식으로 썼기 때문에 31송으로 되어 있고 끝에 백파거사 승지 신헌구의 발문을 붙였다. 그런데 초의가 창작한 것은 31송과 5개의 주석문 뿐이고 나머지 주석문은 다산의 "걸명소"(乞茗疏)와 이덕리(李德履)의 『동차기』(東茶記)를 제외하면 모두 중국의 유명한 차인들의 글이다. 『동차송』은 각 송 마다 주를 달아서 설명하고 있으며 육우의 『차경』에서 7회, 『차신전』에서 11회, 시인들의 시에서 11회, 기타 서적에서 12회 등

41회나 인용하여 초의의 해박함을 알 수 있다.

차경(茶經)

『차경』은 중국의 당나라 때 지금부터 약 1300년 전에 육우(陸羽)가 상중하 3권으로 저술한 책이다. 『차경』은 중국에서 뿐 아니라 세계 최초의 차 책이며 차에 관한 최고의 경전이다. 『차경』은 다도 연구의 첫걸음이며 다도의 원리를 연구하는데 기본적인 전문서이다.

육우는 양자강 유역의 차가 많았던 지역을 찾아 차에 관한 자료를 수집하고 검증하였다. 또한 그는 안진경(顔眞卿)이 주관한 『운해경원』(韻海鏡原) 360권의 편집에 참여하여 당나라 이전의 차에 관한 사료들을 수집하여 『차경』을 저술했다.

육우는 『차경』에서 차는 "정행검덕"(精行儉德)한 인품을 갖춘 사람이 마시기에 마땅하다고 하였다. 앞에서 언급했듯이 이 "정행검덕"은 중국의 다도 정신이다. 즉 차를 마시는 사람은 행실이 바르고 검박한 덕을 갖춘 사람이어야 한다는 것이다. 육우는 마시는 차를 정신세계에까지 승화시켰다.

『차경』에 기록된 차는 지금 우리가 마시고 있는 잎차(녹차)가 아니고 당나라 때의 떡차(餠茶)를 말한다.

『차경』은 차에 관한 전문서적이어서 그 내용도 광범하고 다양하다. (1) 차의 근원에서는 차나무와 차(茶)자의 변천, 좋은 차밭, 차의 효능, 차인의 자격에 대해 기록하였다. (2) 차 만드는 기구에 대해서는 16가지를 구체적으로 설명하였다. (3) 차 만드는 법은 차 따는 것부터 항아리에 넣고 봉하기까지 일곱 과정을 쓰고 좋은 차와 나쁜 차에 대해 설명하고 있다. (4) 차 그릇을 25가지로 설명하였다. (5) 차 달이는 방법에서는 떡차의 굽는 방법과 물과 가루차 끓여 마시는 법을 설명하였다. (6) 차 마시는 방법에는 9가지의 어려움이 있다. (7) 차의 역사에서는 차인들과 차와 관련된 역사적 문헌들을 상세히 기록하였다. (8) 차의 산지는 당나라 시대의 차가 생산되는 지역과 도시에 대해 상세히 기록하였다. (9) 차 생활에서의 차 그릇의 줄임은 야외에서 차를 마실 때의 25가지 차 그릇을 줄일 수 있는 방법을 기록하였다. (10) 『차경』의 그림에서는 『차경』의 내용을 그림으로 비단에 그려서 걸어 놓고 차 모임을 갖는다는 내용인데 지금은 『차경』의 그림이 없어져 알 수가 없다.

차례

茶神傳
차신전

抄出萬寶全書(초출만보전서)

「만보전서」에서 빼내어 쓰다.

艸衣 張意恂 著

일러두기

초의(艸衣) 장의순(張意恂)의 『차신전(茶神傳)』은 『만보전서(萬寶全書)』에서 가려 뽑아 썼다고 했다.

『만보전서』의 『차경채요(茶經採要)』는 모환문(毛煥文)의 『차경채요』에서 전사(轉寫)하였고 『차경채요』는 중국 명나라 때의 장원(張源)의 『차록(茶錄)』에서 베낀 것이다. 이 『차신전』 연구는 원문인 장원의 『차록』과 『만보전서』, 『차경채요』를 대조하여 오자(誤字)와 낙자(落字)를 바로잡고 번역하였다.

여기서 사용한 원본 『차신전』은 용운(龍雲)편 『초의선사전집(艸衣禪師全集)』(아세아문화사 1985) 안에 있는 것을 사용하였다.

초의가 초출(抄出)했다는 『만보전서』는 일본의 연수산인(煙水山人)이 편집한 문회당증정불구인진본(文會堂增訂不求人眞本)인 『경당증정만보전서(敬堂增訂萬寶全書卷之十四)』의 차경채요(茶經採要) 부분을 정산 한웅빈(晶山 韓雄斌) 선생이 국립중앙도서관에서 1980년에 영인해 준 것을 사용하였다.

본서의 대본(臺本)으로 사용한 장원의 『차록』은 1999년에 중국 항주의 절강 촬영출판사(浙江 攝影出版社)가 발행한 『중국고대차엽전서(中國古代茶葉全書)』 안에 있다. (pp. 219~222)

『차신전』 『동차송』 『차경』에서는 "茶"字를 모두 "차"로 통일하여 표기하였다. 마시는 "차"는 "다"가 아니고 "차"이기 때문이다. 예외로 표기한 것은 "다도"(茶道)뿐이다. 이것은 관용어(慣用語)로 사용하고 있기 때문이다.

초의 장의순(艸衣 張意恂) 그는 누구인가?

초의 장의순(艸衣 張意恂 1786-1866)은 생존시에 "호남 칠고붕"(湖南七高朋)으로 추앙 받던 대흥사의 선승(禪僧)이며 당시의 잘못된 전통적인 선(禪) 사상을 바로잡아 지관(止觀)에 몰두하며 『선문사변만어』(禪門四辨漫語)를 저술하여 선불교 사상에 크게 공헌했다.

초의는 차(茶)에 대한 해박한 지식을 가지고 『차신전』(茶神傳)과 『동차송』(東茶頌) 등 차에 관한 책을 저술했을 뿐 아니라 차를 손수 따고 만들며 새로운 차 문화를 일으킨 우리나라 차의 중시조이며 차성(茶聖)이다.

초의는 신분이 8천민 중 하나인 중(衆)의 신분이었지만 차(茶)와 시(詩), 서(書), 화(畵)를 잘하는 삼절(三絕)로서 당시의 지식인들인 사대부(士大夫)들과 폭넓게 교유했다. 특히 다산 정약용(茶山 丁若鏞)을 스승으로 모시고 추사 김정희(秋史 金正喜)와는 금란지교(金蘭之交)의 삶을 살았다. 초의는 시 · 서 · 화뿐 아니라 탱화(幀畵)와 단청(丹青)과 범패(梵唄) 그리고 바라(哱囉)춤에 이르기까지 다양한 예술에 넘나든 너무도 다재다능한 스님이었다.

또한 초의는 헌종(憲宗) 임금으로부터 "대각등계보제존자초의대종사(大覺登階普齊尊者草衣大宗師)라는 사호(賜號)를 받았다.

이제 연대순으로 그의 삶을 따라가 보겠다.

초의 장의순(艸衣 張意恂)은 1786년 4월 5일(正祖 10년 丙午)에 전남 무

안군 삼향면에서 태어났다. 그의 속성(俗姓)은 장(張)씨 이름은 의순(意恂)이고 자(字)는 중부(中孚)이며 호는 초의(艸衣)이다. 그의 어머니는 "큰 별이 품안으로 들어오는 꿈"을 꾼 다음에 그를 잉태했다고 신헌(申櫶)이 쓴 초의대종사탑비명(草衣大宗師塔碑銘)에 적혀 있다. 그해 6월 3일에는 일생동안 동갑나기 친구로 지낸 추사 김정희(秋史 金正喜)가 태어났고, 7월 29일에는 다산 정약용의 둘째아들 정학유(丁學游)가 출생했다.

초의는 다섯 살 때 강변에서 놀다가 급류에 떨어져 죽게 되었을 때 때마침 지나가던 인근 사찰의 어느 스님에게 구조되어 목숨을 건졌다. 이 스님이 말하기를 자라서 승려가 되면 훌륭한 스님이 될 것이라고 말하고 떠나갔다.

16세 때 초의는 전남 나주군 다도면 덕용산 운흥사(雲興寺)에서 벽봉 민성(碧峰 敏性) 스님을 의지하여 출가했다. 그 해에 다산 정약용이 천주교 신자를 박해하는 신유사옥(辛酉邪獄)으로 강진에 유배되어 왔다. 19세 때 영암의 월출산에 올라가 해가 지는 순간에 바다를 보니 보름달이 솟아오르고 있었다. 그 때에 가슴이 탁 트이면서 닫혔던 마음의 눈이 활짝 열렸다. 그 해에 해남 대둔사(지금의 대흥사)에서 완호 윤우(玩虎 倫佑) 스님에게 구족계(具足戒)를 받고 비구승이 되었으며 초의(艸衣)라는 법호(法號)도 받았다.

초의가 20세 때 백련사(白蓮寺 · 萬德寺) 주지인 아암 혜장(兒庵 惠藏) 스님과 다산 정약용이 처음으로 만났다. 다산은 혜장 스님의 배려로 차 생활을 시작하게 되었다.

초의는 24세 때 강진으로 유배 온 다산 정약용을 찾아가 처음으로 만나게 되었다. 다산은 백련사의 아암 스님과 사귀면서 차 생활을 시작했으나 초의를 만나고부터는 초의에게서 차를 배웠으며 초의는 다산으로부터 『주역』(周易)과 시(詩)를 배웠다. 이 해에 초의는 다산에게 바치는 시를 처음으로 썼다. 즉 "봉정탁옹선생"(奉呈蘀翁先生)(탁옹 선생께 올림)이 그것이다. 탁옹은 다산의 다른 아호이다.

27세 때의 가을에 초의와 다산과 다산의 제자인 윤동(尹峒)과 함께 월출산 백운동에서 하룻밤을 지내면서 초의는 백운도(白雲圖)를 그리고 다산은 청산도(靑山圖)를 그렸고 윤동이 거기에 발문(跋文)을 썼다.

30세 때 초의는 처음으로 한양에 올라와 추사 김정희, 산천 김명희(山泉 金命喜), 금미 김상희(琴麋 金相喜) 형제들과 다산의 아들인 유산 정학연(酉山 丁學淵), 운포 정학유(耘逋 丁學游) 형제와 연천 홍석주(淵泉 洪奭周), 해거도인 홍현주(海居道人 洪顯周) 형제와 자하 신위(紫霞 申緯) 등 추사와 다산 주변의 인물들을 만나 교유했다.

초의는 당대의 사대부들과 시(詩) · 서(書) · 화(畵)를 통하여 교유했지만 당시의 사회적 지위로서는 천민(賤民)의 하나였다(8천민은 노비 · 중 · 백정 · 무당 · 광대 · 상여꾼 · 기생 · 공장이(工匠)). 당시는 중의 도성 출입이 엄격히 금지되었기 때문에 초의도 한양성 안에 들어가지 못하고 동대문 밖 청량사(淸凉寺)에 머물면서 사대부들과 만났다. 초의가 추사와 처음 만난 곳은 한양의 북쪽 수락산 학림암(鶴林庵)에서였다.

초의가 32세 되던 해에 다산 정약용이 유배생활에서 풀려나 9월 14일에 고향으로 돌아갔다. 다산이 귀향하기 전에 남긴 『차신계절목』(茶信契節目)은 제자들의 화목과 차의 채취와 확보에 목적을

두고 쓴 것이다.

초의는 40세 때 일지암(一枝庵)을 짓고 40년간 홀로 지관(止觀)의 경지에서 살았다. 그가 41세 때 스승이신 완호 윤우 스님이 대둔사(대흥사)에서 입적(入寂)하였다. 세수(世壽)는 69세이고 법랍(法臘)은 53세였다.

초의는 1828년 그의 나이 43세 때 스승을 따라 지리산 칠불암(七佛庵)에 갔다가 경당증정 『만보전서』(敬堂增訂 萬寶全書)에서 『차신전』(茶神傳)을 등초(謄抄)해 가지고 돌아왔다.

1830년 초의가 45세 때 지리산 칠불암에서 등초해 온 『차신전』을 일지암에서 정서하여 완성했다. 그가 50세 때 27세의 소치 허련(小癡 許鍊)이 일지암으로 찾아와 서예와 그림과 시문 등을 배우기 시작했다. 초의가 51세 때 다산 정약용이 경기도 양주군 와부면 능내리에서 향년 75세로 세상을 떠났다. 평생 스승으로 모시고 살던 분이라 마음이 아프고 허전했다.

초의가 52세 때인 1837년에 해거도인 홍현주의 부탁으로 일지암에서 『동차송』을 저술하여 증정하였다.

『동차송』은 해거도인 홍현주(洪顯周)가 진도부사(北山道人) 변지화(卞持和)를 통하여 茶道에 관해 알기를 원한다고 부탁하여 저술한 우리나라의 유일한 茶의 경전이다. 이 책은 처음에는 『동차행』(東茶行)이라고 되어 있었으나 뒤에 『동차송』으로 이름을 바꾸었다. 홍현주는 정조대왕의 둘째 딸 숙선옹주와 결혼하여 영명위의 벼슬에 오른 사람이다.

동차(東茶)란 우리나라 차를 말하며, 송(頌)이란 "칭송 한다", "예찬 한다"는 뜻이다. 그러므로 동차송이란 우리나라 차를 칭송한다는 말이다. 초의는 그의 저서 『선문염송집』(禪門拈頌集) 서문에서 『동차송』의 송(頌)을 설명하기를 "송(頌)이란 그 뜻을 칭송하고 펼치며 핵심을 가려 뽑아 원류에 소통케 하는 것이다"라고 하였다.(頌者頌宣基義 選基要妙疏通源流) 『동차송』의 저작동기를 홍현주에게 보낸 초의의 편지에서 찾아볼 수 있다.

> "천 그루 소나무 아래서 밝은 달을 마주하고 수벽탕을 달입니다. 탕이 백수가 되면 언제나 이것을 가져가 도인께 바쳤으면 하고 생각지 않은 적이 없었습니다. 생각 같아서는 문득 밝은 달과 더불어 자리 곁에서 모시는 것이 낫겠지요. 이는 서로 멀리 떨어져 막혀있지 않은 까닭일 뿐 무슨 특별히 신통한 묘술이 있어 그런 것은 아닙니다. 근자에 북산도인의 말을 들으니 다도에 대해 물으셨다더군요. 마침내 옛 사람에게서 전해오는 뜻에 따라 삼가 『동차행』을 지어 올립니다. 말이 분명하지 않은 곳에는 해당 본문을 베껴 보여 하문하시는 뜻에 대답합니다. 홀로 진부한 말로 어지럽고 번거롭게 하여 두루 듣는 것을 모독하고 보니 송구스럽기 짝이 없습니다. 혹여 남겨 둘만한 구절이라도 있거든 한차례 가르침을 주시는 노고를 아끼지 마십시오".

54세 때 초의는 한양에 올라가 다산의 집을 방문하고 청량사에 머물렀다. 이때 소치 허련의 그림을 가지고 추사 김정희에게 보이고 장래성이 있는지를 물었다. 추사에게서 긍정적인 말을 들은 초의는 추사의 편지를 받아 진도(珍島)에 있는 소치 허련에게 보내면서 상경할 것을 권유했다. 허련이 그 해 8월에 상경하여 추사 김정희의 제자가 되었다.

초의는 55세 때 헌종(憲宗) 임금으로부터 "대각등계보제존자초의대종사(大覺登階普齊尊者草衣大宗師)라는 사호(賜號)를 받았다. 56세 때 초의는 소치 허련에게 편지를 주어 제주도의 대정(大靜)에서 유배생활을 하고 있는 추사 김정희를 찾아가게 하여 문안을 전했다. 추사는 제주도에서 "일로향실"(一爐香室)이란 글씨를 써서 초의에게 보냈다. 추사 김정희는 구암사의 백파선사에게 "망증십오조"(妄證十五條)를 지어 보냄으로써 선사상에 대한 논쟁이 일어났다.

초의선사의 선 수행 방법은 지관(止觀)이다. 지관은 지(Samatha)와 관(Vipasyana)의 합성어이다. 지(止)는 일체의 경계를 끊어 버리고 조금도 분별하는 바가 없는 것을 뜻하고, 관(觀)은 이 세상 모든 만물이 지니는 본질적인 의미를 분별하고 관찰하는 것을 뜻한다. 지(止) 일변도로만 기울었던 당시의 불교계에는 초의가 "지관"사상을 주장함으로써 일대 경종을 울렸다. 초의선사는 또한 『선문사변만어』(禪門四辨漫語)를 저술하여 당시의 선사상을 대표하던 백파 긍선(白坡 亘璇)의 『선문수경』(禪門手鏡)을 비판하였다.

초의는 58세 때 고향의 옛집을 찾았으나 고향집은 다 허물어지고 잡초만 무성한 부모의 산소를 돌아보고 눈물로 시를 지었다.

> "고향을 떠난 지 사십년인데 돌아보니 센 머리도 모르겠구나 새터전은 잡초에 묻히고 옛묘는 이끼만 끼어 걸음마다 시름이구나 마음을 잃었는데 한은 어디서 생겨나는가 피눈물도 말라서 흐르질 않네 외로운 중 다시 구름따라 떠나노니 아서라 고향 찾는단 말 부끄럽네"

초의가 64세 되던 해에 추사 김정희는 유배지 제주도에서 풀려나 배를 타고 완도에 도착하여 대둔사 일지암으로 초의를 찾아와서 그동안 쌓인 회포를 풀었다. 소치 허련은 전(前)해에 초시(初試)와 회시(會試)에 합격하여 헌종(憲宗)을 배알하니 헌종이 허련에게 초의 선사의 인품에 대해 물었다고 한다.

66세 때 윤치영(尹致英)과 신관호(申觀浩) 등이 『초의시』에 발문을 써서 초의에게 증정했다.

초의가 71세 때인 1856년 10월 10일에 친구인 추사 김정희가 과천에서 세상을 떠났다. 초의는 일지암에 머물면서 독처지관과 차선일미(茶禪一味) 사상을 실천하고 있었다. 73세 때 초의는 청명절에 친구 김정희를 못잊어 그의 무덤을 찾아가 제문(祭文)을 올리고 곡하고 돌아왔다.

초의는 1866년 7월 2일 그가 81세 때 대둔사 일지암에서 입적하였다. 세수는 81세이고 법랍은 65세였다.

초의의 이름은 의순(意恂)이고 자(字)는 중부(中孚)이다. 호(號)는 초의(艸衣) 외에 해옹(海翁), 해노사(海老師) 자우산방(紫芋山房), 휴암병선(休庵病禪), 자하도인(紫霞道人), 우사(芋社), 해상야질인(海上也耋人), 소재(蕭齋), 일지암(一枝庵), 해사(海師), 초사(草師), 병석(甁錫), 선송(禪誦), 병발(甁鉢), 선황(禪況), 해양후학(海陽候學) 등이 있다. 헌종으로부터 받은 사호는 대각등계 보제존자초의대종사(大覺登階普濟尊者草衣大宗師)이다.

그의 저서로는 『초의집』(艸衣集)2권, 『일지암문집』(一枝庵文集), 『일지암시고』(一枝庵詩稿), 『선문사변만어』(禪門四辨漫語), 『초의선과』(艸衣禪課), 『진묵조사유적고』(震默祖師遺蹟攷), 『초의수초』(艸衣手鈔), 『차신전』(茶神傳), 『동차송』(東茶頌) 등이 있다.

1. 찻잎 따기

採茶[1)]
채 차

採茶之候 貴及其時 太早則味[2)]不全 遲則神散
채 차 지 후 귀 급 기 시 태 조 즉 미 부 전 지 즉 신 산

以穀雨[3)]前五日爲上 後五日次之 再五日又次之
이 곡 우 전 오 일 위 상 후 오 일 차 지 재 오 일 우 차 지

茶芽[4)]紫者[5)]爲上 面[6)]皺者次之 團葉[7)]又[8)]次之
차 아 자 자 위 상 면 추 자 차 지 단 엽 우 차 지

光面[9)]如篠葉[10)]者最下
광 면 여 소 엽 자 최 하

徹夜無雲[11)] 浥露採[12)]者爲上 日中採[13)]者次之
철 야 무 운 읍 로 채 자 위 상 일 중 채 자 차 지

陰雨[14)]中[15)]不宜採[16)]
음 우 중 불 의 채

産谷中者[17)]爲上 竹[18)]下者[19)]次之
산 곡 중 자 위 상 죽 하 자 차 지

爛[20)]石中[21)]者又次之 黃砂中者[22)]又次之
란 석 중 자 우 차 지 황 사 중 자 우 차 지

찻잎을 따는 철은 그 시기가 가장 중요하니 너무 이르면 맛이 온전하지 못하고 늦으면 싱그러움이 흩어진다. 곡우 전 5일을 으뜸으로 삼고, (곡우)후 5일이 버금가며, 다시 5일 후가 또 그 다음이다. 차의 싹은 붉은 것을 으뜸으로 삼고, (차)잎이 주름진 것이

버금가고, 둥근 잎이 또 그 다음이며 조릿대 잎처럼 빛나는 것이 최하이다. 밤새 구름 없이 이슬에 젖은 것을 으뜸으로 삼고, 한 낮에 따는 것이 버금가며, 음산하고 비가 올 때는 차 따기가 마땅치 않다. 차는 골짜기 가운데서 나는 것을 으뜸으로 삼고, 대나무 밑의 것이 버금가고. 자갈밭(爛石)의 것이 또 그 다음이며, 누런 모래땅의 것이 또 그 다음이다.

茶道古典

실제로 찻잎을 따는 시기는 일정한 절후를 기준으로 하지 않고 차가 자라는 위치나 지형에 따라 달라진다. 남쪽의 양지바른 곳에서 자라는 차는 곡우 전에 일찍 채취할 수 있고, 차 생산의 북방한계에 가까운 곳이나 남쪽이라 하더라도 고지대의 산이나 햇볕이 잘 들지 않는 음지 등에서 자라는 차는 움이나 싹이 늦게 올라오므로 그 때를 맞추어 따야 한다. 따라서 절기를 기준으로 하는 차의 구분은 차의 품질을 결정하는데 중요한 기준이 되지 않고 첫물차, 두물차, 세물차, 끝물차로 구분하는 것과 찻잎의 크기에 따른 구분이 보다 합리적일 것이다.

茶道古典

1) 『차신전』과 『만보전서』에는 採茶論(채차론)으로 되어 있다.

2) 『차신전』에는 香(향) 『만보전서』에는 味(미)로 되어 있다.

3) 24절기중 하나. 청명과 입하 사이에 있는 마지막 봄절기로 음력 3월 중순경. 양력으로는 4월 20일쯤 된다.

4) 『차신전』과 『만보전서』에는 非(비)로 되어 있다.

5) 잎이 피기 전을 말한다. 잎이 핀 후 붉은 색은 좋지 않다.

6) 『차신전』에는 而(이) 『만보전서』에는 面(면)으로 되어 있다.

7) 둥그렇게 말린 잎.

8) 『차신전』에는 又(우)자가 없음.

9) 『차신전』에는 而(이)로 되어 있다.

10) 대나무의 일종. 줄기가 가늘어 화살대를 만들기에 적합하다.

11) 청명한 날씨를 말함.

12) 『차신전』에는 采(채)로 되어 있다.

13) 『차신전』에는 采(채)로 되어 있다.

14) 『차신전』과 『만보전서』에는 兩(양)으로 되어 있다.

15) 『차신전』과 『만보전서』에는 下(하)로 되어 있다.

16) 『차신전』에는 采(채)로 되어 있다.

17) 반양반음(半陽半陰)의 차밭에서 따는 차가 가장 좋은 차이다.

18) 『차신전』과 『만보전서』에는 竹(죽)자 밑에 林(임)자가 있다.

19) 대나무가 차양 역할을 하면서, 그 잎 사이로 햇빛이 들기 때문에 반양반음의 역할을 한다. 햇볕을 많이 쬐면 '탄닌' 성분이 많아서 맛이 쓰다.

20) 『차신전』에는 爛(란)자 밑에 中(중)자가 있다.

21) 『차신전』에는 中(중)자가 없다.

22) 『차신전』과 『만보전서』에는 者(자)자가 없다.

候(후) ①묻다 ②기다리다 ③염탐하다, 염탐꾼 ④점치다(=占) ⑤살피다 ⑥모양 ⑦철, 시기 ⑧조짐, 전조

遲(지) ①더디다, 굼뜨다, 늦다 ② 무렵, 그때 ③기다리다 ④이에, 이리하여

次(차) ①버금, 다음 ②잇다 ③매기다 ④머무르다 ⑤진영 ⑥이르다. 도달하다 ⑦안, 속

皺(추) ①주름, 주름잡히다 ②밤송이

篠(소) ①조릿대 ②삼태기

徹(철) ①통하다 ②뚫다 ③벗기다 ④다스리다 ⑤치우다 ⑥부수다

浥(읍) ①젖다. 적시다

(압) ①흐르다

爛(란) ①문드러지다 ②불에 대다 ③곱다 ④빛나다

2. 차만드는 법

造茶
조 차

新採 揀[1]去老葉及枝[2]梗[3]碎屑 鍋廣二尺四寸
신채 간 거로엽급지 경 쇄설 과광이척사촌

將茶一斤半焙之 候鍋極熱 始下茶急炒
장차일근반배지 후과극열 시하차급초

火不可緩
화불가완

待熟方退火 徹入篩[4]中 輕團挪[5]數遍
대숙방퇴화 철입사중 경단나수편

復下鍋中 漸漸減火 焙乾爲度
부하과중 점점감화 배건위도

中有玄微 難以言顯 火候均停 色香全[6]美
중유현미 난이언현 화후균정 색향전미

玄微未究 神味俱疲
현미미구 신미구피

새로 차를 딸 때는 늙은 잎과 줄거리, 부스러기를 골라내고 직경 72cm[7]쯤 되는 가마솥에 차 750g[8]을 넣어 덖는다.[9] 솥이 잘 달구어진 후 비로소 찻잎을 넣어 급히 덖는데[10] 불을 늦춰서는 안 된다. 익기를 기다렸다가 바야흐로 불을 물리고 체[11] 안에 담아 가볍게 여러 번 둥글게 비벼[12] 다시 가마솥에 넣고 점점 불을 줄이면서 알맞게 불에 쬐어 말린다. 그 가운데 묘한 것이 있어 말로써 표현하기 어렵다. 불김이 고루 들면 (차의)빛깔과 향기가 모두 아름다워지니 그 미묘함을 연구하지 못하면 (차의)싱그러운 맛은 모두 느른해진다.

茶道古典

찻잎을 딸 때와 마찬가지로 차를 만들 때에도 차에 나쁜 냄새가 배지 않도록 의복과 몸을 청결히 하여야 하며, 화장품이나 냄새가 강한 약품(파스나 안티푸라민 같은 것) 등을 사용해서는 안 된다. 또한 차를 덖는 솥이나 덕석, 기타 도구를 정결히 하고 사용하는 면 장갑도 깨끗이 빨아 냄새를 제거한 후 사용하여야 한다.

녹차는 잎을 따는 즉시 가공하여야 하는데 늦어도 그 날 안에 작업을 마쳐야 좋은 품질의 제품을 얻을 수 있다. 따온 찻잎을 선별하여 늙은 잎, 줄기 부스러기 등을 잘 골라내는 한편 가마솥을 잘 씻어 불을 지핀다. 가마솥의 온도가 물방울을 떨어뜨려 톡톡 튀길 정도면 찻잎을 솥에 넣고 덖기 시작하는데 이 때 온도가 약 300°~400℃ 정도 된다.

면 장갑을 낀 손으로 찻잎을 한 번에 3kg 정도씩 솥 안에 넣고 두 손으로 찻잎을 솥 바닥에 살짝 눌렀다가 뒤집으며 찻잎을 신속하게 골고루 익힌다. 이렇게 여러 번 반복하다가 찻잎이 알맞게 익게 되면 퍼내어 덕석에 옮겨 비비게 되는데 서서히 뒤집어가면서 조심스레 궁글리면서 비빈다. 그리고 나서 찻잎이 서로 덩어리지지 않게끔 한 잎씩 흩뜨리면서 턴다. 그 다음 다시 솥 안으로 옮겨서 덖는데 이 때 솥의 온도는 먼저 번보다 조금 낮춘다.

적당히 덖어서 다시 덕석에다 둥글게 굴려 비비고 찻잎이 서로 붙지 않게

끔 다시 털고, 이렇게 고급차는 3~4회, 보통차는 2~3회 반복하며, 반복할 때마다 솥의 온도를 조금씩 더 낮춘다. 마지막에 덖고 비비고 털어서 건조발에 얇게 널어 건조시키는데, 털고 건조시키는 과정에서 찻잎이 서로 붙지 않게끔 하는 것이 매우 중요하다. 왜냐하면 찻잎이 서로 붙어 덩이져서 차가 발효되면 녹차 고유의 색깔과 향과 맛이 변하기 때문이다.

건조발에 건조시킬 때 자연건조가 바람직하고 약간 건조되면 다시 털어 건조발에서 완전히 건조시킨다. 이렇게 되면 1차 가공이 끝나게 되는데 장기간 보관하여야 할 제품은 이 상태에서 보관하였다가 나중에 필요할 때에 마무리 작업(끝 덖기)을 하여 사용한다.

보통 1차 가공이 끝나면 부스러기, 묵은 잎, 줄기 등을 골라내는 선별작업을 하고 끝마무리를 하게 되는데 백탄 숯불의 낮은 온도에서 서서히 온도를 올리면서 3시간 정도 끝덖기를 한다. 찻잎이 부스러지지 않게 너무 휘젓지 않아야 하고 이 때 잘해야 좋은 제품이 만들어지며, 마무리 작업이 끝났을 때 수분함량이 3~4% 정도 유지되면 제품 보관에 좋은 조건이 된다. 끝 덖기가 끝나면 다시 먼지나 차 부스러기, 가루 등을 선별하고 포장하면 차 제조의 공정이 완전히 끝나게 된다.

한편 비가 올 때는 찻잎의 채취가 좋지 않으나 부득이하게 비를 맞았을 경우는 중간에 덖음을 1~2회 더하여야 한다. 찻잎을 처음 솥 안에 넣어 높은 온도에서 순식간에 재빨리 골고루 타지 않게 익히는 것과 마지막 끝마무리에서 차의 품질이 결정된다고 해도 과언이 아니다.

茶道古典

1) 『만보전서』에는 棟(동)으로 되어 있다.

2) 『차신전』에는 柀(피)로 되어 있다.

3) 『만보전서』에는 硬(경)으로 되어 있다.

4) 『차신전』에는 簁(사)로 되어 있다.

5) 『차신전』에는 枷(가)로 되어 있다.

6) 『차신전』과 『만보전서』에는 全(전)이 없다.

7) 二尺四寸-- 두 자 네 치는 직경 72cm정도이다. 尺-자. 1m의 33분의 10정도를 말한다. 치(寸)의 10배.

8) 한근(斤)은 우리나라는 600g이고 중국은 500g이다.

9) 볶다: 炒
덖다-기름 없이 데친다(서울 표준어)

10) 부초차: 덖음차(붙으면 발효가 되기 때문에 두드리고 비벼 만드는 차.)

11) 요즘은 돗자리나 멍석, 돌판 등을 사용.

12) 비비지 않으면 차 잎의 수분 때문에 서로 엉겨 붙어 차가 발효하게 된다.

揀(간)(련) ①가리다. 구별하다

碎(쇄) ①부수다 ②잘다

鍋(과) ①가마솥, 냄비 ②기름통

屑(설) ①가루 ②부수다 ③잘다 ④달갑게 여기다 ⑤업신여기다 ⑥수고하다 ⑦편치 않다 ⑧교활하다 ⑨부득이하다 ⑩돌아보다 ⑪지나치다 ⑫갑자기 ⑬모두

梗(경) ①가시나무, 가시 ②근심 ③막다 ④굳세다 ⑤인형 ⑥바뀌다 ⑦깨닫다 ⑧대개, 대강

及(급) ①미치다. 이르다 ② 및,~와 ③더불어

焙(배) ①불을 쬐다

篩(사) ①체 ②체로 치다

漸(점) ①점점 ②차례 ③나아가다 ④흐르다 ⑤물들다 ⑥자라다 ⑦적시다 (참) ①험하다

乾(건) ①하늘 ②건괘 ③임금 ④굳세다 ⑤부지런하다 ⑥마르다, 말리다 ⑦건성

炒(초) ①볶다

緩(완) ①느리다 ②부드럽다 ③느슨하다 ④늦추다 ⑤늘어지다

挪(나) ①비비다 ②유용하다

俱(구) ①다. 함께 ②갖추다 ③동반하다 ④같이 ⑤널리

究(구) ①궁구하다 ②헤아리다 ③다하다 ④미워하다 ⑤궁극

疲(피) ①피곤하다 ②지치다, 고달프다 ③느른하다 ④야위다

3. 차의 품질 식별

辨茶
변 차

茶之妙 在乎始造之精 藏之得法 泡之得宜
차 지 묘 재 호 시 조 지 정 장 지 득 법 포 지 득 의

優劣定[1]乎始鍋 清濁係乎[2]末[3]火 火烈香清
우 열 정 호 시 과 청 탁 계 호 말 화 화 렬 향 청

鍋寒[4]神倦
과 한 신 권

火猛生焦 柴疏[5]失翠 久延則過熟
화 맹 생 초 시 소 실 취 구 연 즉 과 숙

早起却[6]還[7]生
조 기 각 환 생

熟則犯黃 生則着黑 順那則甘 逆那則澁[8]
숙 즉 범 황 생 즉 착 흑 순 나 즉 감 역 나 즉 삽

帶白點者無妨 絕焦點[9]者最勝
대 백 점 자 무 방 절 초 점 자 최 승

차의 오묘함은 처음 (차를) 만들 때의 정성과 차를 저장하는 법과 물을 끓여 차를 우려내는 요령에 있다. 우열[10]은 주로 처음 가마솥[11]에서 정해지고, 맑고 흐림[12]은 끝 불에 관계된다. 불이 뜨거우면 차의 향이 맑고, 솥이 차가우면 싱그러움이 떨어진다. 불이 맹렬하면 설익은 채로 타버리고, 땔감이 적으면 푸른빛을 잃는다.

(불을) 오래 끌면 너무 익고, 빨리 꺼내어 빼면 도리어 설익는다. 익으면 누렇게 되고, 설익으면 검게 된다. 순서대로 차를 만들면 달고, 거스르면 떫다. 흰 점을 띤 것은 괜찮고, 타지 않은 것이 가장 으뜸이다.

1) 『차신전』과 『만보전서』에는 宜(의)로 되어 있다.
2) 『차신전』에는 水(수)로 되어 있고, 『만보전서』에는 없다.
3) 『만보전서』에는 未(미)로 되어 있고, 『차신전』에는 없다.
4) 『차신전』에는 乘(승)으로 되어 있다.
5) 『차신전』과 『만보전서』에는 疎(소)로 되어 있다.
6) 『차신전』에는 郤(극)으로 되어 있다.
7) 『차신전』에는 辺(변)으로 되어 있다.
8) 『차신전』에는 溢(일)로 되어있다.
9) 『차신전』과 『만보전서』에는 點(점)이 없다.
10) 차의 품질이 좋고 나쁨을 뜻함.
11) 차를 덖기 시작할 때를 말한다.
12) 차 향기의 청탁을 의미.

乎(호) ①그런가(의문사) ②오호라(감탄사) ③어조사(=於, 于)

倦(권) ①게으르다 ②싫증나다 ③고달프다 ④걸터앉다

焦(초) ①그을리다 ②초조하다 ③타다

柴(시) ①섶, 땔나무 ②시제사 ③삭정이 (채) ①지키다 ②막다

疏(소) ①트이다 ②나누다 ③멀리하다 ④드물다 ⑤거칠다 ⑥길다 ⑦새기다 ⑧그리다 ⑨깔다 ⑩치우다 ⑪맨발 ⑫채소 ⑬빗질 ⑭주석 ⑮상소

熟(숙) ①익다 ②성숙하다 ③낯익다 ④익숙하다 ⑤충분하다, 자세하다

還(환) ①돌아오다, 돌아가다 ②돌리다 ③물러나다 ④갚다 ⑤굴리다 ⑥도리어 ⑦다시 ⑧두르다 ⑨이후 ⑩재빠르다 ⑪곧

着(착) ①붙다 ②입다, 쓰다, 신다 ③이르다 ④시작하다

澁(삽) ①껄끄럽다 ②막히다 ③어렵다 ④떫다

4. 차를 보관하는 방법

藏茶
장 차

造茶始乾　先盛舊盒中　外以紙封口
조 차 시 건　선 성 구 합 중　외 이 지 봉 구

過三日　俟[1]其性復　復以微火焙極乾
과 삼 일　사 기 성 복　부 이 미 화 배 극 건

待冷貯壜中　輕輕築實　以箬襯緊
대 랭 저 담 중　경 경 축 실　이 약 친 긴

將花筍[2]箬　及紙數重封紮[3]壜口
장 화 순 약　급 지 수 중 봉 찰　담 구

上以火煨磚　冷定壓之　置茶育中
상 이 화 외 전　랭 정 압 지　치 차 육 중

切勿臨風近火　臨風易冷　近火先黃
절 물 림 풍 근 화　림 풍 이 랭　근 화 선 황

차를 만들어 처음 말릴 때, 먼저 쓰던 오래된 합에 가득히 담아 종이로 입구를 밀봉한다. 3일이 지난 후 그 본성이 회복되기를 기다려 다시 여린 불기로 덖어 완전히 말리고 식기를 기다려 병에 담아 저장한다. 가볍게 쌓아 채워서 대껍질로 싸서 속을 봉한다. 곧 꽃잎 같은 죽순껍질과 종이로 여러 겹 병 입구를 단단히 묶는다. 그 위를 불로 구워 식힌 벽돌로 눌러 둔다. 차육[4] 안에 두어서 바람을 쏘이거나 불기를 가까이 하면 안 된다. 바람을 쏘이면 냉해지기[5] 쉽고 불기가 가까우면 누렇게 변한다.

茶道古典

법제된 차가 변질되지 않게 하려면 습도, 온도, 광선, 산소, 냄새 등에 주의하여야 한다. 차의 화학적인 분석결과에 따르면, 물과 친하기 쉬운 성분인 당류, 폴리페놀류, 단백질, 펙틴 등의 물질과 강한 흡착작용을 하는 고분자의 종려산과 텔페노이드 같은 물질이 있어서 그것이 마치 해면이 물을 흡수하듯이 다른 냄새, 맛, 수분을 흡수하는 것이다. 담배, 기름, 화장품, 세제, 생선이나 육류, 기타 냄새를 발산하는 물건과 가까이 차를 보관하면 즉시 오염되어 차 고유의 향기와 맛을 잃고 품질에 중대한 영향을 미친다. 또한 차가 공기에 노출되면 공기 중의 습기를 차가 흡수하여 수분 함량이 높아지고 차 성분이 수분에 용해되면서 변질되므로 특히 여름의 장마철 보관에 유의하여야 한다.

일단 개봉된 차는 가능한 오래 두지 않는 것이 바람직하며 사용 후 남은 차에 습기나 냄새가 들어가지 않도록 하여야 한다. 또한 광선도 화학적 반응을 하기 때문에 이를 차단할 수 있는 알루미늄이나 주석통 혹은 나무통 등에 보관하고 차를 직접 담는 봉지는 알루미늄 은박지나 냄새나지 않는 고급 비닐을 사용하여야 한다.

또한 차는 습기와 냉기에 약하기 때문에 일반 다른 식품과 함께 냉장고에 보관하는 것은 바람직하지 않다. 옛날에는 차를 보관하는 방법으로 도기 항아리에 담아 밀봉하여 재 속에 묻어 두었다고도 한다.

따라서 온전한 다도(茶道)가 이루어지려면 찻잎을 딸 때나 차를 가공할 때, 보관할 때, 팽차(烹茶)하는 과정에 이르기까지 세심한 배려를 하여야 한다.

1) 『차신전』에는 俟(사)의 亻(사람 인)변을 彳(두 인)변으로 썼다.

2) 『차신전』에는 荀(순)으로 되어 있고, 『만보전서』에는 筍(순)자로 썼다.

3) 『차신전』과 『만보전서』에는 緊(긴)으로 되어 있다.

4) 茶育: 차를 저장하는 茶育器.
cf) 육우가 쓴 茶經에서 育은 차를 저장하는 창고를 의미함.

5) 냉해지다: 변질된 차를 마시면 속이 차져서 병이 난다.

6) 합(盒)-뚜껑이 있는 둥글넙적한 작은 그릇. 예) 饌盒(찬합)
갑(匣)-작은 상자. 예) 粉匣(분갑)
통(桶)-물 같은 것을 담는 그릇. 예) 墨桶(먹통)

藏(장) ①감추다, ②간직하다. 보관하다 ③곳집, 광, 창고

盛(성) ①그릇 ②담다 ③성하다 ④장하게 여기다

盒(합) ①합[6]

罎(담) ①술병, 술단지

箬(약) ①대껍질

復(부) ①다시 ②덮다

(복) ①회복하다 ②돌아가다 ③돌려보내다 ④되풀이하다 ⑤대답하다 ⑥사뢰다 ⑦복명하다 ⑧갚다 ⑨면하다 ⑩겹치다

俟(사) ①기다리다 ②떼지어 가다 ③크다

貯(저) ①쌓다 ②넣어두다 ③행복 ④멈춰서다

實(실) ①열매 ②속 ③재물 ④참 ⑤차다. 채우다 ⑥익다 ①이르다(=至)

襯(친) ①속옷, 땀받이 ②나타낸다 ③베풀다 ④가까이하다 ⑤돕다

緊(긴) ①긴요하다, 급하다, 요긴하다 ②팽팽하다 ③탄탄하다 ④줄이다 ⑤알차다 ⑥죄다

將(장) ①장수 ②거느리다 ③장차 ④문득 ⑤기르다 ⑥돕다 ⑦보내다 ⑧받들다 ⑨가지다 ⑩행하다 ⑪나아가다 ⑫동반하다 ⑬크다 ⑭써(=以) ⑮가, 곁, 곧, 또

花(화) ①꽃 ②피다 ③소비하다 ④기생

煨(외) ①묻은 불 ②굽다

壓(압) ①누르다 ②막다

紮(찰) ①묶다 ②매다 ③동이다 ④자루 주둥이를 동이다

5. 불 가늠

火候
화후

烹[1]茶旨要　火候爲先　爐火通紅　茶瓢[2]始上
팽 차지요　화후위선　로화통홍　차표 시상

扇起要輕疾　待有聲稍稍[3]重疾　斯文武之候也
선기요경질　대유성초초 중질　사문무지후야

過於文則水性柔　柔則水[4]爲茶降
과어문즉수성유　유즉수 위차강

過於武則火性烈　烈則茶爲水制
과어무즉화성렬　렬즉차위수제

皆不足於中和　非茶[5]家要旨也
개부족어중화　비차 가요지야

차를 달이는 요령은 불 가늠하는 것이 먼저이다. 화로에 불이 벌겋게 되면 차관을 비로소 얹고 부채질을 가볍고 빠르게 하다가 (물 끓는) 소리를 기다리면서 점점 세게 부친다. 이것을 문무지후(文武之候)[6]라 한다. 文이 지나치면[7] 물의 성질이 유연해지고, 유연하면 물이 차를 가라앉힌다.[8] 武가 너무 지나치면[9] 불의 성질이 극렬해지고, 극렬하면 차가 물을 억누른다. 모두 중화(中和:中正)가 부족하니 차인(茶人)의 요지가 아니다.

1) 『차신전』에는 煏(벽)으로 되어 있다.

2) 차관(罐): 주전자를 말함.

3) 조금씩

4) 『차신전』과 『만보전서』에는 水(수)가 없다.

5) 『차신전』에는 煏(벽)으로 되어 있다.

6) 고사인용. 문, 무는 약, 강의 관계이다.

7) 불기가 너무 약한 것을 뜻한다.

8) 차의 성질을 약하게 한다는 뜻. 즉 차가 제대로 우러나지 않음을 말한다.

9) 불기가 너무 센 것을 말한다.

候(후) ①묻다 ②기다리다 ③염탐하다, 염탐꾼 ④점치다=占 ⑤살피다 ⑥모양 ⑦철, 시기 ⑧조짐, 전조

爐(로) ①화로

瓢(표) ①바가지 ②표주박 ③구기의 총칭

扇(선) ①부채, 부채질하다

疾(질) ①병 ②괴로워하다, 조심하다 ③미워하다, 꺼리다 ④빠르다

斯(사) ①이, 이것 ②어조사

降(강) 내리다 (항) 항복하다

制(제) ①억제하다, 제어하다, 누르다 ②법도, 규정 ③천자의 말 ④정하다

6. 끓는 물을 분별하는 방법

湯辨
탕 변

湯有三大辨十五小辨　一曰形辨　二曰聲辨
탕 유 삼 대 변 십 오 소 변　일 왈 형 변　이 왈 성 변

三曰氣辨[1)]　形爲內辨　聲爲外辨　氣爲捷辨
삼 왈 기 변　형 위 내 변　성 위 외 변　기 위 첩 변

如蝦眼　蟹眼　魚眼　蓮珠　皆爲萌湯
여 하 안　해 안　어 안　련 주　개 위 맹 탕

直至[2)]湧沸如騰波鼓浪　水氣全消　方是純熟
직 지 용 비 여 등 파 고 랑　수 기 전 소　방 시 순 숙

如初聲　轉聲　振聲　驟聲　皆爲萌湯
여 초 성　전 성　진 성　취 성　개 위 맹 탕

直至無聲　方是純[3)]熟
직 지 무 성　방 시 순 숙

如氣浮一縷[4)]　二縷　三四縷　及縷[5)]亂不分
여 기 부 일 루　이 루　삼 사 루　급 루　난 불 분

氤氲[6)]亂繞[7)]　皆爲萌湯　直至氣直冲貫　方是純[8)]熟
인 온　난 요　개 위 맹 탕　직 지 기 직 충 관　방 시 순 숙

끓는 물은 세 가지의 큰 분별법과 열 다섯 가지의 작은 분별법이 있다. 첫째는 형태 분별법이고 둘째는 소리 분별법이며 셋째는 기운 분별법이다. 형태는 속을 분별하는 것이고 소리는 겉을 분별하는 것이며 기운은 빠르게 분별하는 것이다. 새우눈, 게눈, 물고

기눈, 연이은 구슬과 같은 것[9]은 모두 맹탕이다. 곧 솟구쳐 끓어오르고 파도가 치고 물결이 일어나는 것처럼 되어 물기운이 완전히 사라지면 바야흐로 이것이 순숙이다. 첫 번째 소리, 구르는 소리, 떨리는 소리, 소나기 소리 같은 것은 모두 맹탕[10]이다. 곧 소리가 없어지면 바야흐로 이것이 순숙이다. 기운이 한 줄기, 두 줄기, 서너 줄기가 되고 줄기가 어지러워 구분이 없게 되어 기운이 어리고 성하여 어지럽게 얽히는 것은 모두 맹탕이다. 곧 기운이 곧게 가운데로 꿰뚫게 되면 바야흐로 이것이 순숙이다.

茶道古典

끓는 물을 분별하는 방법에는 물이 끓는 모양을 보고 분별하는 형태분별법이 있고 물이 끓는 소리를 듣고 분별하는 소리분별법이 있다. 그리고 물이 끓는 기운을 보고 분별하는 기운분별법이 있다.

『차신전』에서는 이 세 가지 물 끓는 분별법을 각각 다르게 순숙(純熟) 결숙(結熟) 경숙(經熟)으로 표기하고 있다. 그러나 어느 것이든 물이 100℃로 끓는 상태는 동일한 것이다. 물이 끓는 것을 여러 가지로 관찰한 것 뿐이지 물이 끓어 도달하는 비점(沸点)은 같은 것이다. 그래서 혼돈하지 않게 하기 위하여 이 세 가지 다른 표현들을 장원(張源)의 『차록』(茶錄)에 근거하여 모두 "순숙"(純熟)이라고 표기하였다.

茶道古典

1) 『만보전서』에는 辨(변) 뒤에 또 辨(변)자가 있다.

2) 『차신전』과 『만보전서』에는 如(여)로 되어 있다.

3) 『차신전』에는 結(결)로 되어 있다.

4) 『차신전』에는 縷(루) 뒤에 浮(부)자가 있다.

5) 『차신전』과 『만보전서』에는 及縷(급루)가 없다.

6) 천지의 氣가 서로 합하여 어린 모양, 기운이 왕성함.

7) 『차신전』과 『만보전서』에는 縷(루)로 되어 있다.

8) 『차신전』에는 經(경)으로 되어 있다.

9) 물이 끓을 때 일어나는 기포 모양을 가리킨다.

10) 물이 덜 끓었을 때를 말함. 노수(老水)는 물을 너무 많이 끓였을 때를 말한다.

捷(첩) ①이기다 ②빠르다. 민첩하다 ③빨리, 속히 ④노획물, 전리품

蟹(해) ①게 蝦(하) ①두꺼비 ②새우(=鰕)

皆(개) ①다, 모두 ②두루 미치다.

萌(맹) ①싹트다 ②싹 ③갈다. 경작하다 ④꼼짝 아니하다 ⑤백성

騰(등) ①오르다 ②날다 ③타다 ④뛰다. 도약하다

振(진) ①떨치다 ②움직이다 ③떨다 ④거두다. 수용하다 ⑤건지다 ⑥정돈하다 ⑦열다 ⑧무던하다

驟(취) ①질주하다 ②몰다 ③갑작스러운 ④자주, 예)驟雨(취우)-소나기, 소낙비

氤(인) ① 기운어리다

氳(온) ①기운성하다

方(방) ①모 ②방위 ③이제 ④길, 방법 ⑤떳떳하다 ⑥견주다 ⑦바야흐로 ⑧가지다 ⑨향하다 ⑩거스르다 ⑪나누다 ⑫널조각 ⑬술법 ⑭의술 ⑮나라

繞(요) ①휘감기다 ②얽히다 ③빙빙돌다

7. 끓인 물

湯用老嫩
탕 용 노 눈

蔡君謨 湯用嫩而不用老
채 군 모 탕 용 눈 이 불 용 로

蓋因古人製茶 造則必碾 碾則必磨 磨則必羅
개 인 고 인 제 차 조 즉 필 년 년 즉 필 마 마 즉 필 라

則茶[1] 爲飄塵飛粉矣
즉 차 위 표 진 비 분 의

於是和劑印作龍鳳[2]團 則見湯而茶神便[3]浮
어 시 화 제 인 작 룡 봉 단 즉 견 탕 이 차 신 변 부

此用嫩而[4]不用老也
차 용 눈 이 불 용 노 야

今時製茶 不假羅磨[5] 全具元[6]體 此湯須純熟
금 시 제 차 불 가 라 마 전 구 원 체 차 탕 수 순 숙

元神始發也 故日湯須五沸 茶奏三奇
원 신 시 발 야 고 왈 탕 수 오 비 차 주 삼 기

채군모[7]는 차를 만드는 탕은 부드러운 물은(눈수)[8] 쓰나 너무 끓인 물(노수)은 쓰지 않는다고 하였다. 대개 옛사람으로부터 유래된 차 만드는 방법은 차를 만들면 반드시 맷돌질하고, 맷돌질하면 반드시 갈고, 갈아서 반드시 체질하면 곧 차[9]는 나부끼는 티끌과 날리는 가루가 된다. 이에 재료를 섞어 용봉단[10]을 박아 만들어

곧 탕을 보면 차의 싱그러움이 바로 뜬다. 이는 눈수는 쓰나 노수는 쓰지 않기 때문이다. 요즈음의 차 만들기는 체와 맷돌을 빌리지 않고 온전히 본래의 몸을 갖추고 있다. 이에 탕은 모름지기 순숙이라야 본래의 차의 싱그러움이 비로소 일어난다. 그러므로 말하자면 탕은 모름지기 다섯 단계[11]로 끓여야 차의 세 가지 기이함[12]이 모인다.

茶道古典

1) 『차신전』과 『만보전서』에는 味(미)로 되어 있다.

2) 『차신전』에는 鳳(봉)자가 없다.

3) 『차신전』에는 硬(경)으로 되어 있다.

4) 『차신전』에는 血(혈)로 되어있다.

5) 『차신전』과 『만보전서』에는 碾(년)으로 되어 있다.

6) 『차신전』에는 旡(기)로 되어 있다.

7) 채군모(1012-1067) 송(宋)나라 사람. 이름은 양(襄)이다. 저서로는 "茶錄", "蔡忠惠集" 등이 있다.

8) 순숙(純熟)과 비슷.

9) 가루차(말차)를 말함.

10) 용과 봉황의 무늬를 찍은 둥글게 만든 떡차(병차). 옛날에는 병차에 다른 재료,향을 가미했다고 한다.

11) 形으로는 해안, 하안, 어안, 련주, 수기전소의 단계. 聲으로는 초성, 전성, 진성, 취성, 무성의 단계. 氣로는 일루, 이루, 삼사루, 난루, 기직충관의 단계를 말한다(6장 참조).

12) 색, 향, 미(色, 香, 味)를 뜻한다.

嫩(눈) ①어리다. 연약하다 ②예쁘다 ③조금 ④부드럽다 ⑤연하다

蓋(개) ①덮다. ②숭상하다 ③뚜껑 ④일산, 양산 ⑤하늘 ⑥대개 ⑦어찌

(합) ①어찌 아니하다.

碾(년) ①맷돌(곡식을 가는 모든 기구)

磨(마) ①갈다 ②닳다 ③고생하다 ④맷돌

羅(라) ①그물 ②그물질하다 ③비단 ④늘어서다. 연잇다 ⑤체 ⑥돌다

飄(표) ①회오리바람 ②질풍 ③빠르다 ④나부끼다 ⑤떨어지다 ⑥방랑하다

塵(진) ①티끌 ②때 ③더럽히다

劑(제) ①약재, 재료 ②약제 ③한도

和(화) ①온화하다 ②화목하다 ③고르다 ④따뜻하다 ⑤순하다 ⑥좋다 ⑦화해 ⑧방울 ⑨응하다. 대답하다. ⑩화답하다 ⑪섞다, 타다

見(견) ①보다, 보이다 ②당하다 ③견해

(현) ①보다 ②뵙다 ③나타나다, 나타내다 ④현재

假(가) ①빌리다 ②용서하다 ③잠시 ④거짓 ⑤가령 ⑥크다 ⑦아름답다 ⑧복 ⑨틈

(하) ①멀다

奏(주) ①아뢰다 ②상소 ③곡조 ④모이다 ⑤달리다

8. 차를 우려내는 방법

泡法
포 법

探湯純熟　便取起　先注少許壺中
탐 탕 순 숙　변 취 기　선 주 소 허 호 중

祛湯冷氣傾出　然後投茶
거 탕 랭 기 경 출　연 후 투 차

茶[1]多寡宜酌　不可過中失正　茶重則味苦香沉
차 다 과 의 작　불 가 과 중 실 정　차 중 즉 미 고 향 침

水勝則色清氣[2]寡
수 승 즉 색 청 기 과

兩壺後　又用冷水蕩滌　使壺凉潔
량 호 후　우 용 냉 수 탕 척　사 호 량 결

不則減茶香矣　鑵[3]熟[4]則茶神不健
부 즉 감 차 향 의　관 숙 즉 차 신 불 건

壺清則[5]水性常[6]靈
호 청 즉 수 성 상 령

稍俟[7]茶水冲和　然後分[8]釃布飮　釃不宜早
초 사 차 수 충 화　연 후 분 시 포 음　시 불 의 조

飮不宜遲　早則茶神未發　遲則妙馥先消
음 불 의 지　조 즉 차 신 미 발　지 즉 묘 복 선 소

끓인 물이 순숙(純熟)임을 탐지했으면 곧바로 들어 올려, 먼저 조금 찻주전자(壺)에 따라 끓인 물로 냉기를 없애고[9] 기울여 따른

뒤 찻잎을 넣는다. 찻잎의 많고 적음을 적절하게 참작하여. 중(中)을 지나쳐 정(正)을 잃으면 안된다.[10] 찻잎을 너무 많이 넣으면 쓴맛이 나고 향기가 가라앉으며, 물이 많으면 차의 색깔이 맑고 (차의)기운이 적다. 찻주전자를 두 차례 쓴 뒤에는 다시 냉수로 씻어내어 찻주전자를 서늘하고 깨끗하게 한다. 그렇지 않으면 차의 향기가 줄어든다. 찻주전자에서 익으면 차의 싱그러움이 온전하지 못하고, 찻주전자가 깨끗하면 (찻)물의 성품이 항상 신령스럽다. 좀 더 차가 제대로 우러나기를 기다린 후에 마포에 걸러서 나누어 마신다.[11] 거르는 것은 빠르면 안되고, 마시는 것은 지체하면 안된다. 빠르면[12] 차의 싱그러움이 발생하지 않고 지체하면[13] 차의 오묘한 향이 먼저 사라지게 된다.

茶道古典

1) 『차신전』에는 葉(엽)으로 되어 있다.

2) 『차신전』과 『만보전서』에는 味(미)로 되어 있다.

3) 『차신전』과 『만보전서』에는 礶(관)으로 되어있다.

4) 『만보전서』에는 熱(열)로 되어 있다.

5) 『차신전』에는 則(즉)이 없다.

6) 『차신전』에는 當(당)으로 되어 있다.

7) 『차신전』에는 候(후)로 되어 있다.

8) 『차신전』에는 冷(냉), 『만보전서』에는 令(령)으로 되어 있다.

9) 豫熱(예열)하는 과정.

10) 중정: 차에서 가장 적절한 맛을 우려냄.

11) 당시에는 망창이 없어서 우러난 차를 다시 베(천)에 걸러서 마셨다.

12) 빨리 걸르는 것을 말한다.

13) 늦게 마시는 것을 말한다.

便(변) ①곧, 문득 ②오줌, 오줌누다 ③똥 **(편)** ①편하다. 편의 ②소식 ③쉬다 ④익

히다 ⑤뚱뚱하다 ⑥말잘하다 ⑦아첨

壺(호) ①병. 음료를 넣는 그릇 ②박 ③투호 ④물시계

許(허) ①허락하다, 허락 ②편들다 ③바라다 ④나아가다 ⑤곳 ⑥쯤, 정도 ⑦얼마 ⑧이

少許(소허) : 조금

袪(거) ①떨어 없애다 ②보내다 ③쫓다 ④흩다 ⑤열다, 열리다 ⑥떠나다 ⑦튼튼하고 강하다.

蕩(탕) ①쓰다 ②움직이다 ③옮기다 ④흐르게 하다 ⑤크다, 넓다 ⑥방자하다 ⑦평평하다 ⑧씻다 ⑨없애다

滌(척) ①닦다, 깨끗이 하다, 씻다 ②청소하다 ③우리다.

釃(시) ①거르다, 술을 거르다 ②진한 술 ③나누다

酌(작) ①따르다 ②퍼내다 ③가리다 ④참작하다 ⑤술 ⑥잔치, 주연 ⑦술잔

遲(지) ①늦다 ②더디다, 느리다 ③게을리하다 ④쉬다, 소요하다 ⑤기다리다 ⑥생각하다 ⑦바라다, 원하다 ⑧무렵 ⑨곧, 이에

馥(복) ①향기 ②향기가 나다

9. 찻주전자에 찻잎을 넣는 방법

投茶
투 차

投茶有[1]序 毋失其宜
투차유 서 무실기의

先茶後湯[2] 日下投
선차후탕 왈하투

湯半下茶 復以湯滿 日中投
탕반하차 부이탕만 왈중투

先湯後茶 日上投
선탕후차 왈상투

春秋中投 夏上投 冬下投
춘추중투 하상투 동하투

차를 넣는 데에 차례가 있으니, 그 적절함을 잃어서는 안 된다. 차를 먼저 넣고 끓인 물을 후에 넣는 것을 하투라고 한다. 끓인 물을 반 붓고 차를 넣은 뒤 다시 끓인 물을 부은 것을 중투라고 한다. 끓인 물을 먼저 붓고 차를 뒤에 넣은 것을 상투라고 한다. 봄, 가을에는 중투, 여름에는 상투, 겨울에는 하투로 한다.[3]

차를 제대로 우려내려면 먼저 팽주(烹主)[4]는 물을 100℃로 충분히 끓인 다음 차기에 예열을 하기 위해 팽객(烹客)[5]의 수에 어림잡아 차관에 숙수(熟水)[6]를 붓는다. 그리고 바로 손님의 수에 맞추어 찻잔에 물을 옮겨 붓고 남는 물은 퇴수 그릇에 버린 다음 찻잔의 물을 숙우에 옮기고 나서 기다리면서 물의 온도를 가늠한다. 이때 차구를 오랫동안 사용하지 않았거나 먼지가 앉았다고[7] 생각될 때에는 우선 차기를 뜨거운 물로 가시고 차행주로 차기를 닦은 다음 위의 방법을 행한다.

물의 온도는 차의 품질에 따라 세작(細雀)[8]은 60~70℃로 중작(中雀)[9]이나 대작(大雀)이면 70~80℃ 정도로 잡는다. 물의 온도가 가늠되면 차관에 차를 넣는데 요즈음은 계절에 관계없이 거의 하투를 하고, 상투나 중투법은 쓰지 않는다.[10] 차관에 넣는 차의 분량은 대개 1인당 2~3g으로 하는데 차 마시는 사람의 기호나 여건에 따라 가감한다. 그런 다음 반복해서 마실 물의 양을 기억해 놓고 숙우에 담긴 물을 차관에 붓는다.

세작은 2~3분, 중 · 대작은 1~2분 기다린 뒤[11] 차탕을 숙우에 따른 후 손님의 찻잔에 알맞게 낸다. 최고급차인 우전세작(雨前細雀)의 경우는 물을 충분히 식히고 (50˚~60˚) 차를 우려내는 시간도 3~4분 이상 길게 잡아야 특유의 풍미가 우러나온다. 차를 잘 우려 내기 위해서는 얼마간의 요령 습득이 필요하고 오랜 차 생활을 통한 경험이 요구된다.

차탕은 보통 3회 내지 5회 우려 마시며 그 이상 반복해서 마실 수도 있다. 차의 양과 반복 횟수는 각자의 기호에 따라 증감하며, 2~3회 반복 후에 물의 온도를 조금 높인다. 오룡차나 보이차류는 뜨거운 물을 부어 한 번 헹구어 버리고 반복해서 마시며, 홍차류는 뜨거운 물을 바로 부어 마시는데 발효차의 경우는 끓인 물을 식히지 않고 바로 사용하는 것이 녹차류와 다른 점이다.

녹차도 묵은 차나 겨울에 마실 때는 보통 때보다 조금 뜨겁게 마시면 풍미도 있고 냉(冷)을 방지할 수 있다. 요즈음은 전기포트가 보편화되어 있어서 물 끓이기가 아주 편리한데 포트에 전날 사용하던 물이 남았을 경우나 끓인 물이 완전히 식어버린 경우는 그 물을 버리고 새로운 물을 포트에 붓고 끓여야 한다. 찻물은 석간수나 청결한 자연수가 좋지만 부득이 수돗물을 써야 할 경우 하룻밤 재운 후 쓰면 된다.

1) 『차신전』에는 行(행)으로 되어 있다.

2) 『차신전』에는 湯後(탕후)로 선후가 바뀌었다.

3) 계절에 따라 다르게 우리는 이유는 차를 우리는 시간을 일정케 하기 위함이다.

4) 烹主: 차를 내는 사람.

5) 차손님.

6) 끓인 물.

7) 대개 팽객에게 깨끗함을 보여주기 위해 매번 행한다.

8) 1槍(창): 차의 움.

9) 1槍(창) 2旗(기): 차의 움과 두 잎.

10) 여름에도 물을 많이 식히거나 양을 많이하여 하투를 한다. 물을 덜 식히면 약한 차는 부서져 단맛(아미노산)은 없어지고 탄닌, 카페인, 카테킨의 차의 쓰고 떫은 맛이 먼저 우러난다.

11) 발효차는 우리는 시간을 더 짧게 한다.

毋(무) ①없다(=無) ②말다, 금지하다

宜(의) ①옳다 ②마땅하다 ③형편좋다 ④마땅히 ⑤화목하다 ⑥안주 ⑦거의

復(부) ①다시 ②덮다

(복) ①회복하다 ②돌아가다 ③돌려보내다 ④되풀이하다 ⑤대답하다 ⑥사뢰다 ⑦복명하다 ⑧갚다 ⑨면하다 ⑩겹치다

10. 차 마시는 아취(雅趣)

飮茶
음 차

飮茶以客少爲貴
음 차 이 객 소 위 귀

客衆則喧　喧則雅趣乏矣
객 중 즉 훤　훤 즉 아 취 핍 의

獨啜曰神　二客曰勝　三四曰趣
독 철 왈 신　이 객 왈 승　삼 사 왈 취

五六曰泛　七八曰施
오 륙 왈 범　칠 팔 왈 시

차를 마실 때는 손님이 적은 것을 귀하게 여긴다. 손님이 많으면 시끄럽고, 시끄러우면 곧 우아하고 아름다운 정취[1]가 부족하게 된다. 혼자 마시는 것은 신비롭고,[2] 두 사람이면 가장 좋고, 3, 4인이면 아름다운 멋이라 하고, 5, 6인이면 평범하다 하며, 7, 8인이면 베푸는 것[3]이다.

茶道古典

1) 雅趣(아취): 아담한 정취, 또는 고상하고 운치 있는 취미.

2) 신비롭고 고상한 경지.

3) 서로 찻잔을 주고받음을 말한다.

喧(훤) ①싸움하다 ②시끄럽다 예)喧嘩(훤화) – 싸우다, 지껄이며 떠들다

雅(아) ①맑다 ②바르다 ③항상 ④풍류이름 ⑤우아하다

趣(취) ①마음이 가다 ② 재미 ③빠르다 ④향하다 ⑤뜻 ⑥풍치, 멋

(촉) ①재촉하다 ②빨리 ③서두르다

乏(핍) ①떨어지다 ②비다 ③모자라다 ④폐하다

啜(철) ①맛보다 ②훌쩍거리다 ③마시다

施(시) ①베풀다 ②놓다 ③옮기다 ④더하다 ⑤잘난 체하다 ⑥미치다

11. 차의 향기

香
향

茶有眞香　有蘭香　有淸香　有純香
차 유 진 향　유 란 향　유 청 향　유 순 향

表裏如一日純香　不生不熟[1]日淸香
표 리 여 일 왈 순 향　불 생 불 숙 왈 청 향

火候均停日蘭香　雨前神具日眞香
화 후 균 정 왈 난 향　우 전 신 구 왈 진 향

更有含香　漏香[2]　浮香　問[3]香　此皆不正之氣
갱 유 함 향　루 향　부 향　문 향　차 개 부 정 지 기

차에는 진향(眞香), 난향(蘭香), 청향(淸香), 순향(純香)[4]이 있다. 안팎이 똑같은 것을 순향이라 하고, 설지도 않고 너무 익지도 않은 것은 청향이라 하며, 불김이 고루 든 것을 난향이라 하고, 곡우 전 (차의)싱그러움이 고루 갖추어진 것은 진향이라 한다. 또한 함향(含香), 누향(漏香), 부향(浮香), 문향(問香)[5]이 있는데, 이는 모두 좋지 못한 향기다.

1) 『차신전』에는 熱(열)로 되어 있다.

2) 『차신전』과 『만보전서』에는 香(향)이 없다.

3) 『차신전』과 『만보전서』에는 間(간)으로 되어 있다.

4) 진향: 참된향기, 난향: 난초향기, 청향: 맑은 향기, 순향: 순수한 향기

5) 함향: 머금은 향기, 누향: 새는 향기, 부향: 뜬 향기, 문향: 묻는 향기, 향이 없음을 말한다.

蘭(란) ①난초 ②목련 ③등골나물

裏(리) ①안, 속 ②다스려지다

均(균) ①평평하다 ②고르다 ③고르게 하다 ④두루 ⑤녹로

(연) ①따르다(=沿) (운) ①운(=韻)

停(정) ①머무르다 ②멈추다

更(경) ①고치다 ②바꾸다 ③고쳐지다, 바뀌다 ④갚다 ⑤잇다 ⑥겪다 ⑦지나다 ⑧시각

(갱) ①다시

漏(루) ①새다 ②틈이 생기다 ③빠뜨리다 ④구멍 ⑤번뇌

12. 차의 빛깔

色
색

茶以青[1]翠爲勝　濤以藍白爲佳　黃黑紅昏
차 이 청 취 위 승　도 이 람 백 위 가　황 흑 홍 혼

俱不入品
구 불 입 품

雪[2]濤爲上　翠濤爲中　黃濤爲下
설 도 위 상　취 도 위 중　황 도 위 하

新泉活火　煮茗玄工　玉茗冰[3]濤　當杯絕技[4]
신 천 활 화　자 명 현 공　옥 명 빙 도　당 배 절 기

차는 푸른 것을 으뜸으로 삼고, 찻물(濤)[5]은 남백색을 아름답게 여긴다. 노랑, 검정, 빨강, 어두운 빛깔이 도는 것은 모두 차의 품격에는 들지 못한다. 찻물이 눈과 같은 것은 상품, 푸른 것은 중품, 누런 것은 하품이다. 새로 떠온 샘물에 활활 타는 숯불은 차를 끓이는 오묘한 기술이요, 옥 같은 차[6]와 얼음 같은 찻물은 찻잔에 나타나는[7] 절묘한 기술이다.

1) 『차신전』과 『만보전서』에는 淸(청)으로 되어 있다.

2) 『차신전』에는 雲(운)으로 되어있다.

3) 『차신전』과 『만보전서』에는 水(수)로 되어 있다.

4) 『차신전』과 『만보전서』에는 枝(지)로 되어 있다.

5) 찻그릇에 우린 차를 따라 놓은 것.

6) 아주 좋은 차를 말함.

7) '명주(名酒)에 못지 않는 맛을 내어 주는' 으로도 해석.

翠(취) ①물총새 ②비취색, 푸른색

濤(도) ①물결 ②물결 일다

藍(람) ①쪽 ②남빛 ③누더기 ④절 ⑤함부로

佳(가) ①아름답다 ②좋다 ③좋아하다

昏(혼) ①날 저물다 ②어둡다 ③일찍 죽다 ④어지럽다 ⑤장가들다

煮(자) ①끓이다 ②삶다, 익히다 ③굽다

茗(명) ①차 ②차나무

當(당) ①당하다 ②대하다 ③마땅하다 ④맡다 ⑤맞다 ⑥이, 그 ⑦덮다 ⑧밑 ⑨저당

杯(배) ①잔, 술잔 ②대접

13. 차의 맛

味
미

味以甘潤爲上　苦澁[1]爲下
미 이 감 윤 위 상　고 삽 위 하

차맛은 달고 부드러운 것을 으뜸으로 삼고, 쓰고 떫은 것을 하품으로 삼는다.

茶道古典

1) 『차신전』에는 滯(체)로 되어 있다.

潤(윤) ①젖다 ②윤택하다 ③더하다 ④물기 ⑤이득 ⑥은혜 ⑦부드럽다 ⑧광택

14. 차는 오염되면 참됨을 잃는다

點染失眞
점 염 실 진

茶自有眞香 有眞色 有眞味 一經點染
차 자 유 진 향 유 진 색 유 진 미 일 경 점 염

便失其眞
변 실 기 진

如水中着鹹 茶中着料 碗中着果[1] 皆失眞也
여 수 중 착 함 차 중 착 료 완 중 착 과 개 실 진 야

차에는 본래의 참된 향기가 있고, 참된 빛깔이 있으며, 참된 맛이 있다. 한 번 오염되면 곧 그 참됨을 잃는다. 물에 소금기가 들어 있거나, 차에 불순물이 들어 있거나, 찻잔에 과즙류가 묻어 있거나 한다면, 이는 모두 차의 참됨을 잃게 하는 것이다.

1) 『차신전』에는 菓(과)로 되어 있다.

點(점) ①점 ②세다 ③점검하다 ④물건의 개수를 나타내는 말 ⑤작은 조각 ⑥그리다 ⑦더럽히다 ⑧등불을 켜다

經(경) ①지내다, 겪다 ②경서, 책 ③법 ④한 번 ⑤새로 ⑥떳떳하다

染(염) ①물들이다 ②적시다 ③그리다 ④더럽히다 ⑤질병에 옮다 ⑥익숙해지다 ⑦더러움

便(변) ①곧, 문득 ②오줌, 오줌 누다 ③똥
(편) ①편하다, 편의 ②소식 ③쉬다 ④익히다 ⑤뚱뚱하다 ⑥말 잘하다 ⑦아첨

着(착) ①붙다, 달라붙다 ②이르다, 도착하다

鹹(함) ①짜다, 짠맛, 소금기 ②쓰다, 쓴맛

料(료) ①헤아리다 ②세다 ③봉급, 급여 ④꺼리, 재료

碗(완) ①주발, 그릇, 찻잔 〈=盌〉

15. 변한 차는 쓰지 않는다

茶變不可用
차 변 불 가 용

茶始造則青翠 收藏不[1]法 一變至綠
차 시 조 즉 청 취 수 장 불 법 일 변 지 록

再變至黃 三變至黑 四變至白
재 변 지 황 삼 변 지 흑 사 변 지 백

食之則寒胃 甚[2]至瘠氣成積
식 지 즉 한 위 심 지 척 기 성 적

차를 갓 만들면 푸른색이다. 거두어 저장함에 있어 법도대로 하지 아니하면, 처음엔 녹색으로 변하고, 두 번째는 누런 색으로 변하고, 세 번째는 검은 색으로 변하며, 네 번째는 흰색으로 변한다. 이[3]를 마시면 곧 위가 냉해지고, 심해지면 수척한 기운이 쌓이게 된다.

茶道古典

1) 『차신전』과 『만보전서』에는 不(불) 뒤에 得其(득기) 두 자가 있다.

2) 『차신전』에는 其(기)로 되어 있다.

3) 변질된 차.

藏(장) ①감추다 ②저장하다 ③곳간
瘠(척) ①여위다 ②메마른 땅

積(적) ①쌓다, 모으다 ②둘 이상의 수를 곱한 수치

16. 물의 등급

品泉
품 천

茶者水之神　水者茶之體　非眞水莫顯其神
차 자 수 지 신　수 자 차 지 체　비 진 수 막 현 기 신

非精茶曷[1]窺其體
비 정 차 갈 규 기 체

山頂泉淸而輕　山[2]下泉淸而重　石中泉淸而甘
산 정 천 청 이 경　산 하 천 청 이 중　석 중 천 청 이 감

沙中泉淸而冽　土中泉淡而白
사 중 천 청 이 렬　토 중 천 담 이 백

流於黃石爲佳　瀉出靑石無用　流動者愈於安靜
유 어 황 석 위 가　사 출 청 석 무 용　유 동 자 유 어 안 정

負陰者勝[3]於向[4]陽　眞源[5]無味　眞水無香
부 음 자 승 어 향 양　진 원 무 미　진 수 무 향

차는 물의 싱그러움이고, 물은 차의 몸이니, 진수(眞水)[6]가 아니면 차의 싱그러움이 나타나지 않고, 정차(精茶)[7]가 아니라면 어찌 그 몸(眞水)을 엿볼 수 있겠는가. 산 위의 샘물은 맑고 가벼우며 산 아래 샘물은 맑고 무겁다. 돌 사이에서 나는 샘물은 맑고 달며, 모래 속 샘물은 맑고 차가우며, 흙 속의 샘물은 담백하다. 누런 돌에서 흘러나오는 물은 좋고, 푸른 돌에서 나오는 물은 쓸 수 없다. 흘러서 움직이는 물이 고여 있는 물보다 나으며, 응달진 곳에서 나는 물이 양지의 물보다 좋다. 참된 근원의 물은 맛이 없으

며, 참된 물은 향기가 없다.

북송(北宋)의 휘종 황제는 〈대관차론(大觀茶論)〉에서 "산샘(山泉)의 청결한 물을 취하는 것이 마땅하고, 그 다음에는 늘 길는 우물물이 쓰기에 좋다. 강과 하천의 물은 물고기와 자라의 비린내와 진창의 때가 있으므로 가볍고 달더라도 취하지 않는 편이 좋다"고 하였다.

한편 성현(成俔 : 1439~1504)의 〈용재총화(慵齋叢話)〉에 보면 우리나라에서 가장 좋은 물로 충주의 달천수(達川水)를 꼽고, 한강의 우중수(牛重水)가 둘째요, 속리산의 삼타수(三陀水)가 셋째라고 말하고 있다.

1) 『차신전』에는 莫(막)으로 되어 있다.

2) 『차신전』과 『만보전서』에는 水(수)로 되어 있다.

3) 『차신전』과 『만보전서』에는 眞(진)으로 되어 있다.

4) 『차신전』과 『만보전서』에는 向(향)이 없다.

5) 『차신전』과 『만보전서』에는 原(원)으로 되어 있다.

6) 참된 물, 유천(乳泉) 또는 석지(石池)등.

7) 정갈한 차, 법제에 따라 만들고 보관한 차(精茶:眞茶).

曷(갈) ①어찌, 어찌하여 ②언제

窺(규) ①엿보다 ②보다

冽(열) ①차갑다

佳(가) ①아름답다 ②좋다 ③훌륭하다

瀉(사) ①쏟다, 물 흐르다 ②게우다, 설사하다

愈(유) ①낫다, 보다 우수하다 ②병이 낫다 ③더욱

負(부) ①지다 (등에 지다, 빚을 지다)②경쟁에서 지다 ③저버리다

勝(승) ①이기다 ②낫다, 뛰어나다 ③이겨서 멸망시키다

源(원) ①근원 ②샘

17. 우물물은 茶에 부적절하다

井水不宜茶
정 수 불 의 차

茶經云 '山水上 江水次[1] 井水最下矣'
차 경 운 산 수 상 강 수 차 정 수 최 하 의

第一方不近江[2], 山卒無泉水, 惟當多[3]積梅雨
제 일 방 불 근 강 산 졸 무 천 수 유 당 다 적 매 우

其味甘和 乃長養萬物之水
기 미 감 화 내 장 양 만 물 지 수

雪水雖淸 性感重陰 寒人[4]脾胃 不宜多積
설 수 수 청 성 감 중 음 한 인 비 위 불 의 다 적

차경에 이르기를 "산물이 으뜸이고, 강물은 버금가며, 우물물은 최하품이다"라고 하였다.

첫째는[5] 가까이에 강이 없고 끝내 산에 샘이 없으면 오로지 장마 빗물을 많이 저장해 두는 것이 마땅하다.[6] 그 맛[7]은 달고 부드러워 모든 생물을 길러주는 물로서 뛰어나다. 눈이 녹은 물은 비록 맑기는 하나 성분이 매우 냉해서 사람의 비장과 위장을 차게 하므로 많이 저장해 두기에는 마땅치가 않다.

茶道古典

1) 『차신전』과 『만보전서』에는 下(하)로 되어 있다.

2) 『차신전』과 『만보전서』에는 江(강)이 빠져 있다.

3) 『차신전』과 『만보전서』에는 春(춘)으로 되어 있다.

4) 『차신전』과 『만보전서』에는 入(입)으로 되어 있다.

5) 第一方: 첫째는

6) 매화나무 열매가 익을 무렵인 유월 중순부터 칠월 상순까지 계속되는 장마(梅雨).

7) 내린 빗물의 맛.

卒(졸) ①하인 ②무리 ③군사 ④마을 ⑤나라 ⑥마치다 ⑦죽다 ⑧마침내 ⑨이미 ⑩끝내

和(화) ①온화하다 ②화목하다 ③고르다 ④따뜻하다 ⑤순화하다 ⑥좋다 ⑦화해하다 ⑧방울 ⑨응하다 ⑩대답하다 ⑪화답하다 ⑫섞다, 타다 ⑬부드럽다

乃(내) ①이에 ②어조사 ③나 ④그 ⑤아무 ⑥접때 ⑦다스리다

乃長(내장) 뛰어나다

18. 물의 보관

貯水
저 수

貯水甕須[1]置陰庭中　覆以紗帛　使承星露之氣
저 수 옹 수 치 음 정 중 부 이 사 백 사 승 성 로 지 기

則英靈不散　神氣常存
즉 영 령 불 산 신 기 상 존

假令壓以木石　封以紙箬　曝于[2]日下
가 령 압 이 목 석 봉 이 지 약 폭 어 일 하

則外耗其[3]神　內閉其氣　水神敝[4]矣
즉 외 모 기 신 내 폐 기 기 수 신 폐 의

飮茶惟貴乎[5]茶鮮水靈　茶失其鮮　水失其靈
음 차 유 귀 호 차 선 수 령 차 실 기 선 수 실 기 령

則與溝渠水[6]何異
즉 여 구 거 수 하 이

물을 받아 놓는 항아리는 모름지기 그늘진 정원 가운데 놓고,[7] 비단[8]으로 덮어 별과 이슬의 기운을 맞을 수 있게 하면 물의 빼어난 신령스러운 기운이 흩어지지 않고, 싱그러운 기운이 항상 남아 있다. 가령 나무나 돌로 누르고 종이나 대 껍질[9]로 봉하여 햇살에 쪼이면, 밖으로는 그 싱그러움이 없어지고 안으로는 그 (영령한) 기운이 막히므로 물의 싱그러움이 사라지게 된다. 차를 마심에 오직 귀한 것은 차의 신선함과 물의 영령함이니, 차에서

는 그 신선함을 잃고 물에서는 그 영령함을 잃으면 도랑물과 어찌 다르겠는가.

茶道古典

1) 『차신전』에는 須(수)의 彡(터럭 삼) 변이 彳(조금걸을 척)변으로 되어 있다.

2) 于 원래 뜻으로 쓰일 때는 '우'라고 발음하나, 於와 같은 뜻으로 쓰일 때에는 '어'로 발음한다. 이 글에서는 於의 의미로 쓰였기 때문에 '어'로 음독한다.

3) 『차신전』에는 散(산)으로 되어 있다.

4) 『차신전』에는 弊(폐)로 되어 있다.

5) 『차신전』과 『만보전서』에는 夫(부)로 되어 있다.

6) 『차신전』과 『만보전서』에는 水(수)가 없다.

7) 햇빛에 물을 쏘이면 억센 물이 되어 버린다.

8) 베헝겊

9) 箬(약) 죽순 또는 대나무 껍질.

甕(옹) ①항아리

覆(복) ①엎어지다, 넘어지다 ②뒤집다. 엎다 ③배반하다 ④되풀이하다 ⑤사뢰다 ⑥도리어 ⑦살피다 ⑧구하다 ⑨복병

(부) ①덮다 ②덮개

英(영) ①꽃, 꽃부리 ②싹 ③빼어나다

壓(압) ①누르다 ②막다

(염) ①싫어하다

耗(모) ①벼 ②덜다, 감하다 ③소비하다 ④동태 ⑤소식 ⑥어지럽다 ⑦없어지다

溝(구) ①도랑 ②시내 ③해자 ④홈통

渠(거) ①도랑 ②크다 ③우두머리 ④그 ⑤어찌

乎~何異(호~하이) 어찌 다르겠는가?

19. 차 그릇

茶具
차 구

桑苧翁煮茶用銀瓢　謂[1]過於奢侈　後用瓷器
상 저 옹 자 차 용 은 표　위　과 어 사 치　후 용 자 기

又不能持[2]久[3]　卒歸於銀
우 불 능 지　구　졸 귀 어 은

愚意銀者宜[4]貯朱樓華屋　若山齋茅舍
우 의 은 자 의　저 주 루 화 옥　약 산 재 모 사

惟用錫瓢　亦無損於[5]香[6]色味也　但[7]銅鐵忌之
유 용 석 표　역 무 손 어　향　색 미 야　단　동 철 기 지

상저옹(桑苧翁:陸羽)은 차를 달이는 데 은그릇을 사용하다가 이를 너무 사치스럽다고 생각하여 후에는 도자기를 사용했는데 또한 오래 쓸 수 가 없어 끝내는 은그릇(銀器)으로 돌아갔다. 나의 생각으로는 은그릇(銀製)은 부유한 집[8]에서 장만하는 것이 마땅하다. 서민의 집 같은 경우는[9] 오로지 주석 그릇을 써도 또한 (차의) 향기와 빛깔과 맛에는 손색이 없다. 다만 구리그릇(銅製)과 쇠그릇(鐵製)은 피해야 한다.

1) 『차신전』에는 調(조)로 되어 있다.

2) 『차신전』에는 耐(내)로 『만보전서』에는 詩(시)로 되어 있다.

3) 『만보전서』에는 文(문)으로 되어 있다.

4) 『차신전』에는 宜(의)가 없다.

5) 『차신전』에는 於(어)의 方(모 방) 변이 扌(손 수)변으로 되어 있다.

6) 『차신전』과 『만보전서』에는 香(향)이 없다.

7) 『차신전』과 『만보전서』에는 但(단)이 없다.

8) 朱樓華屋(주루화옥): 단청을 곱게 하여 아름답게 꾸민 집, 부유한 집.

9) 山齋茅舍(산재모사): 띠로 지붕을 이은 보잘 것 없는 집, 서민의 집.

瓢(표) ①표주박, 바가지 ②국자, 주걱 ③구기, 그릇

謂(위) ①이를, 고할, 일컬을 ; 所謂(소위)

奢(사) ①사치하다 ②과분하다 ③오만하다 ④넉넉하다 ⑤낫다

侈(치) ①사치하다 ②오만하다 ③방자하다 ④크다 ⑤많다 ⑥벌리다 ⑦호사 ⑧떠나다

持(지) ①가지다, 지니다 ; 持病(지병) ②버티다, 견뎌 내다

若(약) ①같다 ②너 ③만약 ④어조사
(야) ①땅 이름 ②반야

茅(모) ①띠

惟(유) ①생각할 ; 思惟(사유) ②오직, 홀로; 惟一(유일)

錫(석) ①주석 ②지팡이

但(단) ①다만, 단지

鐵(철) ①쇠 ②무기 ③단단할 굳셀

忌(기) ①꺼리다, 싫어하다, 기피하다 ; 禁忌(금기) ②미워할, 질투할 ; 猜忌(시기) ③기일 ; 忌祭(기제)

20. 찻잔

茶盞
차 잔

盞以雪白者爲上 藍白者[1]不損茶色 次之
잔 이 설 백 자 위 상 남 백 자 불 손 차 색 차 지

찻잔은 눈처럼 흰 것[2]이 가장 좋고 남백색의 것[3]은 찻물의 빛깔을 해치지 않으므로 버금간다.

茶道古典

1)『만보전서』에는 者(자)가 없다.

2) 찻물의 색을 확인할 수 있어야 하므로, 찻잔의 내부는 흰색인 것이 좋다.

3) 찻물의 색을 해치지 않음.

藍(람) ①쪽(람) ②쪽빛 ③누더기 ; 藍縷(남루)

損(손) ①덜다, 줄어들다 ②상하다 ; 損傷(손상) ③잃다; 損失(손실)

21. 차행주 헝겊

拭盞布
식 잔 포

飮茶前後 俱用細麻布拭盞 其他易[1]穢 不宜[2]用
음 차 전 후 구 용 세 마 포 식 잔 기 타 이 예 불 의 용

차를 마시는 전후에는 모두 가는 마포(麻布)[3]를 사용하여 잔을 닦는다. 기타의 것은 더러워지기 쉬워서 쓰기에 마땅치 않다.

1) 『차신전』과 『만보전서』에는 物(물)로 되어 있다.

2) 『차신전』에는 堪(감)으로 되어있고, 『만보전서』에는 글자가 없다.

3) 가는 삼베. 마직물은 대마(大麻,삼베), 저마(苧麻,모시) 등으로 구분한다.

麻(마) ①삼; 삼과의 일년초 ②저릴, 마비될

拭(식) ①닦다, 씻다

易(이) 쉽다, 편하다 ; 容易(용이)
(역) ①바꾸다, 바뀌다 ; 貿易(무역) ②역학

穢(예) ①더럽다 ②거칠, 거친 땅

宜(의) ①마땅하다, 옳다 ; 宜當(의당) ②적합하다 ; 便宜(편의)

22. 차의 위생

茶衛[1]
차 위

造時精 藏時燥 泡[2]時潔 精 燥 潔 茶道盡矣
조시정 장시조 포시결 정 조 결 다도진의

(차를) 만들 때에는 정성스럽게 하고, 차를 저장할 때에는 건조하게 하며, 차를 우릴 때는 청결하게 한다. 정성을 다하고 건조하게 하고, 청결하게 하면 다도는 다한 것이다.

茶道古典

1) 『차신전』과 『만보전서』에는 茶衛(차위)로 되어있으나 장원의 『차록』에는 다도(茶道)이다.

※장원의 『차록』에는 "다도" 앞에 "분차합"이란 단원이 있다. 그 내용은 다음과 같다.

分茶盒(분차합)

以錫爲之, 從大甕中分用, 用盡再取
(이석위지, 종대담중분용, 용진재취)

"차합은 주석으로 만들고, 큰 항아리에서 나누어 사용하며, 다 쓰면 다시 담는다."

2) 이 장에서는 '우려낸다'는 뜻을 가진다. 즉 포법(泡法)이란 '차 우려내는 법'을 뜻하며 차를 만들어서 손님에게 대접할 때 우려내는 것을 말한다.

精(정) ①찧다 ②순수하다 ③정성스럽다 ④묘하다

燥(조) ①마르다 ②건조시키다

泡(포) ①거품 ②왕성하다 ③흐르다 ④물이름 ⑤물에 담그다

盡(진) ①다하다 ②다, 모두 ③가령

戊子雨際　隨師於方丈山　七佛啞院　謄抄下來
무 자 우 제　수 사 어 방 장 산　칠 불 아 원　등 초 하 래

更欲正書　而因病未果
갱 욕 정 서　이 인 병 미 과

修洪沙彌　時在侍者房　欲知茶道正抄　亦病未終
수 홍 사 미　시 재 시 자 방　욕 지 다 도 정 초　역 병 미 종

故禪餘强命管城子[1]成終　有始有終
고 선 여 강 명 관 성 자　성 종　유 시 유 종

何獨君子爲之
하 독 군 자 위 지

叢林或有趙州風　而盡不知茶道　故抄示可畏
총 림 혹 유 조 주 풍　이 진 부 지 다 도　고 초 시 가 외

庚寅中春　休菴病禪　雪窓擁爐 謹書
경 인 중 춘　휴 암 병 선　설 창 옹 로　근 서

무자년[2] 비오는 날, 스승을 따라서 지리산[3] 칠불사 아자방에 갔다가 등초(謄抄)[4]하여 내려온 이후 다시 정서(正書)[5]하고자 하였으나 신병(身病)으로 이루지 못하였다. 사미승[6] 수홍(修洪)이 때마침 시자실(侍者室)에 있었다. (그가) 다도(茶道)를 알고자 하여 정초(正抄)[7] 하였으나 또한 그도 병이 나서 끝맺지 못하였다. 이 때문에 좌선하는 틈틈이 힘겹게 붓을 들어 이를 완성하였다. “시작이 있고 끝맺음이 있다” 함은 어찌 유학자들만의 일이겠는가. 총림(叢林)[8]에서도 조주(趙州)의 끽차선풍(喫茶禪風)[9]이 있으나 모두가 다도를 모른다. 이에 초록하여 후학들에

게[10] 보이는 바이다.

경인년 봄에[11] 암자에서 쉬는 병든 선승(휴암병선:休庵病禪)은 눈 쌓인 창가에서 화로를 안고 삼가 쓰다.

茶道古典

1) 붓

2) 1828년

3) 方丈山(방장산): 지리산

4) 원본에서 베낌, 만보전서 초출을 의미한다.

5) 정서(正書): ①글씨를 흘리지 아니하고 또박또박 씀 ②초잡았던 글을 정식으로 베꼈음.

6) 沙彌(사미): ①불문에 든 지 얼마 안 되어 불법에 미숙한 어린 남자 수행자를 이르는 말 ②불도를 닦는 20세 미만의 남자를 이르는 말

7) 바르게 베낌.

8) 叢林(총림): 불교에서 많은 승려가 모여 불도를 닦거나 좌선을 하는 도량을 이르는 말.

9) 차를 다리는 풍습「끽차거(喫茶去)」

10) 후생가외(後生可畏): 나중 태어난 자(또는 기력 · 체력이 뛰어난 젊은 이)는 앞으로 공부하기에 따라 (노력하기에 따라) 어느 정도의 역량을 가질는지 모르므로, 그 가능성은 두려울 정도라는 뜻. 출처: 論語 子罕篇

11) 1830년 2월

隨(수) ①따르다, 뒤따르다

騰(등) ①오르다, 뛰어오르다 ; **騰落(등락)**

抄(초) ①베끼다, 가려 베끼다 ; **抄錄(초록)** ②노략질하다

東茶頌

동차송

艸衣 張意恂 著

承海道人命作 艸衣沙門意恂
승 해 도 인 명 작 초 의 사 문 의 순

해도인의 명령을 받들어 승려 초의 의순 지음

茶道古典

東茶頌(동차송) 우리나라 차의 훌륭함을 칭송하는 칠언구(七言句)의 시 형식으로 썼다.

海道人(해도인) 홍현주(洪顯周)(1793-1865) 호는 해거재(海居齋) 정조대왕(正祖大王)의 사위, 벼슬은 지돈영부사(知敦寧府事), 형은 좌의정 홍석주(左議政洪奭周).

承(승) 이을승, 받을승, 좇을승, 도울승

恂(순) 진실한 모양순, 두려울 순

后皇嘉樹配橘德 受命不遷生南國
후 황 가 수 배 귤 덕 수 명 불 천 생 남 국

密葉鬪霰貫冬青 素花濯霜發秋榮
밀 엽 투 산 관 동 청 소 화 탁 상 발 추 영

姑射仙子粉肌潔 閻浮檀金芳心結
고 야 선 자 분 기 결 염 부 단 금 방 심 결

茶樹如瓜蘆 葉如梔子
차 수 여 과 로 엽 여 치 자

花如白薔薇　心黃如金
화 여 백 장 미　심 황 여 금

當秋開花　淸香隱然云
당 추 개 화　청 향 은 연 운

조물주께서 아름다운 나무인 (차나무)와 덕스런 귤나무를 한 짝이 되게 하시니 명을 받은 대로 옮기지 않고 따뜻한 남쪽에서만 자라는구나.

무성한 차 잎은 싸락눈과 싸우면서도 겨우 내내 푸르고 흰꽃은 서리에 씻기어도 가을의 영화로움을 발하네.

(차꽃은) 고야산의 선인처럼 살에 분바른 듯 깨끗하고, 염부나무 아래를 흐르는 강물 속에서 나는 사금(砂金)처럼 아름다운 꽃술이 맺혔네.

> 차나무는 과로와 같고, (차나무) 잎은 치자나무잎과 같으며, 꽃은 백장미와 같고, 꽃술은 황금과 같이 누르며 가을이 되어 꽃이 피면 맑은 향기는 은은하다고 하였다.

茶道古典

后皇(후황) 皇天后土(황천후토)에서 온말(하늘의 신과 땅의 신) 조물주, 하나님, 창조주.

素花(소화) 차의 흰꽃, 차꽃은 대개 9월~11월 사이에 피나 그보다 늦은 것도 있다.

姑射山(고야산) 중국 산서성(山西省) 임분현(臨汾縣)에 있는 산.

瓜蘆(과로) 동백나무과의 관목.

嘉(가) 아름다울가, 착할가, 아름답게여길가, 칭찬할가, 즐거워할가

配(배) 짝배, 배필, 짝할배, 도울배, 배정할배, 나눌배

橘(귤) 귤

遷(천) 옮길천, 바꿀천, 귀양보낼천

密(밀) 빽빽할밀, 촘촘할밀, 비밀이할밀, 은근할, 깊을밀, 친밀할밀

霰(산) 싸락눈

貫(관) 꿸관, 통할관

濯(탁) 씻을탁, 빨래할탁

肌(기) 살(肉)기, 肌骨(살과뼈)이 장대하다.

潔(결) 맑을결, 깨끗할결, 조촐할결

閻(염) 마을에있는문염, 항간염, 열염, 권할염, 염부(閻浮)(중생이 사는 속세)

檀(단) 박달나무단, 나무이름단

염부단금(閻浮檀金) 염부나무 아래를 흐르는 강물 속에서 나는 사금(砂金).

芳(방) 꽃다울방, 덕스러울방, 이름빛날방, 아름다울방

瓜(과) 오이, 참외

蘆(로)(노) 갈대

梔(치) 치자

薔(장)(색) 장미장

薇(미) 고비나물미, 고사리

隱(은) 숨을은, 감출, 어두운 곳, 곤궁함, 측은할, 낮은 담

沆*瀣漱淸碧玉條　朝霞含潤翠禽舌
항　해수청벽옥조　조하함윤취금설

李白云"荊州玉泉寺
이백운　형주옥천사

靑溪諸山　有茗艸羅生
청계제산　유명초라생

枝葉如碧玉　玉泉眞公常採*飮"
지엽여벽옥　옥천진공상채　음

밤이슬에 맑게 씻기니 (차나무 가지는) 푸른옥 같고 (차잎은) 아침 안개를 머금어 윤이 나는 푸른 작설(雀舌)(새의혀)이네.

이태백은 말하기를 "형주에 있는 옥천사에는 푸른 계곡의 여러산에 차나무가 널리 퍼져 있으며 가지와 잎은 푸른옥과 같다. 옥천사의 진스님은 늘 이 차를 따서 마셨다"고 하였다.

*沆(항): 『동차송』에는 沅(원)으로 되어 있다. 오자이다.

*採(채): 『동차송』에는 采(채)로 되어 있다.

李太白(이태백)(701-762) 당나라의 시인 촉(蜀)나라 창명인(昌明人) 자(字)는 태백(太白), 호(號)는 청련거사(靑蓮居士). 그는 시선(詩仙), 주선(酒仙) 차선(茶仙)으로 불렸다.

荊州(형주) 당(唐)나라의 주(州)로서 고을 이름은 강릉(江陵) 지금의 호북성(湖北省) 강릉현(江陵縣).

玉泉寺(옥천사) 호북성(湖北省)의 옥천산(玉泉山)에 있는 절, 수(隋)나라 개황(開皇) 12년(592)에 천태종(天台宗)의 지의(智顗)스님이 창건. 송대(宋代)에 선종의 절이 되다.

玉泉眞公(옥천진공) 옥천사의 주지스님.

沆(항) 큰물항, 너른모양항

瀣(해) 이슬기운, 바다기운, 찬이슬, 물모양

항해(沆瀣) 깊은 밤중에 내리는 이슬의 기운

漱(수) 양치질할수, 씻을수, 빨래할수

碧(벽) 푸른구슬옥

條(조) 곁가지조, 길조, 조리조, 통달할조, 낱낱이들조, 가지꺾을조

霞(하) 놀하(노을하), 안개

含(함) 머금을함, 용납할함, 품을함

潤(윤) 윤택할윤, 번지르르할윤

翠(취) 푸를취, 옥이름취, 비취색취

禽(금) 날짐승금, 사로잡을금.

荊(형) 광대싸리, 荊州(형주), 나무의 가시, 고난의 길

溪(계) 시내, 계곡, 물이 흐르는 산골짜기

諸(제) 여러, 모든

羅(라) 새그물, 모으다, 벌여놓다. 늘어놓다. 사방에 총총하게 널려 있다.

碧(벽) 푸른구슬, 푸른색

天仙人鬼俱愛重　知爾爲物誠奇絕
천 선 인 귀 구 애 중　지 이 위 물 성 기 절

炎帝曾嘗載食經
염 제 증 상 재 식 경

炎帝『食經』云　“茶茗久服　人有力悅志”
염 제 식 경 운　차 명 구 복　인 유 력 열 지

하늘과 신선과 사람과 귀신도 모두 (차를) 매우 사랑하였으니 너 (차)의 됨됨이 성실하여 매우 신기함을 알겠구나. 염제 신농(神農)은 일찍이 (차를) 맛보고 『식경』에 기록하였네.

염제의 『식경』에 이르기를 “차를 오래 마시면 사람이 힘이 있고 뜻(마음)이 즐겁다”고 하였다.

炎帝(염제) 신농(神農). 불과 농사의 제왕. 『식경(食經)』의 저자. 150세를 살았다.

食經(식경) 100가지의 풀을 맛보고 식경을 쓰다.

茶茗(차명) 차. 동진(東晋)의 곽박(郭璞)(276-324)의 『이아(爾雅)』에는 일찍 딴 것을 차, 늦게 딴 것을 명(茗)이라고 하였다.

爲物(위물) 됨됨이.

誠(성) 정성, 믿을, 진실함, 진실로, 살필, 성실

絕(절) 뛰어나다, 끊다, 매우

炎(염) 불꽃솟을, 태울, 더울,

曾(증) 일찍, 곧, 거듭, 더할, 깊을

嘗(상) 맛볼상, 일찍, 시험할

醍醐甘露舊傳名
제 호 감 로 구 전 명

"王子尙詣曇濟道人于八公山 道人設茶茗 子尙味之曰
왕 자 상 예 담 제 도 인 우 팔 공 산 도 인 설 차 명 자 상 미 지 왈

'此甘露也'" 羅大經瀹湯詩 "松風檜雨到來初
차 감 로 야 나 대 경 약 탕 시 송 풍 회 우 도 래 초

急引銅甁離*竹爐 待得聲聞俱寂後 一甌春雪勝醍醐"
급 인 동 병 이 죽 노 대 득 성 문 구 적 후 일 구 춘 설 승 제 호

제호와 감로는 옛부터 그 이름이 전해져 왔네.

"예장왕 자상이 팔공산에 있는 담제도인에게 갔더니 도인이 차를 대접하자 자상이 (차) 맛을 보고 말하기를 '이것이 감로구나' 라고 하였다." 나대경의 약탕시에 "(물이 끓을 때) 소나무에 스치는 바람소리와 전나무에 (내리는) 빗소리가 들려오면 급히 구리병을 죽로에서

옮겨 놓는다. 요란하게 들리던 소리가 모두 고요해 지기를 기다린 후에 한 사발의 춘설차를 마시니 제호보다 낫구나"라고 하였다.

茶道古典

*離(이): 최범술의 『한국의 다도』에는 移(이)로 고쳤다.

醍醐(제호) 우유로 만드는 5가지 제품중 가장 맛이 좋은 5번째의 것을 제호라 한다. 醇乳(순유) → 生酥(생소) → 熟酥(숙소) → 酪(낙) → 醍醐(제호)

甘露(감로) 단이슬(상서로운 일이 있을 때 내리는 이슬).

王子尙(왕자상) 남조(南朝)인 송(宋) 나라 신안왕(新安王)인 자란(子鸞)의 형이며 예장왕(豫章王)이다.

曇濟道人(담제도인) 스님. 하동인(河東人), 13세에 출가하여 수양(壽陽)(지금의 안휘성(安徽省) 봉태현(鳳台縣)의 팔공산(八公山) 동산사(東山寺)에서 수도했음.

羅大經(나대경) 송대(宋代) 여능인(廬陵人). 시인(詩人).

瀹湯詩(약탕시) 나대경의 수필집 『학림옥로(鶴林玉露)』(권 18)에서 인용한 글.

銅瓶(동병) 구리로 만든 탕관(湯瓶)(물 끓이는 주전자).

竹爐(죽로) 화로의 겉을 대나무로 엮은 것.

一甌(일구) 차(茶)를 마시는 사발(沙鉢).

醍(제) 붉은술, 맑은술

醐(호) 우락 위에 엉긴 기름모양의 맛이 좋은 액체

尙(상) 오히려상, 주관할, 숭상할상, 더할, 짝, 오랠, 받들, 도울

詣(예) 나아갈예, 이를, 학업에 통달할, 造詣

瀹(약) 적시다, 지질(煮), 데칠, 통할, 타놓을

瓶(병) 병, 항아리, 물장군, 시루

甌(구) 작은합, 바리(鉢盂), 사발

解酲少眠證周聖
해 정 소 면 증 주 성

『爾雅』檟苦荼 『廣雅』荊巴間採*葉
이 아 가 고 차 광 아 형 파 간 채 엽

其飮醒酒 令人少眠
기 음 성 주 령 인 소 면

(차는) 숙취를 풀어주고 잠을 적게 잔다고 주공(周公)이 증언했네.

『이아』에 가(檟)는 맛이 쓴 차라 하였고, 『광아』에는 형주와 파주에서 잎을 따서 (차로)마시면 술이 깨고 잠을 적게 잔다고 하였다.

茶道古典

*採(채): 『동차송』에는 采(채)로 되어 있다.

周聖(주성) BC1112년에 건국한 주(周)나라 무왕(武王)의 아우, 공자가 추앙하던 이상형의 인물(꿈에라도 보기를 원했다)

爾雅(이아) 주공(周公)의 저서. 13경의 하나. (이 책은 농업에서 정치에 이르는 유가의 경서에 적힌 동의이자(同意異字)를 해설했다.)

廣雅(광아) 위(魏)나라 장읍(張揖)이 편찬한 한자(漢字)자전 10권

荊巴(형파) 荊州(형주), 파주(巴州). 지금의 호북성(湖北省)과 사천성(四川省).

酲(정) 술병, 실증날, 술깰정

解酲(해정) 해장, 숙취를 풀다

證(증) 증거, 증언할증

檟(가) 가래나무, 노나무, 차나무

巴(파) 뱀, 땅이름

荊(형) 광대싸리

醒(성) 술깰성, 꿈깰, 깨우칠

脫粟伴菜聞齊嬰
탈 속 반 채 문 제 영

『晏子春秋』"嬰相齊景公時
안자춘추 영상제경공시

食脫粟飯 炙三弋五卵 茗菜而已"
식탈속반 적삼익오란 명채이이

제(齊)나라의 안영(晏嬰)은 현미밥에 (차)나물을 곁드려 먹었네.

『안자춘추(晏子春秋)』에 "안영이 제나라 경공(景公)의 재상으로 있을 때 현미(玄米)밥에 구운고기 세꼬치와 새알 다섯 개와 차나물만 먹었다"고 기록하였다.

茶道古典

晏嬰(안영) 제(齊)나라 인(人), 경공(景公)때 재상. 절약가 그가 죽은 뒤에 그의 글들을 모아 『晏子春秋(안자춘추)』를 발행.

晏子春秋(안자춘추) 춘추시대(春秋時代)의 안자(晏子)의 언행(言行)을 적은 책.

齊景公(제경공)(재위 BC 548-490) 제나라는 춘추시대(春秋時代)에 여상(呂尙)이 책봉된 나라 장공(재위553-548)을 시해한 중신 최저(崔杼)가 장공의 이복동생인 저구(杵臼)를 옹립한 것이 경공(景公)이다.

脫(탈) 벗을탈, 간략할, 꺼칠, 천천히 가는 모양

粟(속) 조, 모래, 소름, 겉곡식, 벼

脫粟(탈속) = 玄米(현미)

伴(반) 짝, 동무, 모실, 의지할, 곁들여

嬰(영) 어릴, 더할, 부딪칠, 얽힐

晏(안) 하늘밝을, 늦을, 편안할, 선명한모양

炙(적) 고기구이, (불에) 굽다

弋(익) 주살, 잡다

已(이) 뿐이다, 이미, 그치다, 매우

虞洪薦饎乞丹邱　毛仙示蘩*引秦精
우 홍 천 희 걸 단 구　모 선 시 총　인 진 정

『神異記』 "餘姚虞洪　入山採*茗　遇一道士
신 이 기　여 요 우 홍　입 산 채　명　우 일 도 사

牽三青牛　引洪至瀑布*山曰　'予丹邱子也
견 삼 청 우　인 홍 지 폭 포　산 왈　여 단 구 자 야

聞子善具飮　常思見*惠*　山中有大茗　可相給
문 자 선 구 음　상 사 견　혜　산 중 유 대 명　가 상 급

祈子他日有甌饎之餘　乞相遺也'　因奠祀後入山
기 자 타 일 유 구 희 지 여　걸 상 유 야　인 전 사 후 입 산

常獲大茗"
상 획 대 명

"宣城人秦精　入武昌山中採茗　遇一毛人　長丈餘
선 성 인 진 정　입 무 창 산 중 채 명　우 일 모 인　장 장 여

引精至山下　示以蘩*茗而去　俄而復還
인 정 지 산 하　시 이 총　명 이 거　아 이 복 환

乃探懷中橘以遺精　精怖負茗而歸"
내 탐 회 중 귤 이 유 정　정 포 부 명 이 귀

우홍은 제물을 바치고 단구자에게서 (차를) 얻었고 모선(毛仙)은 진정(秦精)을 끌고가 빽빽한 (차나무) 숲을 보여 주었네.

『신이기』에 "여요사람인 우홍이 차를 따려고 산에 들어갔다가 한 도사를 만났는데 세 마리의 푸른 소를 끌고 있었다. 우홍을 데리고 폭포산에 이르러 말하기를 '나는 단구자이다. 당신이 (차를) 잘 갖추어 마신다고 들어 만나보기를 늘 생각하였소. 산에는 당신에게 줄만한 많은 차가 있다. 당신에게 부탁인데 다른 날에 제물의 잔에 여유가 있거든 내게도 보내 주시오.' 제사를 지낸 후에 산에 들어가면 언제

나 많은 차를 얻었다." "선성(宣城) 사람 진정(秦精)이 차를 따려고 무창산(武昌山)에 들어갔다가 키가 열자나 되는 털이 많은 사람을 만났다. 진정을 이끌고 산 아래로 가서 빽빽한 차나무 숲을 보여주고는 갔다가 조금 뒤에 다시 돌아와서 품에서 귤을 꺼내어 진정에게 주었다. 진정은 두려워서 차를 걸머지고 돌아왔다"고 하였다.

茶道古典

*藂(총): 叢(총)의 속자. 「동차송」에는 초두(艹) 밑에 구(裘)자로 되어 있으나 오자다.

*採(채): 『동차송』에는 采(채)로 되어 있다.

*暴布山(폭포산): 『동차송』에는 포폭산(布暴山)으로 되어 있다.

*見惠(견혜): 『동차송』에는 惠見(혜견)으로 되어 있다.

神異記(신이기) 전한(前漢)의 무제(武帝)를 섬긴 동방삭(東方朔)이 지은 책.

丹邱子(단구자) 선인(仙人). 차인(茶人).

餘姚(여요) 지금의 절강성(浙江省). 여요현

青牛(청우) 목신우(木神牛). 천년목정우(千年木精牛)로 선인(仙人)이 타고 다니는 소.

宣城(선성) 지금의 안휘성(安徽省) 선성현(宣城縣).

武昌山(무창산) 지금의 호북성 악성현(湖北省 鄂城縣)에 있다.

虞(우) 헤아릴, 근심할, 갖출, 편안할, 즐길, 그릇될

薦(천) 천거함, 드릴천, 집자리, 깔, 반찬(飯饌), 천신할, 띠

餼(희) 제물, 곡물, 보내다

祈(기) 부탁하다, 간청하다, 원하다

子(자) 당신, 너, 그대

乞(걸) 빌, 주다, 구하다, 달다, 고하다, 빌려주다, 애걸하다

遺(유) 남다, 주다

因(인) ~한 까닭으로, 때문에, 의거하다

邱(구) 언덕

藂(총) 叢의 속자. 떨기, 번잡할, 모음 빽빽할, 어린풀

精(정) 정할, 가릴, 세밀할, 정신, 밝을, 익숙할, 깨끗할

姚(요) 예쁜모양
牽(견) 이끌견, 당길, 연할, 거리낄, 희생
予(여) 나(我), 줄, 허락할
給(급) 넉넉할급, 줄급, 말잴, 잘함
祈(기) 빌기, 고할, 갚을
奠(전) 정할, 제지낼전, 베풀
祀(사) 제사
獲(획) 얻을척, 종(노비)
丈(장) 길다, 어른
俄(아) 잠간동안, 기울어진모양, 조금뒤에
怖(포) 두려울포
負(부) 짐질부, 질부, 빚질, 믿을, 저버릴, 조심, 부끄러울, 어그러질

潛壤不惜謝萬錢
잠 양 불 석 사 만 전

『異苑*』 "剡縣陳務妻 少與二子寡居 好飮茶茗
이 원 섬 현 진 무 처 소 여 이 자 과 거 호 음 차 명

宅中有古塚 每飮輒先祭之 二子曰 '古塚何知
택 중 유 고 총 매 음 첩 선 제 지 이 자 왈 고 총 하 지

徒勞人意' 欲掘去之 母禁而止 其夜夢一人云
도 로 인 의 욕 굴 거 지 모 금 이 지 기 야 몽 일 인 운

'吾止此三百年餘 卿子常欲見毁 賴相保護
오 지 차 삼 백 년 여 경 자 상 욕 견 훼 뢰 상 보 호

反享佳茗 雖潛壤朽骨 豈忘翳桑之報' 及曉於庭中
반 향 가 명 수 잠 양 후 골 기 망 예 상 지 보 급 효 어 정 중

獲錢十萬"
획 전 십 만

땅속에 묻힌 (썩은 뼈)는 많은 돈으로 사례함을 아끼지 않았네.

『이원』에 "섬현에 살던 진무의 아내가 젊어서부터 두 아들과 함께 과부로 살면서 차 마시는 것을 좋아했다. 집안에는 옛 무덤이 있어 차를 마실 때마다 먼저 늘 제사를 지냈다. 두 아들이 말하기를 '옛 무덤이 어찌 알겠습니까? 보람 없이 헛된 수고만 합니다' 하고 무덤을 파 없애려고 하자 그 어머니가 말려서 그만두었다. 그날밤 꿈에 한 사람이 나타나 말하기를 '내가 여기 머문 지 삼백여 년이 되었는데 그대의 아들이 항상 보고 헐려고 하였다. 그대의 보호에 힘입어 오히려 좋은 차까지 받아 마셨다. 비록 땅속에 묻힌 썩은 뼈라 하더라도 어찌 예상(翳桑)의 은혜 갚음을 잊을 수 있겠습니까?' 하였다. 새벽에 마당에서 돈 십만 량을 얻었다."

茶道古典

*異苑(이원): 『동차송』에는 菀(완)으로 되어 있다.

異苑(이원) 남송 때 유경숙(劉敬叔)이 지은 "괴담집(怪談集)" 10권.

剡縣(섬현) 지금의 절강성 승현(嵊縣).

翳桑之報(예상지보) 춘추전국시대 영첩(靈輒)이란 사람이 뽕나무 아래서 굶주려 누워 있는 것을 진나라의 대신인 조돈(趙盾)이 그를 구해 주었다. 후에 왕이 조돈의 충언을 싫어하여 죽이려고 하자 영첩(靈輒)이 은혜를 갚을 기회로 알고 구해 준 이야기.

壤(양) 부드러운흙, 잘 여물, 땅

惜(석) 아낄석, 가엾이 여길

謝(사) 사례할사, 사절할, 거절할, 쇠잔할, 빌, 고할, 물러날

剡(섬) 날카로울, 뾰족할, 번쩍번쩍할, 고을 이름

陣(진) 늘어놓다, 벌여놓다, 진열하다, 진술하다, 설명하다, 묵다, 낡다

務(무) 힘쓸, 일, 업신여길

寡(과) 적을, 드물, 과부, 나

塚(총) 무덤, 큰총

輒(첩) 늘, 항상, 언제나, 곧, 바로, 즉시

徒(도) 걸어다닐, 보병, 종, 무리, 도당, 제자, 빌, 다만, 한갓

勞(로) 수고로울, 가쁠, 노곤할, 위로할, 앓을

徒勞(도로) 보람없이 헛되이 수고함

意(의) 뜻, 의의, 생각할

欲(욕) 욕심낼욕, 욕정

堀(굴) 팔굴(穿), 굴(孔), 굴뚝

止(지) 그치다, 머물다, 살다, 금지하다.

卿(경) 밝힐, 향할, 벼슬, 귀할, 자네, 선생, 당신

毁(훼) 헐훼, 비방할, 얼굴이 파리할

賴(뢰) 의지할, 믿을, 이득, 좋을, 인정 않을, 원수, 힘입다.

相(상) 돕다. 보조하다, 거들다, 그대

享(향) 드릴, 흠향할향

反(반) 오히려, 도리어

雖(수) 비록, 밀다, 벌레이름

朽(후) 썩을후, 나무썩을, 노쇠할

朽骨(후골) 썩은뼈

豈(기) 어찌~하겠는가, 어떻게~하겠는가, 그래~이란 말인가

翳(예) 그늘, 덮다, 가리다, 내버리다, 물리치다, 배척하다

鼎食獨稱冠六淸
정 식 독 칭 관 육 청

張孟陽登樓詩 "鼎食隨時進 百和妙具殊
장 맹 양 등 루 시 　정 식 수 시 진 　백 화 묘 구 수

芳茶冠六淸 溢味播九區"
방 차 관 육 청 　일 미 파 구 구

제후(諸侯)의 진수성찬에서 (차는) 오직 여섯 가지 음료 중에 으뜸으로 불리어졌네.

장맹양(張孟陽)의 누각에 오르는 시(詩)에 "귀인의 음식이 수시로 올려지고 진수성찬의 맛은 묘하고 모두 뛰어났다. 향기로운 차는 여섯가지 음료 중에 으뜸이고 넘쳐나는 차 맛은 온 천하에 퍼졌다"고 하였다.

茶道古典

鼎食(정식) 귀인(貴人)의 진수성찬(珍羞盛饌) 즉 오정식(五鼎食)을 말한다. 제후(諸侯)는 오정식(五鼎食) 경대부(卿大夫)는 삼정식(三鼎食). 五鼎食(오정식)은 ①쇠고기(牛) ②양고기(羊) ③돼지고기(豕) ④생선(魚) ⑤사슴고기(鹿).

六淸(육청) 6가지 음료(물, 미음, 맑은술, 진국술, 감주, 기장술).

※『동차송』에는 六情(육정: 희, 노, 애, 락, 애, 오 등 6가지 사람의 감정)으로 되어 있으나 오자이다.(「차경」 223쪽에 "六淸"으로 되어 있다.)

張孟陽(장맹양) 서진(西晋), 안평현인(安平縣人), 장재(張載). 무제(武帝)때 중서시랑(中書時郎)의 벼슬을 함.

具(구) 『동차송』에는 具(구)이나 『차경』 223쪽에는 且(차)로 되어 있다.

九區(구구) 우공(寓貢)이 홍수를 다스려 천하(天下)를 구주(九州)로 나눈데서 비롯된 말. 천하의 의미(意味).

獨(독) 오직, 유독, 혼자, 다만

冠(관) 으뜸이다, 우승하다, 모자

隨(수) 따르다

和(화) 섞다

具(구) 모두, 낱낱이

殊(수) 다를, 끊을, 뛰어나다

溢(일) 넘칠일, 차다, 치렁치렁할

播(파) 심을, 옮길, 달아날, 펼파, 해칠, 버릴

區(구) 구역

開皇醫腦傳異事
개황의뇌전이사

隋文帝微時夢 神易其腦骨 自爾痛 忽遇一僧云
수문제미시몽 신역기뇌골 자이통 홀우일승운

"山中茗草可治" 帝服之有效 於是 天下始知飮茶
산중명초가치 제복지유효 어시 천하시지음차

수나라 문제(文帝)가 (차로) 두통을 고친 것이 기이한 일로 전해졌네.

수나라 문제가 황제가 되기전 꿈에 신이 그의 뇌골을 바꾸었다. 이때부터 두통을 앓게 되었다. 홀연히 한 스님을 만났는데 말하기를

"산에 있는 차잎으로 (두통을) 고칠 수 있다"고 하였다. 문제가 (차를) 마셨더니 효험이 있었다. 이때부터 천하의 모든 사람들이 차 마시는 것을 비로소 알게 되었다.

茶道古典

開皇(개황) 개국황제(開國皇帝)의 약자. 수나라 문제(隋文帝)를 말함. 수문제 양견(楊堅)은 581-604년까지 재위.

腦(뇌) 뇌

微(미) 은미할, 작을, 쇠잔할, 아닐미, 없을, 정묘(精妙)

忽(홀) 문득, 깜작할, 잊을, 소홀히할, 멸할, 홀연히

雷笑茸香取次生
뇌 소 용 향 취 차 생

唐 覺林寺 僧志崇製茶三品 驚雷*笑自奉
당 각 림 사 승 지 숭 제 차 삼 품 경 뇌 소 자 봉

萱草帶供佛 紫茸香待客云
훤 초 대 공 불 자 용 향 대 객 운

뇌소(雷笑)와 용향(茸香) 차가 차례로 만들어졌네.

당나라 각림사(覺林寺)의 지숭(志崇) 스님이 세가지 차를 만들었는데 경뇌소는 자기 스스로 마시고 훤초대는 부처님께 드리고 자용향은 손님을 대접했다고 한다.

茶道古典

*雷(뇌):『동차송』에는 雷자가 없다.

雷(뇌) 천둥, 우뢰

茸(용) 풀날용, 녹용용

崇(숭) 높을, 높일, 모을, 마칠, 공경할

品(품) 무리, 온갖, 품수, 물건, 가치(商品), 法式

待(대) 기다릴, 대접할대

萱(훤) 원추리,

供(공) 베풀, 바칠 공, 갖출, 이바지할

巨唐尙食羞百珍　沁園唯獨記紫英
거 당 상 식 수 백 진　심 원 유 독 기 자 영

唐 德宗 每賜同昌公主饌 其茶有綠花紫英之號
당 덕종 매 사 동 창 공 주 찬 기 차 유 녹 화 자 영 지 호

당나라에서는 백가지 진수성찬(珍羞盛饌)을 먹는 것을 숭상했으며, 심수공주(沁水公主)의 원림(苑林)인 심원(沁園)에는 오직 자영차(紫英茶)만이 기록되어 있네.

당나라 덕종(德宗)은 동창공주(同昌公主)에게 음식을 내릴 때마다 그 가운데는 녹화차(綠花茶)와 자영차(紫英茶)가 있었다.

茶道古典

沁園(심원) 동한(東漢) 이대(2代) 명제(明帝)(58-76 재위)의 공주(公主)인 심수공주(沁水公主)의 원림(苑林)에서 유래된 고사(古事).

德宗(덕종) 당 9대의 제왕(742-805).

同昌公主(동창공주) 덕종의 딸에는 동창공주란 이름이 없음.

尙(상) 오히려, 주관할, 숭상할, 도울, 바치다

羞(수) 부끄러워할, 맛있는음식, 나아갈

珍(진) 보배, 진기할, 귀중히 여길, 맛좋을 진(珍羞盛饌)

沁(심) 물적실, 물속에서 찾을

紫(자) 자주빛

賜(사) 줄사, 고마울, 다할

昌(창) 창성할, 나타날, 마땅할, 경사, 예쁜 모양

饌(찬) 반찬, 음식

法製頭綱從此盛　淸賢名士誇雋永
법 제 두 강 종 차 성　청 현 명 사 과 준 영

『茶經』稱茶味雋永
차 경 칭 차 미 준 영

(차를 만드는) 법대로 만든 두강차(頭綱茶)는 이때부터 성행하고 깨끗한 현인(賢人)과 이름난 선비들은 뛰어난 (차 맛을) 자랑하였네.

육우 『차경(茶經)』에는 차의 맛을 준영(雋永)이라 하였다.

茶道古典

雋永(준영) 雋은 "맛 본다"는 뜻. 永은 "뛰어나다"는 뜻. 맛이 뛰어난 것을 준영이라 함.

頭綱茶(두강차) 왕실에 바치기 위해 공차(貢茶)소에서 그 해에 첫 번째로 만든 차.

綱(강) 벼리, 대강

誇(과) 자랑할과, 클, 뽑낼

雋(준) 살진고기, 뜻깊은말, 재주가 뛰어나다

綵莊龍鳳轉巧麗　費盡萬金成百餠
채 장 용 봉 전 교 려　비 진 만 금 성 백 병

大小龍鳳團　始於丁謂　成於蔡君謨　以香藥合而成餠
대 소 용 봉 단　시 어 정 위　성 어 채 군 모　이 향 약 합 이 성 병

餠上飾以龍鳳紋　供御者　以金莊成　東坡詩
병 상 식 이 용 봉 문　공 어 자　이 금 장 성　동 파 시

"紫金百餠費萬錢"
자 금 백 병 비 만 전

색깔이 고운 무늬를 찍어 장식한 용봉단차(龍鳳團茶)는 매우 아름다웠으며 많은 돈을 들여 백 개의 떡차를 만들었네

크고작은 용봉단차(龍鳳團茶)는 정위(丁謂)가 만들기 시작하였고 채군모(蔡君謨)가 완성 하였다. 떡차는 향과 약을 섞어 만들었고 떡차 위에 용과 봉의 무늬를 장식 하였다. 임금께 드리는 단차(團茶)는 황금으로 장식하였다. 소동파의 시에 "자주빛이 도는 황금으로 떡차 백 개를 만드는데 만전(萬錢)을 썼다"고 하였다.

茶道古典

綵莊(채장) 색깔이 고운 무늬를 단차(團茶)에 장식 하는 것(찍는 것).

龍鳳(용봉) 떡차의 표면에 용과 봉황의 무늬를 찍은 덩어리차(團茶).

轉巧麗(전교려) 매우 아름답다.

丁謂(정위) 북송인(998-1063) 『건안차록(建安茶錄)』을 썼다.

蔡君謨(채군모)(1012-1067) 북송인. 이름은 양(襄) 『차록(茶錄』을 썼다. 서예가.

紫金(자금) 자마황금(紫磨黃金)의 약자. 자주빛이 도는 황금(북경의 자금성).

蘇軾(소식)(1036-1101) 호는 東坡(동파). 북송인. 문인. 『赤壁賦』 『동파전집(東坡全集)』 등이 있다. 서화가(書畵家).

綵(채) 오색비단, 색깔, 색채, 오색, 화려한 색깔, 채색의

莊(장) 장중할, 단정할, 정중하다, 장식하다

轉(전) 구를전, 굴릴전, 수송할, 움직일, 돌, 간접적으로 전할, 매우

巧(교) 공교할, 재주, 교묘함, 정교할

麗(려) 고울, 빛날, 짝, 수, 베풀, 아름다울, 화려한

費(비) 허비할, 낭비할, 비용, 닮을

謂(위) 이를, 고할, 일컬을, 평론할, 힘쓸

蔡(채) 나라이름, 거북, 내칠

謨(모) 꾀, 꾀할

飾(식) 꾸밀식, 장식, 지킬, 경계할, 솔질할

紋(문) 무늬, 구김살

供(공) 베풀, 이바지할, 갖출, 바칠공

誰知自饒眞色香　一經點染失眞性
수 지 자 요 진 색 향　일 경 점 염 실 진 성

『萬寶全書』 "茶自有眞香眞味眞色　一經他物點染
만 보 전 서　차 자 유 진 향 진 미 진 색　일 경 타 물 점 염

便失其眞."
변 실 기 진

누가 (차의) 참된 빛깔과 향기가 스스로 풍족함을 알 것인가? 한번 더럽혀지면(오염되면) (차는) 참된 본성(성질)을 잃어버리네.

『만보전서(萬寶全書)』에 "차는 스스로 진향과 진미와 진색을 가지고 있는데 한번 다른 것에 오염되면 곧 그 참된 본성을 잃어버린다"고 하였다.

誰(수) 누구

饒(요) 넉넉할, 풍족할, 더할, 용서할

經(경) 한번, 조금이라도, 떳떳할, 지낼, 겪을, 날, 다스릴, 곧을

點(점) 점찍을, 더럽힐

染(염) 물들일염

便(변)(편) 편할, 익힐, 곧, 문득

點染(점염) 물들다, 더럽혀지다

道人雅欲全其嘉 曾向蒙頂手栽那
도 인 아 욕 전 기 가 증 향 몽 정 수 재 나

養得五斤獻君王 吉祥蕊與聖楊花
양 득 오 근 헌 군 왕 길 상 예 여 성 양 화

傅大士自住蒙頂 結庵種茶 凡三年 得絕嘉者
부 대 사 자 주 몽 정 결 암 종 차 범 삼 년 득 절 가 자

號聖楊花吉祥蕊 共五斤持歸 供獻
호 성 양 화 길 상 예 공 오 근 지 귀 공 헌

도인(道人)은 평소에 (차의) 아름다움을 온전히 하고자 하여 일찍이 몽산(蒙山) 꼭대기에 손수 (차를) 심었고 (차를) 길러 얻은 다섯 근의 차를 임금님께 드렸으며 그 (차의 이름은) 길상예(吉祥蕊)와 성양화(聖楊花)였네.

부대사(傅大士)가 혼자 몽산(蒙山)의 꼭대기에 살면서 암(庵)자를 짓고 차나무를 심은지 3년만에 가장 좋은 차를 얻었고 이름하여 성양화(聖楊花)와 길상예(吉祥蕊)라 하였으며 모두 5근을 가지고 돌아와 임금님께 드렸다.

茶道古典

蒙頂(몽정) 몽산(蒙山)의 꼭대기. 몽산은 사천성(四川省)의 아안현(雅安縣), 명산현(名山縣), 여산현(廬山縣)의 경계에 있는 산.

傅大士(부대사) (497-569), 지금의 절강성 금화현인(金華縣人)(옛이름은 동양(東陽)) 이름은 흡(翕), 字는 현풍(玄風). 양(梁)나라 무제(武帝)(502-519) 때 사람. 승려로서 스스로는 선혜대사(善慧大士)라 했으나, 사람들은 부대사(傅大士) 또는 동양대사(東陽大士)라 불렀다. 저서: 『심왕명』(心王銘)

雅(아) 바를, 떳떳한, 단아할, 고상할, 맑을, 매우, 평소, 평상

嘉(가) 아름다울, 착할, 칭찬할, 즐거워할

曾(증) 일찍이, 곧, 거듭, 더할

栽(재) 심을

那(나) 어찌, 많을, 다할, 클, 편안할, 그것, 저것

蕊(예) 꽃술, 꽃

楊(양) 버들

傅(부) 스승, 도울, 돕는사람, 붙을, 베풀

結(결) 맺을, 마칠, 엉길, 열매맺힐, 어울릴, 매다(맬)

號(호) 부르짖을, 울부짖을, 이름, 부를

共(공) 함께, 향할, 모을, 공변될, 갖출, 모두

雪花雲腴爭芳烈　雙井日注喧江浙
설 화 운 유 쟁 방 렬　쌍 정 일 주 훤 강 절

東坡詩"雪花兩脚何足道"　山谷詩"我家江南採雲腴"
동 파 시　설 화 양 각 하 족 도　산 곡 시　아 가 강 남 채 운 유

東坡至僧院　僧梵英葺治堂宇　嚴潔　茗飮芳烈　問
동 파 지 승 원　승 범 영 즙 치 당 우　엄 결　명 음 방 렬　문

"此新茶耶"英日　"茶性新舊交　則香味復"
차 신 차 야　영 왈　차 성 신 구 교　즉 향 미 복

草茶成兩浙　而兩浙之茶品　日注爲第一
초 차 성 양 절　이 양 절 지 차 품　일 주 위 제 일

自景祐*以來　洪州雙井白*芽漸盛　近世製作尤精
자 경 우　이 래　홍 주 쌍 정 백　아 점 성　근 세 제 작 우 정

其品遠出　日注之上　遂爲草茶第一
기 품 원 출　일 주 지 상　수 위 초 차 제 일

설화차(雪花茶)와 운유차(雲腴茶)는 강열한 향기를 겨루고, 쌍정차(雙井茶)와 일주차(日注茶)는 강서성(江西省)과 절강성(浙江省)에서 명성이 높았네.

소동파(蘇東坡)의 시(詩)에 "설화차(雪花茶)와 양각차(兩脚茶)를 어떻다 말하겠는가"하였고 황산곡(黃山谷)의 시(詩)에 "내 집이 있는 강남(江南)에서는 운유차(雲腴茶)를 딴다"고 하였다. 소동파(蘇東坡)가 절에 이르자 범영(梵英)스님은 법당(法堂)지붕의 이엉을 고치었고 그것은 매우 깨끗하였다. 차를 마시는데 향기가 강렬함으로 묻기를 "이차는 햇차입니까?"하니 범영(梵英)스님은 말하기를 "차의 성품은 햇차와 묵은 차를 섞으면 향기와 맛이 회복되지요 (다시 살아나지요)" 하였다.

초차(草茶)는 양절(兩浙)지방에서 생산되고 양절(兩浙)의 차 가운데서는 일주차(日注茶)가 제일이다. 경우(景祐) 이래로 홍주(洪州)의 쌍정차(雙井茶)와 백아차(白芽茶)가 점점 성행(盛行)하여 근래에 와서는 차를 만드는 법이 더욱 정교(精巧)해지고 그 품질이 뛰어나서 일주차(日注茶)를 웃돌았고 드디어 초차(草茶) 중에서 제일이 되었다.

茶道古典

*祐(우): 『동차송』에는 祐(우)가 없다.

*白(백): 『동차송』에는 白(백)자 다음에 祐(우)자가 있다.

黃山谷(황산곡)(1045-1105) 이름: 황정견(黃庭堅), 호: 산곡(山谷), 부옹(涪翁) 저서: 『산곡내외집(山谷內外集)』『별집(別集)』. 문인. 서예가. 소동파의 제자.

草茶(초차) 작설차(雀舌茶)의 다른 이름.

兩浙(양절) 절강성 항주의 전당강을 중심으로 절동(浙東)과 절서(浙西)지역으로 나눈 곳.

景祐(경우) 북송(北宋) 제 4대인 인종의 연호(1034-1037).

洪州(홍주) 지금의 강서성(江西省) 남창시(南昌市).

腴(유) 아랫배살찔유, 살찔유, 물고기배유, 비옥한땅유, 돼지와개창자유

芳(방) 향기, 덕성스럽다

烈(렬) 맹열한, 사나울, 빛날, 매울

雙(쌍) 한벌쌍, 짝쌍, 견줄쌍

喧(훤) 지껄일훤, 싸움할훤, 유명하다

何足道(하족도) 어떻게 말하겠는가!

碧(벽) 푸르고 아름다울벽

尊(존) 높힐존, 중히여길존, 공경할존, 꼽는다

脚(각) 다리각, 종아리각, 지위각, 지나갈각, 발각

梵(범) 불경범, 중의글범, 응얼거릴범

葺(즙) 이엉이을즙, 기울즙

治(치) 다듬다, 다스리다

堂宇(당우) 집

耶(야) (의문사) 그런가, 어조사

嚴(엄) 매우, 엄할엄, 높을엄, 공경할엄, 씩씩할엄, 혹독할엄

浙(절) 물이름절, 땅이름절

注(주) 물댈주, 물쏟을주, 뜻둘주, 기록할주, 주석할주

景(경) 볕경, 빛경, 경치경, 클경, 사모할경, 밝을경, 그림자경

祐(우) 도울우

尤(우) 더욱, 가장, 특수함, 탓할

遂(수) 드디어, 인할, 나아갈, 승진할, 이룰(成), 다할, 마칠, 갖출

建陽丹山碧水鄕　品題特尊雲澗月
건 양 단 산 벽 수 향　품 제 특 존 운 간 월

『遯齋閑覽』"建安茶爲天下第一" "孫樵送茶焦刑*部日
둔 재 한 람　건 안 차 위 천 하 제 일　손 초 송 차 초 형 부 왈

'晩甘候十五人遣侍齋閣　此徒乘雷而摘　拜水而和'
만 감 후 십 오 인 견 시 재 각　차 도 승 뇌 이 적　배 수 이 화

盖建陽丹山碧水之鄕　月澗雲龕之品　愼勿賤用"
개 건 양 단 산 벽 수 지 향　월 간 운 감 지 품　신 물 천 용

晩甘候茶名　茶山先生　乞茗疏"朝華始起
만 감 후 차 명　다 산 선 생　걸 명 소　조 화 시 기

浮雲皛皛於晴天　午睡初醒　明月離離於碧澗"
부 운 효 효 어 청 천　오 수 초 성　명 월 이 리 어 벽 간

건양(建陽)과 단산(丹山)은 맑은물의 고장이고 운감차(雲龕茶)와 월간차(月澗茶)는 그 품질을 특별히 높혔네. (천하(天下)에서 제일로 삼았다.)

『둔재한람(遯齋閑覽)』에 "건안차(建安茶)는 천하제일이다"라고 하였다. "손초(孫樵)가 초(焦)나라의 형부(刑部)에 차를 보내면서 말하기를 '만감후차(晩甘候茶) 15개를 시재각(侍齋閣)에 보냅니다. 이 차(徒)들은 우리가 칠 때 따서(摘) 물을 기러(拜水)와 맛(和)을 냈습니다(차를 만들었습니다). 대개 건양(建陽)과 단산(丹山)은 맑은 물의 고장이고 월간차(月澗茶)와 운감차(雲龕茶)는 삼가하여 천하게 사용해서는 안됩니다"라고 하였다. 만감후(晩甘候)는 차의 이름이다. 다산(茶山) 선생은 걸명소(乞茗疏)에서 (차 마시기에 좋은 때를 말하기를) "아침에 꽃이 피기 시작할 때 맑은 하늘에 구름이 희게 떠있을 때 낮잠에서 깨어났을 때 밝은달이 푸른 시냇물(계곡)에 비칠 때"라고 하였다.

*刑(형): 『동차송』에는 丹(단)으로 되어 있다.

遯齋閑覽(둔재한람) 북송(北宋)의 범정민(范正敏)의 저서.

孫樵(손초) 당나라 제일의 문장가. 한유(韓愈)의 문하생. 저서: 『손가지집(孫可之集)』

刑部(형부) 형법과 송사를 다루는 곳. 6부 중 하나.

十五人(십오인) 만감후차(晩甘候茶)를 의인화한 것(15개).

侍齋閣(시재각) 재(齋)를 모시는 관청.

建陽(건양) 복건성(福建省) 건구현의 고을 이름.

丹山(단산) 사천성(四川省) 자중현의 고을 이름.

茶山先生(다산선생) 초의의 스승 정약용(丁若庸). 저서 가운데 차에 관한 책은 『아언각비(雅言覺非)』의 차조(茶條), 『경세유표(經世遺表)』의 각차고(権茶考), 『여유당전서(與猶堂全書)』 보유편(補遺編)의 차합시첩(茶盒詩帖), 차시(茶詩), 『차신계절목(茶信契節目)』 『차문답(茶問答)』

乞茗疏(걸명소) : 다산이 1805년에 아암(兒庵) 혜장(惠藏)스님에게 차를 보내달라고 부탁하는 편지.

碧(벽) 깊고 맑은, 구슬, 푸르다, 푸르고 아름다운 돌

尊(존) 높힐존, 중히여길존, 공경할존, 꼽는다

脚(각) 다리, 종아리, 지위, 지나갈, 발

遯(둔) 도망치다. 회피하다, 숨다, 은둔하다

閑(한)(閒) 한가하다, 할 일 없다, 놀려두다, 틈, 여가, 관계가 없다

覽(람) 보다, 대강, 훑어보다, 읽다

樵(초) 땔나무, 나무꾼

焦(초) 타다, 눋다. 입이 닳도록 말하다, 입심이 드세다, 초나라

刑(형) 형벌, 본받을, 법률, 예법, 죽일

晩(만) 저물, 늦을, 뒤

侍(시) 모실, 봉양할, 받들, 侍女, 內侍

閣(각) 누각, 찬장, 곧은 모양, 복도, 개구리 우는 소리

摘(적) 따다, 들추어낼(摘發)

盖(개) 대개(蓋), 덮개, 뚜껑, 우산, 덮다, 씨우다, 도장을 찍다

龕(감) 받을, 담을, 이길, 취할(龕室); 배후, 배경, 뒷받침

疏(소) 통할, 다스릴, 나눌, 멀, 넓을, 거칠을, 새기다, 수색할, 채소

華(화) 안개, 빛날, 영화로울, 아름다울, 꽃, 가르다

皛(효) 머리가 희끗희끗하다. 희게 날다, 나타날효, 희다, 깊게 흰 모양, 밝을, 흰밥

睡(수) 졸음, 잠잘, 졸

醒(성) 술깰, 꿈깰, 깨우칠성

澗(간) 물이 흐르는 골짜기, 계곡

離離(이리) 나란히 이어진 모양

東國所産元相同　色香氣味論一功
동 국 소 산 원 상 동　색 향 기 미 론 일 공

陸安之味蒙山藥　古人高判兼兩宗
육 안 지 미 몽 산 약　고 인 고 판 겸 양 종

『東茶記』* 云 "或疑東茶之效 不及越産 以余觀之
동 차 기　운　혹 의 동 차 지 효　불 급 월 산　이 여 관 지

色香氣味 少無差異 茶書云 '陸安茶以味勝
색 향 기 미　소 무 차 이　차 서 운　육 안 차 이 미 승

蒙山茶以藥勝' 東茶盖兼之矣 若有李贊皇陸子羽
몽 산 차 이 약 승 동 차 개 겸 지 의 약 유 이 찬 황 육 자 우

其人必以余言爲然也"
기 인 필 이 여 언 위 연 야

우리나라에서 생산되는 차는 원래 (중국 것과) 서로 같으나 색과 향과 효능과 맛은 하나같은 공적이라고 하였네. 육안차(陸安茶)는 맛이 좋고 몽산차(蒙山茶)는 약효가 좋은데 옛사람은 (동차가) 두 품종을 겸했다고 높게 평판했네.

『동차기』에 이르기를 "어떤 사람은 우리나라 차의 효험이 월나라에서 생산되는 (차에) 미치지 못한다고 의심하는 사람도 있으나 내가 보기에는 색과 향과 효능과 맛은 조금도 차이가 없다. 육우(陸羽) 차서(茶書)에 이르기를 '육안차(陸安茶)는 맛이 뛰어나고 몽산차(蒙山茶)는 약효가 뛰어나다'고 했다. 우리나라 차는 이 두 차를 대개 겸하고 있다. 만일 이찬황(李贊皇)과 육우(陸羽)가 살아 있다면 그 사람들은 반드시 내 말이 옳다고 할 것이다"라고 하였다.

茶道古典

東茶記(동차기) 이덕리(李德履)가 1785년 전후에 진도에서 유배생활을 할 때 지은 책. 원래 책 이름은 『강심』(江心)이며 그 책안에 "기차"(記茶)라는 이름으로 실려 있다.

越(월) 춘추시대(春秋時代) 12열국중의 하나. 회계(會稽)(지금의 절강성 소흥)에 도읍을 정했다.

陸安茶(육안차) 안휘성(安徽省) 육안현(陸安縣)에서 생산되는 맛이 좋기로 유명한 차.

蒙山茶(몽산차) 사천성(四川省)의 이남현, 명산현, 노산현의 경계에 있는 산에서 나는 차. 약효가 뛰어나다.

李贊皇(이찬황)(787-849): 당나라 재상인 이덕유(李德裕).

陸子羽(육자우) 육우(陸羽)(733-804) 중국다도의 시조. 『茶經(차경)』을 저술.

氣(기) 냄새, 효능, 숨, 기운, 기후

功(공) 공적, 이바지할, 공치사할, 복입을, 공로

宗(종) 품종, 마루, 으뜸, 높을, 밑, 일가, 위하는 것, 높일.

疑(의) 의심할, 머뭇거릴, 그럴듯할, 혐의스러울, 비길, 정할, 엄숙하게설

效(효) 본받을, 닮을, 효험, 힘쓸

越(월) 넘을, 건널, 떨어질, 흩어질, 날릴, 이에(於), 멀: 越나라

産(산) 낳을, 날산, 난곳, 업, 악기

余(여) 내가(의), 나(我), 우리들, 여등(余等), 우리네(余輩)

然(연) 옳을, 그러할, 허락할, 태울, 그러나(접속사), 조사(접미어)

還童振枯神驗速　八耋顏如夭桃紅
환 동 진 고 신 험 속　팔 질 안 여 요 도 홍

李白云 "玉泉眞公年八十　顏色如桃李
이 백 운　옥 천 진 공 년 팔 십　안 색 여 도 리

此茗香清異于他　所以能還童振枯　而令人長壽也"
차 명 향 청 이 우 타　소 이 능 환 동 진 고　이 령 인 장 수 야

시든 나무 되살아나듯 늙은이가 젊어지는 신비한 영험이 빠르고 여든 살 노인의 얼굴이 예쁜 복숭아같이 붉으네.

이태백(李太白)이 말하기를 "옥천사(玉泉寺)의 진(眞)스님은 80세인데 얼굴빛은 복숭아와 오얏과 같다. 이 차의 향기는 다른 곳에서와 달리 맑아서 시든나무 같은 노인을 능히 젊은이로 돌아가게 하고 사람으로 하여금 장수하게 한다"고 하였다.

還(환) 돌아올, 돌아갈, 돌아볼, 돌려보낼, 돌릴, 돌, 빠를, 가벼울

振(진) 무던할, 성한 모양, 진동할, 펼, 건질, 구원할, 거둘, 그칠, 싹이 나다

枯(고) 시들다, 마르다, 생기가 있다, 멍하다, 고목

驗(험) 조사하다, 검증하다, 영험하다, 효과 가있다, 효과, 효력, 증거

耋(질) 늙은이

夭(요) 요절하다; 윤이 나고 싱싱한 모양, 여인의 예쁜 얼굴, 예쁜

令(령) 명령하다; 명령, ~하게 하다, ~을 시키다; 만약; 계절, 때

而(이) 때문이다, ~ (하)고; ~지만, ~나, 그러나, ~면서; (~로부터)~까지

我有乳泉把成秀碧百壽湯
아 유 유 천 파 성 수 벽 백 수 탕

何以持歸木覓山前獻海翁
하 이 지 귀 목 멱 산 전 헌 해 옹

唐蘇廙著 『十六湯品』 第三日 "百壽湯 人過百息
당 소 이 저 십 육 탕 품 제 삼 왈 백 수 탕 인 과 백 식

水逾十沸. 或以話阻 或以事癈. 如取用之
수 유 십 비 혹 이 화 조 혹 이 사 폐 여 취 용 지

湯已失*性矣 敢問皤鬂蒼顔之老夫 還可執弓扶矢
탕 이 실 성 의 감 문 파 빈 창 안 지 노 부 환 가 집 궁 부 시

以取中乎 還可雄登* 闊步以邁遠乎" 第八日
이 취 중 호 환 가 웅 등 활 보 이 매 원 호 제 팔 왈

"秀碧湯 石凝天地秀氣 而賦形者也 琢而爲器
수 벽 탕 석 응 천 지 수 기 이 부 형 자 야 탁 이 위 기

秀猶在焉 其湯不良未之有也" 近酉堂大爺
수 유 재 언 기 탕 불 량 미 지 유 야 근 유 당 대 야

南過頭輪 一宿紫芋山房 嘗其泉日 "味勝酥酪."
남 과 두 륜 일 숙 자 우 산 방 상 기 천 왈 미 승 소 락

나는 유천(乳泉)을 가지고 있어 수벽탕(秀碧湯)과 백수탕(百壽湯)을 만드는데 어떻게 (이것을) 가지고 가서 남산 아래 해거도인에게 드릴까!.

당나라 소이가 지은 『십육탕품』 제 3품에 이르기를 "백수탕은 사람이 백 살이 지난 것처럼 물이 열번 끓어 넘은 것이다. 어떤 때는 말을 방해해서 그렇게 되고 어떤 때는 일이 고질이 되어 그렇게 되었다. 만일 그 탕수를 사용하려면 이미 그 탕수는 본성을 잃어버렸다. 감히 묻노니 과연 머리와 수염이 희고 얼굴이 창백한 노인이 활을 잡고 화살을 당겨 명중할 수 있겠는가? 또한 힘있게 높은 데까지 오르고 성큼성큼 걸어서 멀리까지 갈 수 있겠는가"라고 하였다. (『십육탕품』의) 제 8품은 "수벽탕(秀碧湯)이다. 돌은 하늘과 땅의 빼어난 기운이 엉겨서 형체가 부여된 것이다. (그것을) 쪼아서 그릇을 만들면 빼어난 기운이 여전히 남아 있으니 그 탕에는 좋지 않은 것이 있을 수 있겠는가"라고 하였다. 얼마 전에 유당(酉堂) 어른께서 남쪽 두륜산(頭輪山)을 지나다가 일지암(一枝庵)에서 하룻밤을 묵고 그 유천(乳泉)의 물을 맛보고 말하기를 "맛이 소락(酥酪)보다 더 낫다"고 하였다.

*失(실): 『동차송』에는 生(생)으로 되어 있다.

*登(등): 『동차송』에는 登자가 없다.

乳泉(유천) 석간수(石澗水).

秀碧湯(수벽탕) 16 탕품중 제 8.

百壽湯(백수탕) 16 탕품중 제 3.

木覓山(목멱산) 서울의 남산.

海翁(해옹) 해거도인(海居道人) 홍현주(洪顯周).

酉堂(유당) 추사(秋史) 김정희(金正喜)의 부친. 김노경(金魯敬)(1766-1840).

頭輪山(두륜산) 해남 대흥사(大興寺) 뒷산.

紫芋山房(자우산방): 일지암(一枝庵).

酥酪(소락) 소나 양의 젖으로 만든 맛있는 음료수.

覓(멱) 찾을, 구할

把(파) 쥘, 가질, 잡을, 지킬, 자루(柄)

蘇(소) 차조기; 회생하다, 소생하다, 잠에서 깨다, 잡다, 취하다

廙(이) 공경할, 삼갈, (익)천막

息(식) 숨, 호흡, 헐덕거리다, 소식, 그만두다, 멈추다, 중지하다, 그치다, 쉬다, 휴식

逾(유) 넘다, 뛰어넘다, 초과하다, 지나다, 더욱더, 한층

阻(조) 험할, 곤란할, 그칠, 막힐, 믿을, 의지할, 방해하다, 저지하다

癈(폐) 고질

如(여) 만일, 만약

敢(감) 용감하다, 감히, 대담하게; 감히~하다, 외람되게, 혹은, 어쩌면

皤(파) 머리털이 흰 모양, 배 큰 모양

鬢(빈) 구레나루, 수염

蒼(창) (짙은)청색, 녹색; 회백색, 창백한

執(집) 잡다, 쥐다, 들다, 장악하다, 맡다, 담당하다, 우기다, 고집하다

扶(부) 떠받치다, 부축하다, 부뜰다, 짚다, 기대다, 의지하다, 돕다, 원조하다, 부조하다

闊(활) 넓다, 멀다, 아득하다, 폭; 너비, 유복하다, 사치하다, 부유하다

邁(매) 큰걸음으로 걷다, 앞지르다, 초과하다, 능가하다, 늙다, 나이 많다

闊步(활보) 성큼성큼 걷다.

雄(웅) 수컷, 웅대한, 힘있는, 당당한, 강력한

凝(응) 엉기다, 엉겨붙다, 주의를 집중하다, 뛰어난곳, 우아하다, 고상하다

賦(부) 주다, 부여하다

琢(탁) 쫄탁, 옥다듬을, 가릴

猶(유) 마치~과 같다, 아직, 여전히; ~조차, ~까지도

還(환) 돌아올, 돌아볼, 빠를, 가벼울, 여전히, 까지도, 과연

爺(야) 부친, 조부, 아저씨, 선생님, 주인어른, 어르신네

輪(륜) 바퀴, 둥근 것, 차례가 되다, 교대로 하다

紫芋(자우) 줄기가 붉은 토란

芋(우) 토란

嘗(상) 맛보다, 겪다, 경험하다, 당하다, 시험해보다, 일찍이, 이전에, 과거에

又有九難四香玄妙用
우 유 구 난 사 향 현 묘 용

『茶經』云 "茶有九難 一日造 二日別 三日器
차 경 운 차 유 구 난 일 왈 조 이 왈 별 삼 왈 기

四曰火 五曰水 六曰炙 七曰末 八曰煮 九曰飮
사왈화 오왈수 육왈적 칠왈말 팔왈자 구왈음

陰採*夜焙 非造也 嚼味嗅香 非別也 羶鼎腥甌
음채 야배 비조야 작미후향 비별야 전정성구

非器也 膏薪庖炭 非火也 飛湍壅潦 非水也
비기야 고신포탄 비화야 비단옹료 비수야

外熟內生 非炙也 碧粉飄塵* 非末也 操艱攪遽
외숙내생 비적야 벽분표진 비말야 조간교거

非煮也 夏興冬廢 非飮也”『萬寶全書』“茶有眞香
비자야 하흥동폐 비음야 만보전서 차유진향

有蘭香 有淸香 有純香. 表裏如一曰純香
유난향 유청향 유순향 표리여일왈순향

不生不熟*曰淸香 火候均停曰蘭香 雨前神具曰眞香”
불생불숙 왈청향 화후균정왈난향 우전신구왈진향

此謂四香
차위사향

또한 (차에는) 아홉 가지 어려움과 네 가지 향기가 있어 매우 미묘하게 작용하네.

『차경』에 이르기를 “차에는 아홉 가지 어려움이 있으니 첫째는 차를 만드는 일이고, 둘째는 차의 품질을 식별하는 것이고, 셋째는 차그릇이며, 넷째는 불이고, 다섯째는 물이며, 여섯째는 차를 굽는 일이며, 일곱째는 가루 (차)를 만드는 일이고, 여덟째는 물을 끓이는 일이며, 아홉째는 차를 마시는 일이다. 흐린 날 (차를) 따서 밤에 불에 쪼여 말리는 것은 (차) 만드는 것이 아니고, (차를) 씹어서 맛을 보거나 향기를 맡는 것은 (차의) 품질을 식별하는 것이 아니다. 누린내 나는 솥이나 비린내 나는 잔은 차그릇이 아니고, 진이 나는 장작과 부엌에서 나온 덜 탄 숯은 불이 아니며, 쏟아지듯 급하게 흐르는 물과 막혀서 고인물은 물이 아니며, 겉은 익고 속이 설은 것은 불에 구은 차가 아니며, 푸른 가루나 나부끼는 티끌은 가루가 아니며, 서투르게 잡거나 손놀림이 급한 것은 끓이는 법이 아니며, 여름에는 (차를) 많이 마시고 겨울에는 안 마시는 것은 (차를) 마시는 법이 아니다"라고 하였다.

『만보전서』에 "차에는 참향기와 난초향기와 맑은 향기와 순한 향기가 있다. 겉과 속이 한결같은 것은 순한 향기이고, 설지도 익지도 않은 것을 맑은 향기라 하고, 불기가 고루 멈춘 것을 난초 향기라 하고 곡우 전에 싱그러움이 갖추어진 것을 참 향기라 한다" 이것을 네 가지 향기라고 하였다.

茶道古典

*探(채): 『동차송』에는 采(채)로 되어 있다.

*塵(진): 『동차송』에는 庄(장)으로 되어 있다.

*熟(숙): 『동차송』에는 熱(열)로 되어 있다.

炙(적) (불에) 굽다, 구운고기, 훈도를 받다, 영향을 받다

煮(자) 삶다, 익히다, 끓이다

焙(배) (불에)말리다, 굽다, 덥히다

嚼(작) 씹다, 음미하다, 수다를 떨다

嗅(후) 냄새를 맡다, 후각

羶(전) 누린내날전

腥(성) 비린 것, 비린내, 비리다

甌(구) 바리, 작은잔

膏(고) 진이나는, 기름, 지방, 고약, 즙, 기름지다, 비옥하다

薪(신) 땔나무, 봉급, 급료, 급여, 장작

庖(포) 푸줏간, 부엌, 주방 庖廚(포주): 부엌

炭(탄) 숯, 석탄, 까맣게 탄 것

湍(단) 급류, 물살이 세다; 여울 물, 급하게 흐르는 물

飛(비) 날다, 휘날리다, 나부끼다; 뜻밖의, 근거없는; 높은; 던지다, 쏟아지는

壅(옹) 막을, 막힐, 북돋을

潦(료) 큰 비, 고인 물, 흐르는 물, (비가)세차다

飄(표) 회오리바람, 질풍, 나부낄표, 떨어질, 방랑할, 유랑할

操(조) 잡을조, 조련할, 지조, 절개; 풍치; 거문고곡조

艱(간) 간난할, 어려울간, 험할; 뿌리; 근심; 초상; 교통할, 서투르게

攪(교) 어지러울, 흔들, 손놀릴교
遽(거) 급할거, 바쁠; 어찌, 두려울
停(정) 멎다, 서다, 멈추다, 정지하다, 머물다, 정비하다

何以敎汝玉浮臺上坐禪衆
하 이 교 여 옥 부 대 상 좌 선 중

智異山花開洞 茶樹羅生四五十里 東國茶田之廣
지 리 산 화 개 동 차 수 라 생 사 오 십 리 동 국 차 전 지 광

料無過此者 洞有玉浮臺* 臺*下有七佛禪院
료 무 과 차 자 동 유 옥 부 대 대 하 유 칠 불 선 원

坐禪者常晩取老葉晒乾 然柴煮鼎如烹菜羹
좌 선 자 상 만 취 노 엽 쇄 건 연 시 자 정 여 팽 채 갱

濃濁色赤 味甚苦澁 政所云 "天下好茶
농 탁 색 적 미 심 고 삽 정 소 운 천 하 호 차

多爲俗手所壞"
다 위 속 수 소 괴

옥부대 위에서 좌선하는 너희 중들을 어떻게 가르치겠는가?

지리산 화개동에는 차나무가 4,50리에 널려 자라고 있다. 우리나라 차밭의 넓이가 이보다 더 넓은 것은 없다고 생각한다. 화개동에는 옥부대가 있고 옥부대 아래에는 칠불선원이 있다. (옥부대에서) 좌선하는 이들은 언제나 늦게 쇤 차잎을 따서 햇볕에 말렸다. 장작불을 피우고 나물국을 삶듯이 솥에 끓이니 (차는) 진하고 탁하며 빛깔은 붉고 맛은 몹시 쓰고 떫었다. 정소에 이르기를 "천하의 좋은 차를 속된 솜씨로 못쓰게 하는 바가 많다"고 하였다.

*臺(대): 『동차송』에는 土(토)변에 台(대)로 되어 있다. 오자이다.

玉浮臺(옥부대) 지리산 칠불선원 뒤에 있는 잔디밭.

七佛禪院(칠불선원) 아자(亞字)꼴의 선방이 있다.

政所(정소) 절의 사무소 혹은 지방의 말단 행정단위라고 하는데 확실한 것은 모른다.

羅生(라생) 벌릴라, 널리 나있다.

料(료) 예상하다, 예측하다, 짐작하다, 추측하다, 생각하다

晒(쇄) 햇빛쬘

柴(시) 장작, 마른나무, 땔감

羹(갱) 국

濃(농) 짙을농, 깊을, 두터울

濁(탁) 흐릴탁, 어지럽힐

壞(괴) 무너뜨릴, 무너질, 못쓰게 되다

九難不犯四香全　至味可獻九重供
구 난 불 범 사 향 전　지 미 가 헌 구 중 공

翠濤綠香纔入朝
취 도 녹 향 재 입 조

入朝于心君『茶譜小序』* 日 "甌泛翠濤 碾飛綠屑" 又云
입 조 우 심 군　차 보 소 서　왈　구 범 취 도　연 비 녹 설　우 운

"茶以靑翠爲勝　濤以藍白爲佳　黃黑紅昏　俱不入品
차 이 청 취 위 승　도 이 남 백 위 가　황 흑 홍 혼　구 불 입 품

雪濤爲上　翠濤爲中　黃濤爲下"　陳麋公詩
설 도 위 상　취 도 위 중　황 도 위 하　진 미 공 시

"綺陰攢盖　靈艸試奇*　竹爐幽討　松火怒飛
기 음 찬 개　영 초 시 기　죽 로 유 토　송 화 노 비

水交以淡　茗戰以肥　綠香滿路　永日忘歸"
수 교 이 담　명 전 이 비　녹 향 만 로　영 일 망 귀"

(차의) 아홉 가지 어려움을 어기지 않고 네가지 향기가 온전한 최고의 맛있는 차는 구중궁궐에 드려진다, 비취빛 찻물과 녹색 향기가 막마음(心君)에 스며 들었네.

마음에 스며든 찻물은 『차보소서』에 이르기를 "찻잔에는 푸른 거품이 덮여 있고, 차 맷돌에는 푸른 가루가 날렸다"고 하였다. 또 이르기를 "차는 푸른색이 가장 좋고 찻물의 거품은 남백색의 것이 좋으며 누르거나 검거나 붉거나 어두운 것은 모두 좋은 품질에 들지 않는다. 차는 눈같은 거품이 있는 것이 으뜸이고 푸른 거품이 중품이며 누런거품은 하품이다"라고 하였다. 진미공시에 이르기를 "아름다운 그늘이 덮인곳에 모여 차(영초)의 신기함을 시험하려고 죽로에 얹고 조용히 재촉하니 소나무불은 성난 듯이 타오르고 물은 담담하게 섞이고 차 겨루기를 넓히며 푸른 향기가 길에 가득하니 온종일 돌아가기를 잊었다"고 하였다.

茶道古典

*奇(기): 『동차송』에는 旂(기)로 되어 있다.

---

*차보소서(茶譜小序) 청나라, 육정찬(陸廷燦)의 『속차경』(續茶經)에 명나라 왕상진(王象晋)이 쓴 "차보소서"(茶譜小序)가 있다.

陳麋公詩(진미공시) 명나라 진계유(陳繼儒)(1558-1639)가 지은 시차(試茶)라는 시에서 인용한 글. 저서: 『차활』(茶活)

茗戰(명전) 차 겨루기를 말한다. 차겨루기에는 차와 물과 찻그릇의 우수성을 밝히는 것이다.

供(공) 말하다, 공술하다, 자백하다.

纔(재) 재능, 재주, ~에야, 에야 비로소; 방금, 이제서야, ~이 되어서야, 비로소; ~이야말로

泛(범)(법)(핍)(봉) 뜨다, 널리, 덮을범, 엎칠, 물소리

屑(설) 가루, 조출할, 가벼히볼, 수고로울

麋(미) 고라니; 눈섭; 물가

綺(기) 무늬놓은 비단, 아름답다, 곱다, 훌륭하다

攢(찬) 모으다, 조립하다

幽(유) 조용하다, 심원하다, 어둡다, 깊고멀다, 평온하다,안정되다

討(토) 정벌하다, 요구하다, 청구하다, 재촉하다, 빌다, 바라다, 초래하다, 야기하다

交(교) 넘기다, 제출하다, 내다; 맡기다, 되다,인접하다, 서로 맞대다, 섞이다.

肥(비) 넓히다, 너르다, 크다, 살찌다.

永日(영일) 하루종일

聰明四達無滯壅　矧爾靈根托神山
총 명 사 달 무 체 옹　신 이 영 근 탁 신 산

智異山　世稱方丈
지 리 산　세 칭 방 장

총명함이 사방에 통달하여 막힌 곳이 없었다. 하물며 너의 신령스런 뿌리 (차나무)는 신산(神山)(지리산)에 의탁하였네.

지리산을 세상에서는 방장산이라고 한다.

茶道古典

滯(체) 막히다, 정체하다

壅(옹) 막을옹, 막힐, 북돋울

矧(신) 하물며

方丈(방장) 주지스님의 처소: 주지

仙風玉骨自另種　綠芽紫筍穿*雲根
선 풍 옥 골 자 령 종　녹 아 자 순 천　운 근

胡靴犎臆皺水紋
호 화 봉 억 추 수 문

『茶經』云　"生爛石中者爲上　礫壤者次之"　又曰
차 경　운　생 란 석 중 자 위 상　역 양 자 차 지　우 왈

"谷中者爲上"　花開洞茶田　皆谷中兼爛石矣
곡 중 자 위 상　화 개 동 차 전　개 곡 중 겸 란 석 의

茶書又言　"茶紫者爲上　皺者次之"　"綠者次之
차 서 우 언　차 자 자 위 상　추 자 차 지　녹 자 차 지

如筍者爲上　似芽者次之"　"其狀如胡人靴者
여 순 자 위 상　사 아 자 차 지　기 상 여 호 인 화 자

蹙縮然　如犎牛臆者廉襜然　如輕飇拂水*者涵澹然"
축 축 연　여 봉 우 억 자 렴 첨 연　여 경 표 불 수　자 함 담 연

此皆茶之精腴也
차 개 차 지 정 유 야

신선같은 풍모와 옥같은 기골은 종자부터 다르다. 녹아차와 자순차는 바위를 뚫고 오랑캐의 신발과 들소의 가슴팍처럼 주름진 물결무늬가 있네.

『차경』에 이르기를 "(차는) 자갈밭에서 난 것이 으뜸이고 자갈 섞인 흙에서 자란 것이 버금간다"고 하였다. 또 이르기를 "골짜기에서 자란 것이 으뜸이라"고 하였다.

화개동의 차밭은 모두 골짜기와 자갈밭을 겸하였다. 차서에 또 이르기를 "차잎은 자주빛나는 것이 으뜸이고, 주름진 것이 다음이라"고 하였다. "녹색의 것은 다음이고, 죽순과 같은 것이 으뜸이며, 새로난 싹 같은 것이 다음이다"라고 하였다. "그 생긴 모양이 오랑캐의 신

발처럼 쭈그러지고 오그라들었으며 들소의 앞가슴처럼 조촐하고 가지런한 것도 있고 가벼운 바람이 물을 스치듯 고요히 물에 잠겨 있는 것과 같은 것"은 이 모두가 차의 깨끗하고 풍요한 것이다.

茶道古典

*穿(천): 『동차송』에는 「천」자를 잘못 썼다. 宀(갓머리) 밑에 牙(아)로 되어 있다.

*水(수): 『동차송』에는 衣(의)로 되어 있다.

另(령) 다르다. 달리, 나눌, 쪼갤, 헤어질

穿(천) 뚫을천, 통할천

犎(봉) 들소

臆(억) 가슴억, 아득할억

皺(추) 주름살

礫(력) 조약돌, 자갈

雲根(운근) 돌의 이칭(異稱), 산의 다른 이름, 바위

爛石(난석) 자갈

礫壤(역양) 자갈섞인 흙

蹙(축) 쭈그러질축, 찌푸릴, 다급할, 삼갈, 찰, 밟을

縮(축) 오그라들축, 거둘, 물러갈, 줄, 곧을, 모자랄, 묶을

廉(렴) 조촐할렴, 검소할, 청렴할, 염치, 값쌀

活(활) 생동하는 모양

颷(표) 광풍, 미친 바람, 바람

拂(불) 스쳐 지나가다, 털다, 거역하다, 반대하다

涵(함) 포함, 내포하다, 포용하다; 적시다, 물에 담그다

澹(담) 고요하다, 조용하다

腴(유) 살찔, 물고기배유, 비옥할, 풍요하다

吸盡瀼瀼淸夜露 三昧手中上奇芬
흡 진 양 양 청 야 로 삼 매 수 중 상 기 분

茶書云 "採茶之候貴及時 太早則茶不全 遲則神散
차 서 운 채 차 지 후 귀 급 시 태 조 즉 차 부 전 지 즉 신 산

以穀雨前五日爲上 後五日次之 後五日又次之"
이곡우전오일위상 후오일차지 후오일우차지

然驗之東茶 穀雨前後太早 當以立夏後爲及時也
연험지동차 곡우전후태조 당이입하후위급시야

其採法 "徹夜無雲浥露採者爲上 日中採*者次之
기채법 철야무운읍로채자위상 일중채 자차지

陰雨下不宜採*" 老坡送謙師詩曰 "道人曉出南屛山
음우하불의채 노파송겸사시왈 도인효출남병산

來試點茶三昧手"
래시점차삼매수

맑은 밤이슬을 다 마시고 흠뻑 젖어 삼매경의 솜씨에 기이한 향기가 위로 오르네.

차서에 이르기를 "차를 따는 시기는 그 때가 귀중하다. 너무 이르면 차(맛)이 온전치 않고 (너무) 늦으면 싱그러움이 없어진다. 곡우 5일 전이 으뜸이고 (곡우) 5일 후가 버금가며 그 후 5일 후가 그 다음이다"라고 하였다. 그러나 내 경험에 의하면 우리나라 차는 곡우 전후는 너무 이르고 입하 후를 그때로 하는 것이 마땅하다. 차를 딸 때는 "밤새 구름 없이 이슬에 젖은 것을 따는 것이 으뜸이고 낮에 따는 것이 버금가며 음산하게 비가 오는 때는 차를 따서는 안 된다"고 하였다. 소동파가 겸스님을 보내는 시에 이르기를 "도인이 새벽에 남병산에서 내려와 삼매경의 솜씨로 차를 끓여 마셨다"라고 하였다.

茶道古典

*採(채): 『동차송』에는 采(채)로 되어 있다.

謙師(겸사) 절강성 전당현에 있는 남병사(南屛寺)의 겸(謙)스님.

瀼瀼(양양) 이슬, 물, 흠뻑 젖어

芬(분) 향기날

徹(철) 관통할철

浥(읍) 젖을

中有玄微妙難顯　眞精莫敎體神分
중 유 현 미 묘 난 현　진 정 막 교 체 신 분

造茶篇云 "新採揀去老葉　熱鍋焙之　候鍋極熱
조 차 편 운　신 채 간 거 노 엽　열 과 배 지　후 과 극 열

始下茶急炒　火不可緩　待熟方退　撤*入簁中
시 하 차 급 초　화 불 가 완　대 숙 방 퇴　철　입 사 중

輕團挪*數遍　復下鍋中　漸漸減火　焙乾爲度
경 단 나　수 편　복 하 과 중　점 점 감 화　배 건 위 도

中有玄微　難以言顯" 品泉*云 "茶者水之神
중 유 현 미　난 이 언 현　품 천　운　차 자 수 지 신

水者茶之體　非眞水　莫顯其神　非眞茶　莫窺其體"
수 자 차 지 체　비 진 수　막 현 기 신　비 진 차　막 규 기 체

(차) 속에는 미묘함이 있으나 그 미묘함을 드러내기가 어렵고 참된 정기는 차의 본질과 찻물의 싱그러움을 나누어 가르칠 수 없네.

(『만보전서』)의 조차편에 이르기를 "새로 딴 (차잎은) 쇤 잎을 가려내서 버리고 뜨거운 솥에 말린다. 솥이 매우 뜨거워질 때를 기다려 차를 넣기 시작하면 빨리 덖어야 하며 불길을 늦춰서는 안된다. (차가) 익기를 기다렸다가 바야흐로 (불을) 물리고 체 속에 거두어 넣고 가벼

운 덩어리를 몇 번 비빈 후에 다시 솥에 넣고 점점 불을 줄여 알맞게 불에 말린다. 그 가운데 현미한 것이 있으나 말로 나타내기는 어렵다"고 하였다.

(『만보전서』)의 품천(品泉)에 이르기를 "차는 물의 싱그러움이고 물은 차의 본질(몸)이다. 참된 물이 아니면 차의 싱그러움이 나타나지 않고 참된 차가 아니면 차의 본질(몸)을 엿볼 수 없다"라고 하였다.

茶道古典

*撤(철): 『동차송』에는 徹(철)로 되어 있다.

*挪(나): 『동차송』에는 枷(가)로 되어 있다.

*品泉(품천): 『동차송』에는 泉品(천품)으로 되어 있다.

揀(간) 뺄, 가릴간, 분별할, 가를

候(후) 기다리다, 기후, 날씨

鍋(과) 수레굴과, 기름통과, 솥, 남비

炒(초) 볶을, 덖다

撤(철) 걷을철

撤入(철입) 거두어 넣다

簁(사) 체

挪(나) 비빌나

窺(규) 엿볼규, 반걸음

緩(완) 너그러울, 늘어질, 늦을완, 더딜, 천천히, 되지않을, 하지 않을, 늦추다

體神雖全猶恐過中正　中正不過健靈倂
체 신 수 전 유 공 과 중 정　중 정 불 과 건 령 병

泡法云　"探湯純熟　便取起　先注壺中小許
포 법 운　탐 탕 순 숙　변 취 기　선 주 호 중 소 허

盪祛冷氣傾出　然後投茶葉　多寡宜酌　不可過中失正
탕 거 냉 기 경 출　연 후 투 차 엽　다 과 의 작　불 가 과 중 실 정

茶重則味苦香沈　水勝則味寡色清　兩壺後　又冷水蕩滌
차 중 즉 미 고 향 침　수 승 즉 미 과 색 청　양 호 후　우 냉 수 탕 척

使壺凉潔　不*則減茶香　盖罐熱則茶神不健
사 호 량 결　부　즉 감 차 향　개 관 열 즉 차 신 불 건

壺清則水性當靈　稍俟茶水冲和　然後令布釃飲
호 청 즉 수 성 당 령　초 사 차 수 충 화　연 후 령 포 시 음

釃不宜早　早則茶神不發　飲不宜遲　遲則妙馥先消"
시 불 의 조　조 즉 차 신 불 발　음 불 의 지　지 즉 묘 복 선 소

評曰　採*盡其妙　造盡其精　水得其眞　泡得其中
평 왈　채　진 기 묘　조 진 기 정　수 득 기 진　포 득 기 중

體與神相和　健與靈相倂　至此而茶道盡矣
체 여 신 상 화　건 여 령 상 병　지 차 이 다 도 진 의

차(體)와 물(神)이 비록 온전하다 하더라도 오히려 중정을 지나칠까 두렵고 중정을 지나치지 않으면 차의 빛깔(健)과 차의 간(靈)이 아우러지네.

(『만보전서』)의 포법에 이르기를 "탕을 살폈다가 순숙이 되면 곧 (탕관을) 들여올려 먼저 차 주전자에 조금 따라서 찬 기운을 씻어 없애고 물을 따른 후에 차잎을 넣는다. 차의 많고 적음을 헤아려야 하며 중(中)을 지나쳐 정(正)을 잃어서는 안된다. (中正을 잃어서는 안 된다.) 차가 많으면 맛이 쓰고 향이 가라앉으며 물이 많으면 맛이 없고 빛깔은 맑다. 두 번 차 주전자를 사용한 후에 다시 냉수로 깨끗이 씻어 차 주전자를 서늘하고 청결하게 해야 한다. 그렇게 하지 않으면 차의 향기는 줄어든다. 대개 차 주전자의 (물이) 뜨거우면 차의 싱그러움이 건실하지 못하고 차 주전자가 맑으면 물의 본성은 당연히 신

령스럽다. 차와 물이 잘 어우러지기를 조금 기다린 후에 베에 걸러서 마신다. (베에)거르는 것이 빠르면 안 된다. 빠르면 차의 싱그러움이 일어나지 않는다. 차를 마시는 것을 지체하면 안 된다. 지체하면 (차의) 묘한 향기가 먼저 살아진다"고 하였다. 평해서 말하면, 차를 딸 때는 그 묘함을 다하고 차를 만들 때는 그 정성을 다하고 물은 참된 것을 얻어야 하고 차를 우릴 때는 중정을 얻어야 한다. 차(體)와 물(神)이 서로 조화를 이루면 차의 빛깔(健)과 차의 간(靈)은 서로 잘 아우러진다. 여기에 이르면 다도는 다 이루어진 것이다.

*不(부): 『동차송』에는 否(부)로 되어 있다.

*採(채): 「동차송」에는 采(채)로 되어 있다.

中正(중정) : 중정은 한국다도의 정신이다. 중정은 "바르게 알맞는다"는 뜻으로 지나쳐도 안 되고 모자라도 안 된다는 것이다.

探(탐) 살펴서, 더듬을, 엿볼탐, 찾을, 취할, 시험할

少許(소허) 조금.

盪(탕) 씻을, 움직일, 방자할, 진동할, 방탕할, 버릇, 큰모양, 밀칠, 당돌할

祛(거) 빌, 보낼, 없애다, 굳셀, 흩을

酌(작) 따를작, 잔, 양치질할, 더할, 줄, 가릴, 선택할, 헤아려, 참작할

滌(척) 씻을척, 그릇닦을, 청소할, 깨끗이 할척

蕩(탕) 씻다, 없애다

罐(관) 두레박, 물동이, 양철통, 탕관, 차주전자

稍(초) 점점, 고를, 조금

俟(사) 기다릴사

冲(충) 화할충, 깊을, 어릴, 허할, 높이 나는 모양, 자욱히 뜨는, 잘

釃(시) 술거를, 나눌, 술따를, 걸르다.

宜(의) 옳을, 할, 일할, 마땅할의, 맞을

消(소) 다할, 사라질, 풀릴, 닳아 없어질, 소갈증, 노닐

一傾玉花風生腋 身輕已涉上淸境
일 경 옥 화 풍 생 액 신 경 이 섭 상 청 경

陳簡齋茶詩 "嘗此玉花"句 盧玉川茶歌
진간재차시 상차옥화 구 노옥천차가

"唯覺兩腋習習生淸風"
유 각 양 액 습 습 생 청 풍

옥화차 한 잔을 마시면 겨드랑이에서 바람이 일어나니 몸이 가벼워 벌써 맑은 경지 위를 건넜네.

진간재의 차시에 "이 옥화차를 맛본다"는 구절이 있고 노옥천의 차 노래에 "오직 양쪽 겨드랑이에서 맑은 바람이 솔솔 일어나는 것을 느낀다"고 하였다.

茶道古典

陳簡齋(진간재) 송대(宋代) 시인.

盧玉川(노옥천) 당대(唐代) 시인. 이름: 노동(盧同). 호: 옥천자(玉川子).

傾(경) 쏟다, 기우리다

腋(액) 겨드랑이

已(이) 그치다, 끝나다, 멎다, 이미, 벌써, 나중에, 다음에, 얼마 후, 심히, 너무, 극히

覺(각) 느낀다, 깨닫다, 드러나다, 감각

習習(습습) 솔솔(바람이 가볍게 부는 모양)

明月爲燭兼爲友　白雲鋪席因作屏
명 월 위 촉 겸 위 우　백 운 포 석 인 작 병

竹籟松濤俱蕭凉　淸寒瑩骨心肝惺
죽 뢰 송 도 구 소 량　청 한 영 골 심 간 성

惟許白雲明月爲二客　道人座上此*爲勝
유 허 백 운 명 월 위 이 객　도 인 좌 상 차 위 승

飮茶之法　"客衆則喧　喧則雅趣索然　獨*啜日神
음 차 지 법　객 중 즉 훤　훤 즉 아 취 삭 연　독 철 왈 신

二客日勝　三四日趣　五六日泛　七八日施也"
이 객 왈 승　삼 사 왈 취　오 륙 왈 범　칠 팔 왈 시 야

밝은 달은 촛불이 되고 친구가 되며 흰구름은 까는 자리가 되고 병풍이 되었네. 대나무 젓대 소리와 솔바람 소리는 모두 쓸쓸하고 서늘하여 시들한 뼈마디와 마음을 깨우니 맑고 시원하네. 오직 흰 구름과 밝은 달을 두 손님으로 삼으니 도인의 자리는 이보다 더 뛰어나랴.

차 마시는 법에 "손님이 많으면 시끄럽고, 시끄러우면 우아하고 아름다운 정취가 없어진다. 혼자 마시는 것은 신비롭고 손님이 둘이면 매우 좋고 손님이 서넛이면 우아하고 아름다운 정취가 있으며 손님이 대여섯이면 덤덤하고 일곱여덟이면 (차를) 나누어 주는 것"이라고 한다.

*此(차): 「동차송」에는 오자로 되어 있다(止(지)변에 几(궤)로 되어 있다).

*獨(독): 「동차송」에는 오자로 되어 있다(犭(견)변에 市(시)로 되어 있다).

鋪(포) 깔다, 펴다, 자리를 펴다, 두루, 벌일, 가게

作(작) 여기다, ~으로 되다

籟(뢰) 퉁소, 퉁소소리, 젓대

蕭(소) 쓸쓸하다, 처량하다, 드물다, 맑은대쑥

瑩(영) 옥같이 맑고 깨끗한돌, 투명하다, 맑다, 눈부시다, 시들다

肝(간) 마음, 간

惺(성) 깨닫다, 현명하다, 총명하다, 깨우다

惟(유) 오직, 이, 생각하다, 꾀하다

許(허) 한편이 되다

索然(삭연) 다하여, 없어지는 모양, 흥미가 없는 모양, 흐터지는 모양

啜(철) 훌쩍거릴, 먹을철, 맛볼

艸衣新試綠香煙　禽舌初纖穀雨前
초 의 신 시 녹 향 연　금 설 초 섬 곡 우 전

莫數丹山雲澗月　滿鍾雷笑可延年
막 수 단 산 운 간 월　만 종 뇌 소 가 연 년

白坡居士題
백 파 거 사 제

초의는 햇차의 녹향을 맛보려고 (불을피워) 연기를 내니 곡우전의 첫물이라 날짐승의 혀같이 부드럽다. 단산의 운감차와 월간차 손꼽지 말라. 잔에 가득찬 뇌소차는 햇수(수명)를 늘인다.

백파거사 씀

丹山(단산) 호북성 파동현에 있는 산.

雲澗月(운간월) 운감차(雲龕茶)와 월간차(月澗茶)를 말한다.

白坡居士(백파거사) 이름은 신헌구(申獻求), 자는 계문(季文), 호는 백파거사이다. 조선조 후기의 문인으로 초의선사의 일지암시고(一枝庵詩稿)에 발문을 썼다.

試(시) 맛볼시, 쓸(用); 비교할, 더듬을, 시도하다, 시험하다

纖(섬) 잘다, 가늘다, 섬유, 부드럽다, 가냘프다, 인색하다

數(수) 세다, 헤아리다, 계산하다, 손꼽히다, 나열하다, 책망하다, 나무라다

산천도인에게 보낸 차시: 주(注)

설령(雪嶺) 중국 사천성과 서장의 경계에 있는 산맥.

황하수(黃河水) 서장에 있는 호수.

물의 여덟 가지 덕(德) ①가볍고 ②맑고 ③차고 ④부드럽고 ⑤아름답고 ⑥냄새가 없고 ⑦비위에 맞고 ⑧탈이 없는 것.

범율(梵律) 불교의 계율.

알가(閼伽) 범어로 차(茶).

바라밀(波羅蜜) 피안에 이르고자 하는 수행 방법.

조음(潮音) 많은 중들이 독경하는 소리.

선천(先天) 태어나면서부터 갖추어진 성품.

니항(泥洹) 열반

불생(不生) 다시 태어나지 못하게 인연을 끊어 버리는 것.

산천도인(山泉道人)에게 보낸 차시(茶詩)

艸衣 張意恂

옛 성현들은 모두 차를 사랑했네
차는 군자와 같아서 그 성미가 사특하지 않네
인간이 처음 차를 마시게 된것은 멀리 설령(雪嶺)에서
차 싹을 들여온 때부터이고 차를 만든 것도 그 때부터이네
만든 차는 차통을 옥으로 막고 비단으로 감싸 두었다가
황하수 윗물로 끓이네
그 물은 여덟 가지 덕이 있어 아름답기 그지 없네
황하수를 길어다가 그 가볍고 부드러움을 맛보니
차의 참맛이 어울리어 체(體)와 신(神)이 열리네
거칠고 더러운 것을 없애고 나면 정기가 스며드니
큰 도(茶道)를 얻는 것은 어렵지 않네
차를 영산(靈山)으로 가지고 와서 부처님께 바치는데
끓이면서 범율(梵律)을 깊이 헤아려 보니 알가(閼伽)의
참 모습은 묘한 근원을 가지고 있네
묘한 근원에 집착하지 않으면 바라밀이 되네
아깝도다 닦아오기를 삼천년 조음(潮音)이 아득하여
선천(先天)과 멀어지고 묘한 근원을 듣고자 해도 물을 곳이 없네
니항(泥洹) 앞에서 불생(不生)을 한탄하네
일찍이 차를 즐겨 마실줄 모르고 우리나라에 들여온 것을
우습게 여기었네. 비단보와 옥병마개를 끌러서
먼저 친구들께 선사하네

茶經

차경

欽定四庫全書(흠정사고전서)

桑苧翁 陸羽 撰

일러두기

육우 『차경』의 원문(原文)은 중국국제차문화연구회(中國 國際 茶文化研究會)에서 편찬한 흠정사고전서(欽定 四庫全書)의 육우(陸羽), 『차경』(茶經)을 사용하였고(영인(影印)은 화보재고적서사항주부양고적인쇄창華寶齋古籍書社杭州富陽古籍印刷廠, 1998년 7월 제 2차 인쇄), 원문의 오자(誤字)와 탈자(脫字)의 교정은 호주 육우차문화연구회(湖州 陸羽茶文化研究會)에서 2000년 4월에 발행한 흠정사고전서(欽定四庫全書) 당 육우찬(唐 陸羽撰) 『차경』(茶經)을 사용하였다.

『차신전』 『동차송』 『차경』에서는 "茶"字를 모두 "차"로 통일하여 표기하였다. 마시는 "차"는 "다"가 아니고 "차"이기 때문이다. 예외로 표기한 것은 "다도"(茶道)뿐이다. 이것은 관용어(慣用語)로 사용하고 있기 때문이다.

상저옹 육우(桑苧翁 陸羽) 그는 누구인가?

육우(陸羽 733-804)는 (당(唐)나라 현종(玄宗)의 개원(開元) 21년) 복주(復州)의 경능(竟陵)(지금의 호북성 천문현)에서 태어났다. 경능에 있는 용개사(龍蓋寺)(지금의 西塔寺)의 주지스님인 지적선사(智積禪師)가 서호(西湖)의 호수가에서 어린아이의 울음소리가 들려 가 보았더니 기러기가 떼를 지어 날개로 어린아이를 감싸고 있는 것을 발견하고 용개사로 데려오게 되었다. 그때 데려와 기른 아이가 육우이다. 육우는 길에 버려진 고아로서 그의 생년월일에 대해서도 확실히 알 길이 없고 그의 가문에 대해서도 알 수 없다.

그의 이름을 육우라고 한 유래는 『역경』(易經)에 "큰 기러기(鴻)가 뭍(陸)으로 나간다(漸). 그 깃(羽)은 날아갈 수 있으니 여러 가지 조짐이 썩 좋다(吉)"는 점괘사(占卦辭)에서 비롯되었다고 한다.

사실 육우의 전기에 관해서는 확실히 알 길이 없다. 그러나 육우가 쓴 육우 자서전격인 『육문학자전』(陸文學自傳)이란 책이 남아 있는 정도이다. 버려진 아이의 성(姓)을 육(陸)이라 한 것은 용개사의 지적(智積) 스님의 속성(俗姓)을 따른 것이라고도 한다. 중국에서는 성(姓)이 다른 사람을 양자로 받아들이는 것이 법으로 허용되지 않았으나 버려진 아이에 한해서 세 살 미만이면 양자로 받아들이는 것이 허락되었다. 육우는 세 살 때부터 경릉의 지적선사 밑에서 자랐다.

육우가 쓴 글에 의하면 그는 얼굴은 못생겼고 말은 더듬었으나 입담이 좋아 말솜씨의 재능이 있었고 결단력이 뛰어났다. 그러나 방랑기가 있어 마음만 먹으면 어디든지 갔으며 한번 약속한 것은 결코 바꾸지 않는 의리의 사람이었다고 한다. 육우는 9살 때부터 불경을 배우고 글짓는 것을 배우기 시작했다. 유학(儒學)에 관심을 가지고 경전을 공부하려고 했으나 지적스님은 반대하였다. 그래서 그는 스승에게 이렇게 물었다. "중이 되면 형제도 없고 후사(後嗣)도 없게 되고 물들인 옷을 입고 머리를 깎고 석씨(釋氏)라는 성(姓)을 갖게 되는 것 아닙니까? 이 같은 일을 유학자에게 물으면 이것을 효도라고 말하겠습니까?"라고 질문하면서 성인인 공자의 가르침도 배우고 싶다고 하였다. 스님은 말하기를 "효도가 무엇인지 잘 모르는구나. 서쪽의 머리 깎고 물들인 옷을 입는 도(불교)도 그 이름이 대단히 크단다"라고 하였다. 계속 스님은 불경을 듣고 배우기를 굽히지 않았고 육우는 유교의 경전을 듣고 공부할 것을 굽히지 않았다. 스님은 거짓된 것을 바로잡기 위하여 육우를 불쌍히 여겨 사랑하고 어루만져 주었다. 그리고는 그에게 절의 마당을 청소하고 화장실을 깨끗하게 하고 벽에 진흙을 바르게 하고 지붕의 기와를 바꾸는 일과 30마리의 소를 기르는 일 같은 천한 일을 시켰다.

경능에는 글을 공부하는데 종이가 없었으므로 대나무 가지로 소의 잔등에 글자를 쓰면서 배웠다. 어느 날 학자에게 글자를 물어보러 갔을 때 장형(張衡)(78-139)의 저서 『남도부』(南都賦)를 얻었다. 그러나 그 책의 내용을 알 수가 없었다. 다만 목소(牧所)에서 푸른 옷을 입은 어린아이를 모방하여 단정하게 앉아서 책을 펴놓고 글

읽는 것처럼 입만을 움직일 뿐이었다. 이런 것을 알게 된 지적 스님은 육우가 점점 외전(外典)에 물들어 불도(佛道)에서 떠나갈 날이 머지 않았다는 것을 알고 그를 사찰 안에 묶어 두기도 하고, 무성한 풀을 베는 벌을 주기도 하며 문인(門人)의 책임자로 세우기도 했다. 육우는 어떤 때는 마음으로 글자를 쓰기도 하고 넋이 나간 사람 같기도 했다. 그리고 마음속에 굳은 뜻은 세웠으나 날이 지나도 실천하지는 못했다. 이런 상황을 눈치챈 스님은 그에게 매질을 하니 육우는 탄식하면서 말하기를 세월이 흘러도 글을 모르게 될까 두렵다고 소리내어 울었다. 스님은 노하여 그의 등을 때리고 종아리를 매질하였다.

이렇게 지내는 것에 권태를 느낀 육우는 승려의 옷을 벗어 버리고 절을 떠나 광대패(伶黨) 극단에 들어가 해학(諧談) 3편을 지었다. 이것은 743년 그의 나이 11살 때의 일이었다.

현종(玄宗)의 천보(天寶) 5년 즉, 746년에 영(郢) 지방에 사는 사람들이 창낭(滄浪)에 모여 연회를 하고 있을 때 지방 관리가 육우를 초청하여 연극의 주연 광대로 삼았다. 그때에 경능으로 좌천되어 온 이제물(李齊物)이 그 광경을 보고 기특하게 여겼다. 그는 육우의 손을 잡고 등을 어루만지며 칭찬을 하고 친히 시집을 주면서 글공부를 열심히 하도록 격려하였다. 육우는 책을 걸머지고 화문산(火門山)에 있는 추부자(鄒夫子)의 별장으로 가서 글공부를 하게 되었다.

또한 예부낭중(禮部郎中)인 최국보(崔國輔)가 좌천되어 경능태수(竟陵太守)로 왔을 때 육우는 그와 교분을 두텁게 하였다. 최국보는 어사중승(御史中丞)의 왕홍(王鉷)과 연좌되어 좌천되었으므로 이것은 천보 11년 즉, 752년의 일이었다.

최국보가 3년만에 경능을 떠나게 되자 그는 육우에게 양양태수 이개(襄陽太守 李愷)가 보내준 흰나귀(白驢)와 검은 들소(犎牛) 한 마리와 노공(盧公) 황문시랑(黃門侍郎)이 보내준 괴목무늬가 있는 서류함(文槐書函) 등 최국보가 아끼는 물건들을 선물로 주었다. 이것은 천보 13년 즉, 754년의 일이었다.

다음해(755년 至德元年)에 일어난 안사의 난(安祿山과 史思明이 일으킨 亂)을 피하여 양자강을 건너 호주(湖州)의 초계(苕溪)로 갔다. 그는 거기에서 양자강을 건너 피난 올 때의 심정을 시(詩)로 썼는데 그것이 『사비시』(四悲詩)이다.

초계(苕溪)에는 뽕나무 밭과 삼밭이 많았으므로 육우는 자기의 아호(雅號)를 상저옹(桑苧翁)이라 하였고 경능에서 왔으므로 경능자(竟陵子)라고도 하였다. 육우는 오흥(吳興)의 저산(杼山)에 가서 묘희사(妙喜寺)의 시승(詩僧) 석교연(釋皎然)과 망년지교(忘年之交)를 가졌다. 석교연은 시인으로서 뛰어날 뿐 아니라 시를 짓는 법을 처음으로 체계화한 사람으로도 유명하였다.

『차경』(茶經)은 상원원년(上元元年, 760년)경에 이미 그 초고(草稿)가 완성되었었다.

상원 2년 즉 761년에 육우의 자서전은 여기에서 끝내고 있다.

대력(大曆) 7년 즉, 772년에는 안진경(顔眞卿)이 호주자사(湖州刺史)로 이곳에 부임하여 4년 동안 있었다. 이 기간에 안진경 밑에서 석교연과 저명한 은자(隱者) 장지화(張志和) 등과 열심히 시를 써서 응대 하였다.

대력(大曆) 8년(773년)에 석교연이 주석하고 있던 묘희사에 육우를 위하여 삼계정(三癸亭)을 세워 주어 육우는 학문에 몰두할 수 있었다. 또한 대력(大曆) 10년 즉, 775년에 안진경(顔眞卿)이 학자들을 모아 『운해경원』(韻海鏡原) 360권의 편집을 계획했을 때 육우도 이 일에 참여했다. 이 작업에서 육우는 차(茶)에 관한 이야기를 수집하여 『차경』(茶經)의 칠 차지사(七 茶之事)를 기록했다. 건중원년(建中元年) 즉, 780년에 석교연의 후원으로 육우는 『차경』(茶經)을 완성했다.

육우는 월(越) 지역 (절강성 소흥시 방면)과 유양(維揚)(강소성 양주시)과 무석(無錫)(강소성) 등지에서 살면서 차에 관한 자료를 수집하고 시를 쓰는 일에 몰두했다. 육우를 육문학이라고 하는 것은 그가 태자문학(太子文學) (正六品下)이란 벼슬에 임명되었기 때문이며, 또한 태상사태축(太常寺太祝) (正九品上)에 임명된 일도 있었으나 그 어느 벼슬자리에도 나간 일은 없었다.

육우가 『차경』(茶經)을 저술함으로써 천하에 차 마시는 사람들이 늘어났다. 차를 파는 사람들은 도기(陶器)로 육우의 얼굴상을 만들어 차 부뚜막의 굴뚝에 올려놓고 차신(茶神)으로 제(祭)를 지냈다.

육우가 10년이 걸려 완성한 『차경』(茶經)은 세계 최초의 차 책이며 지금도 차에 관한 학문의 원전(原典)으로 삼고 있다.

육우는 차로서 명사들과 교유(交遊)했다. 어느 날 어사대부(御史大夫)인 이계경(李季卿)이 강남을 시찰하다가 육우를 불러 차를 달이게 했다. 이계경은 차를 마신 후에 다도를 경멸하여 노복을 시켜 돈 30문(文)을 차 값으로 육우에게 주었다. 육우는 이를 수치스럽게 생각하여 『훼차론』(毁茶論)을 저술했다. 육우가 쓴 『차경』(茶經) 외에 차에 관한 저술은 『고저산기』(顧渚山記)가 있다.

지금까지 발견된 『차경(茶經)』의 판본(版本)은 32권이나 되며 판본마다 문자의 다소의 차이가 있다. 『사고전서(四庫全書)』에도 여섯 종류의 차경이 수록되어 있다.

육우는 정원말(貞元末) 즉, 804년에 72세로 세상을 떠났다. 육우의 이름은 우(羽), 자(字)는 홍점(鴻漸)과 계자(季疵), 다른 이름은 질(疾)과 육문학(陸文學)이 있다. 아호는 상저옹(桑苧翁), 경능자(竟陵子), 동강자(東岡子), 동원선생(東園先生), 차산어사(茶山御使) 등이 있다. 『육문학자전』(陸文學自傳)에 나와 있는 그의 저서는 『고저산기』(顧渚山記) 2권, 『군신계』(君臣契) 3권, 『원해』(源解) 30권, 『강서사성보』(江西四姓譜) 8권, 『남북인물지』(南北人物志) 10권, 『오흥역관기』(吳興歷官記) 3권, 『호주자사기』(湖州刺史記) 1권, 『차경』(茶經) 3권, 『점몽』(占夢) 3권으로 되어 있다.

『茶經』卷上(차경권상)

1. 차의 근원

一. 茶之源
차 지 원

茶者 南方之嘉木也 一尺 二尺迺至數十尺
차 자 남 방 지 가 목 야 일 척 이 척 내 지 수 십 척

其巴山 峽川有兩人合抱者 伐而掇之
기 파 산 협 천 유 양 인 합 포 자 벌 이 철 지

其樹如瓜蘆 葉如梔子 花如白薔薇 實如栟櫚
기 수 여 과 로 엽 여 치 자 화 여 백 장 미 실 여 병 려

蒂如丁香 根如胡挑
체 여 정 향 근 여 호 도

瓜蘆木出廣州 似茶 至苦澁 栟櫚 蒲葵之屬
과 로 목 출 광 주 사 차 지 고 삽 병 려 포 규 지 속

其子似茶 胡桃與茶根皆下孕 兆至瓦礫 苗木*上抽
기 자 사 차 호 도 여 차 근 개 하 잉 조 지 와 력 묘 목 상 추

其字或從草 或從木 或草木并
기 자 혹 종 초 혹 종 목 혹 초 목 병

從艸 當作 茶 其字出 『開元文字音*義』從木 當作
종 초 당 작 차 기 자 출 개 원 문 자 음 의 종 목 당 작

梌 其字出 『本草』草木并 作 荼*其字出 『爾雅』
차 기 자 출 본 초 초 목 병 작 도 기 자 출 이 아

其名 一日茶 二日檟 三日蔎 四日茗 五日荈
기 명 일 왈 차 이 왈 가 삼 왈 설 사 왈 명 오 왈 천

周公云 檟 苦荼* 揚執戟云 蜀西南人謂茶*曰蔎
주공운 가 고도 양집극운 촉서남인위도 왈설

郭弘農云 早取爲茶*晩取爲茗 或一曰荈耳
곽홍농운 조취위도 만취위명 혹일왈천이

其地 上者生爛石 中者生礫壤 下者生黃土
기지 상자생난석 중자생력양 하자생황토

凡藝而不實 植而罕茂 法如種瓜 三歲可採
범예이부실 식이한무 법여종과 삼세가채

野者上 園者次 陽崖陰林 紫者上 綠者次
야자상 원자차 양애음림 자자상 녹자차

笋者上 牙者次 葉卷上 葉舒次 陰山坡谷者
순자상 아자차 엽권상 엽서차 음산파곡자

不堪採掇 性凝滯 結瘕疾
불감채철 성응체 결하질

茶之爲用 味至寒 爲飮最宜 精行儉德之人
차지위용 미지한 위음최의 정행검덕지인

若熱渴 凝悶 腦痛 目澁 四肢*煩 百節不舒
약열갈 응민 뇌통 목삽 사지 번 백절불서

聊四五啜 與醍醐 甘露抗衡也 採不時
료사오철 여제호 감로항형야 채불시

造不精 雜以卉莽 飮之成疾
조부정 잡이훼망 음지성질

茶爲累也 亦猶人參 上者生上黨 中者生百濟
차위누야 역유인삼 상자생상당 중자생백제

新羅 下者生高麗 有生澤州 易州 幽州
신라 하자생고려 유생택주 역주 유주

檀州者 爲藥無效 况非此者 設服薺苨
단주자 위약무효 황비차자 설복제니

使六疾不瘳 知人參爲累 則茶累盡矣
사 육 질 불 추 지 인 삼 위 누 즉 차 누 진 의

차나무는 남쪽의 아름다운 나무이다. 한 자나 두 자에서 수십 자에 이른다. 파산과 협천에는 두 사람이 껴안을 만한 큰 차나무가 있어서 베어야만 차를 딸 수 있다. 차나무는 과로와 같고, 차잎은 치자나무잎과 같으며, 차꽃은 백장미와 같고 열매는 병려와 같으며 꼭지는 정향과 같고 뿌리는 호도나무 뿌리와 같다.

과로나무는 광주에서 나며 (그 잎은) 차와 비슷하여 매우 쓰고 떫다. 병려는 포규과에 속하며, 그 열매는 차와 비슷하다. 호도나무와 차나무는 뿌리가 모두 아래로 뻗어(孕) 깨진 기와와 자갈(밭)에 이르면 어린나무의 (뿌리)는 위로 돋는다.

차(茶) 자(字)는 초두변을 쓰기도 하고(茶), 나무목변을 쓰기도 하며(𣘻), 초두변과 나무목변을 아울러 쓰기도 한다(荼).

초두변을 쓰면 당연히 차(茶)자가 되며 그 자의 출처는 『개원문자음의』라는 책이다.
나무목변을 쓰면 당연히 차(𣘻)자가 되며 그 자의 출처는 『본초』라는 책이다. 초두변과 나무목변을 아울러 쓰면 도(荼)자가 되며 그 자의 출처는 『이아』란 책이다.

차의 이름은 첫째는 차(茶)이며, 둘째는 가(檟)이고, 셋째는 설(蔎)이며, 넷째는 명(茗)이고, 다섯째는 천(荈)이다.

주공은 '가(檟)는 쓴차'라 하였고 양집극은 '촉나라 서남쪽의 사람들은 차를 설(蔎)이라 한다'고 하였으며 곽홍농은 '일찍 따는 것을 차라하고 늦게 따는 것을 명(茗) 또는 천(荈)이라고 한다'고 하였다.

(차나무가 자라는) 땅은, 상품의 차는 자갈밭에서 나며, 중품의 차는 사질(砂質)에서 나고 하품의 차는 황토에서 난다.

무릇 차 종자를 심으면 부실하고, 심어도 무성하기가 드물다. 차 종자를 심는 방법은 오이 종자를 심는 법과 같으며, 3년이 되어야 차 잎을 딴다.

차는 야생차가 상품이며 (재배한)차밭에서 딴 것이 버금간다. 양지바른 언덕의 그늘진 숲에서 나는 자주빛 차가 상품이며, 초록빛 차는 버금간다. 죽순 같은 차 잎이 상품이고 싹 같은 차 잎은 버금간다. 차 잎이 말린 것이 상품이고 차 잎이 펴진 것은 버금간다. 그늘진 산이나 언덕이나 골짜기에서 나는 차는 딸 필요가 없다. 이러한 성질의 차는 엉기어 막히기 때문에 적병(積病)이 생긴다.

차의 효용은 그 맛이 매우 차갑다. 차 마시기에 가장 알맞는 사람은 행실이 바르고 검소한 덕을 갖춘 사람이다.

만약 열이 나고 갈증이 있거나 번민이 있거나 머리가 아프거나 눈이 뻑뻑하거나 사지가 번거롭거나 관절의 마디가 펴지지 않으면 너댓 번만 마시면 제호나 감로와 견줄 만하다 (감로에 지지 않는다). 차를 딸 때가 아닌데 따거나 정성스럽게 만들지 않거나 다른 풀과 섞인 것을 마시면 병이 생긴다.

차가 폐가 되는 것은 또한 인삼과 같다. 인삼의 상품은 상당에서 나고 중품은 백제와 신라에서 나며 하품은 고구려에서 난다. 택주와 역주와 유주와 단주에서 나는 것도 있지만 약으로서의 효과는 없다. 하물며 이밖의 산지에서 나는 것은 말할 것도 없다. 만약에 (인삼을 닮은) 제니를 먹는다 하더라도 여섯 가지의 질병은 낫지 않는다 (낫게 할 수는 없다). 인삼이 폐가 되는 것을 안다면 차도 폐가 되는 것을 알아야 한다.

茶道古典

*木(목): 원문(흠정사고전서의 육우 『차경』에는 本(본)으로 되어 있다.

*喑(음): 원문에는 자(者)로 되어 있다.

*荼(도): 원문에는 차(茶)로 되어 있다. 도(荼)는 차(茶)의 고체자(古體字)이며 육우가 도(荼)자를 차(茶)로 바꾸었다.

*肢(지): 원문에는 支(지)로 되어 있다.

巴山(파산) 섬서성(陝西省)과 사천성(四川省)의 경계선에 동남으로 뻗은 산맥.

峽川(협천) 파산(巴山)의 서남(西南)단에 있는 삼협(三峽)으로 촉(蜀)나라의 옛터.

瓜蘆(과로) 일명 고로(皐蘆)라 함. 당차(唐茶) 또는 고차(苦茶), 잎은 차(茶)보다 크고 맛은 쓰다. 마시기는 부적합한데 옛날엔 마심.

치자(梔子) 상록수, 열매약용 및 염색.

栟櫚(병려) 종려(棕櫚).

丁香(정향) 남국의 상록교목. 그 열매는 향료와 약용으로 사용.

蒲葵(포규) 야자과에 속하는 아열대성의 상록교목. 중국이 원산지. 종려과 식물. 잎으로 부채를 만듬.

廣州(광주) 광동성(廣東省) 광주(廣州).

苗木(묘목) 옮겨심기 위하여 가꾸는 어린 나무.

『開元文字音義(개원문자음의)』 당 현종(玄宗)(712-755 재위)의 명(命)으로 위포(衛包)가 개원(開元) 23년(735)에 30권으로 지은 책.

『本草(본초)』 당, 이적(李勣)이 지은 『신수본초(新修本草)』를 말함.

『爾雅(이아)』 뜻이 같되 글자가 다른것만 모아서 해설한 3권의 책. 주대(周代)에서 한대(漢代)까지의 유학자들이 지은 책.

周公(주공) 이름은 단(旦). 주(周)나라 문왕(文王)의 아들. 무왕(武王)의 아우.

揚執戟(양집극) 한나라 양웅(揚雄)(BC 53- AD18), 집극은 벼슬이름.

郭弘農(곽홍농) 동진인(東晋人). 곽박(郭璞)(276-324). 『爾雅』를 주석함. 홍농(弘農)은 죽은뒤에 내려진 홍농태수(弘農太守)라는 시호(諡號).

凝滯(응체) 막힘, 걸림.

醍醐(제호) 우유를 정제한 것, 최상의 음료.

甘露(감로) 『列子(열자)』의 "湯問(탕문)"에 하늘과 땅이 화합하고 천하가 태평하면 하늘에서 신장(神漿)이 내리는데 이것을 감로(甘露)라 한다.

抗衡(항형) 서로 대항하여지지 아니함.

上黨(상당) 산서성(山西省) 장치현(長治縣).

澤州(택주) 산서성(山西省) 진성현(晉城縣).

易州(역주) 하북성(河北省) 역현(易縣).

幽州(유주) 하북성(河北省) 대흥현(大興縣).

檀州(단주) 하북성(河北省) 밀운현(密雲縣).

薺苨(제니) 도라지과의 약재(藥材). 뿌리와 줄기가 인삼(人參)을 닮았다.

六疾(육질) 『좌전(左傳)』에 육기(六氣)(=음 · 양 · 풍 · 우 · 회 · 명(陰 · 陽 · 風 · 雨 · 晦 · 明))가 지나치면 병이 생긴다.

육기(六氣) 음(陰)이 지나치면 한질(寒疾), 양(陽)이 자나치면 열질(熱疾), 풍(風)이 지나치면 말질(末疾=손 끝에 오는 병), 우(雨)가 지나치면 복질(腹疾), 회(晦)가 지나치면 혹질(惑疾=정신적인 병), 명(明)이 지나치면 심질(心疾)로 이어진다.

撰(찬) 글을 짓다. 저술하다

嘉(가) 훌륭하다. 근사하다. 칭찬하다. 행복

迺(내) 너, 당신, 그, ~이다, 이에, 그래서, 비로소, 겨우, 단지, 오히려, 마침내, 드디어, = 乃(내)

抱(포): 안다, 포옹하다, 얻다. 한데뭉치다. 딱드러맞다. 견지하다. 매달리다. 편들다. 까다. 부화하다

伐(벌) 베다. 벌목하다. 공격하다. 정벌하다. 두드리다. 치다. 자랑하다. 뽐내다. 공로, 공적

掇(철) 따다. 채취하다. 주무르다. 수리하다. 골라서 취하다

蔕(체) 과일의 꼭지. 근본. 가시 (심중에 맺힌) 응어리

孕(잉) 임신하다. 잉태하다. 태아, 품다. 기르다 (뻗어)

似(사) 비슷하다. ~과 같다. 닮다. 유사하다. ~처럼 보이다

兆(조) 징조, 전조, 전조가 되다. 미리 알리다. 예시하다

礫(력) 자갈, 조약돌, 부서진돌

苗(묘) 새싹, 새로 돋은 잎(줄기), 단서, 실마리, 고집이 세다. 다발, 묶음

抽(추) 꺼내다. 뽑다. 빼내다. 추출하다. (새싹이) 돋다. 빨다. 마시다. 피우다. 일으켜세우다. 줄다. 줄어들다. 치다. 때리다. 과세하다

并(병) 합치다. 통합하다. 나란히하다. 가지런히하다. 결코, 조금도, 전혀, 그다지, 별로, 그리고 또, ~마져도, ~조차도

荼(도) 씀바귀(육우(陸羽)가 이 글자(字)의 횡획한자를 빼고 차(茶)자로 만들었다). 처음 딴 차

檟(가) 차나무, 개오동나무, 두 번째 딴 차

蔎(설) 향기로울, 세물차, 세 번째 딴 차

茗(명) 차, 차잎, 네 번째 딴 차

荈(천) 늦게 딴 차, 다섯 번째 딴 차

耳(이) 귀. ~(일)뿐이다. ~(일)따름이다.

爛(란) 물렁하다. 낡다. 헐다. 어수선하다. 썩다. 부패하다. 빛나다. 반짝이다. 몹시. 완전히, 난석(爛石)

壤(양) 토양, 흙, 땅, 지면, 역양(礫壤): 사질(砂質)

凡(범) 무릇

藝(예) 재주, 예술, 글, 기술, 식물을 심다

罕(한) 드물다

茂(무) 성하다. 무성하다. 힘쓰다. 뛰어나다.

園(원) 밭, 동산, 능

崖(애) 낭떨어지, 언덕

笋(순) 죽순, 죽순모양을 한 것, 장부

牙(아) 아자(芽字)의 고자(古字), 싹

卷(권) 책권, 책, 접다, 말다, 굽다, 정성

舒(서) 펴다, 느릿하다. 조용히

堪(감) 견디다. 이기다. 하늘, 맡다. 감당하다. 참다. ~할 수 있다.

凝(응) 엉기다. 모으다. 막다. 막히다

滯(체) 막히다. 쌓이다. 머무르다

瘕(하) 뱃속의 오래된병, 흠집, 적병

疾(질) 질병, 고통, 미워하다, 증오하다, 근심하다, 고통스러워하다, 빠르다

結(결) 맺다, 엉기다, 어울리다, 마치다

最(최) 가장, 제일, 잘하다, 대개

若(약) 같다, 만일, 얼마, 혹시, 너

渴(갈) 목마르다, 물찾다, 물마르다

悶(민) 번민하다

澁(삽) 떫다, 껄끄럽다, 막히다, 어렵다, 뻑뻑하다

肢(지) 팔다리, 사지

煩(번) 번거롭다, 수고롭다, 민망하다

聊(료) 애오라지, 마음이부족하나마 그대로, 좀, 힘입다, 즐겁다, 귀기울다. 무료(無聊)하다

啜(철) 훌쩍거리다, 마시다, 잔말하다

醍(제) 붉은 술, 우락(牛酪)더껑이

醍醐(제호) 우유에서 정제한 최상의 음료

抗(항) 대항하다, 들다. 막다

衡(형) 저울, 평평하다, 가로

精(정) 정제한, 순수한, 정선한, 깨끗한

雜(잡) 잡다하다, 복잡하다, 섞다

卉(훼) 풀, 화초, 많다

莽(망) 여뀌풀, 잡초

累(누) 번거롭다, 복잡하다, 여러, 거듭, 포개다, 더럽히다, 얽히다, 묶다. 누가되다, 더럽히다

猶(유) 오히려, 같다, 머뭇거리다, 아직, 여전히

況(항, 황) 하물며, 더욱, 형편, 이에

設(설) 만일, 만약, 차리다, 계획하다

瘳(추) 병이 낫다

2. 차 만드는 기구

二. 茶之具
차 지 구

籯 加追反 一曰籃 一曰籠 一曰筥 以竹織之
영 가추반 일왈람 일왈롱 일왈거 이죽직지

受五升 或一斗 二斗 三斗者 茶人負以採茶也
수오승 혹일두 이두 삼두자 차인부이채차야

籯 『漢書』 音盈 所謂 黃金滿籯 不如一經
영 한서 음영 소위 황금만영 불여일경

顔師古云 籯竹器也 受四升耳
안사고운 영죽기야 수사승이

竈 無用突者
조 무용돌자

釜 用脣口者
부 용순구자

甑 或木或瓦 匪腰而泥 籃以箄之 篾以系之
증 혹목혹와 비요이니 람이비지 멸이계지

始其蒸也 入乎箄 旣其熟也 出乎箄 釜涸
시기증야 입호비 기기숙야 출호비 부학

注於甑中 甑 不帶而泥之 又以穀木 枝三椏者制之
주어증중 증 불대이니지 우이곡목 지삼아자제지

散所蒸牙笋並葉 畏流其膏
산소증아순병엽 외류기고

杵臼 一曰碓 惟恒用者佳
저구 일왈대 유항용자가

規 一日模 一日棬 以鐵制之 或圓 或方 或花
규 일왈모 일왈권 이철제지 혹원 혹방 혹화

承 一日臺 一日砧 以石爲之 不然 以槐
승 일왈대 일왈침 이석위지 불연 이괴

桑木半埋地中 遣無所搖動
상목반매지중 견무소요동

檐 一日衣 以油絹或雨衫 單服敗者爲之
첨 일왈의 이유견혹우삼 단복패자위지

以檐置承上 又以規置檐上 以造茶也 茶成
이첨치승상 우이규치첨상 이조차야 차성

擧而易之
거이역지

芘莉 音把離 一日籯子 一日筹筤以二小竹
비리 음파리 일왈영자 일왈방랑이이소죽

長三尺 軀二尺五寸 柄五寸 以篾織方眼
장삼척 구이척오촌 병오촌 이멸직방안

如圃人土羅 闊二尺 以列茶也
여포인토라 활이척 이열차야

棨 一日錐刀 柄以堅木爲之 用穿茶也
계 일왈추도 병이견목위지 용천차야

撲 一日鞭 以竹爲之 穿茶以解茶也
박 일왈편 이죽위지 천차이해차야

焙 鑿地深二尺 闊二尺五寸 長一丈
배 착지심이척 활이척오촌 장일장

上作短牆 高二尺 泥之
상작단장 고이척 이지

貫 削竹爲之 長二尺五寸 以貫茶焙之
관 삭죽위지 장이척오촌 이관차배지

棚 一日棧 以木構於焙上 編木兩層 高一尺
붕 일왈잔 이목구어배상 편목양층 고일척

以焙茶也 茶之半乾 昇下棚 全乾 昇上棚
이배차야 차지반건 승하붕 전건 승상붕

穿 音釧 江東 淮南剖竹爲之 巴川 峽山
천 음천 강동 회남부죽위지 파천 협산

紉穀皮爲之 江東以一斤爲上穿 半斤爲中穿
인곡피위지 강동이일근위상천 반근위중천

四兩五兩爲小穿 峽中以一百二十斤爲上穿
사양오양위소천 협중이일백이십근위상천

八十斤爲中穿 五十斤爲小穿 字 舊作釵釧之
팔십근위중천 오십근위소천 자 구작차천지

釧字 或作貫串 今則不然 如磨 扇 彈 鑽
천자 혹작관천 금즉불연 여마 선 탄 찬

縫五字 文以平聲書之 義以去聲呼之 其字
봉오자 문이평성서지 의이거성호지 기자

以穿名之
이천명지

育 以木制之 以竹編之 以紙糊之 中有隔
육 이목제지 이죽편지 이지호지 중유격

上有覆 下有床 傍有門 掩一扇 中置一器
상유복 하유상 방유문 엄일선 중치일기

貯煻煨火 令熅熅然 江南梅雨時 焚之以火
저당외화 영온온연 강남매우시 분지이화

育者 以其藏養爲名
육자 이기장양위명

대바구니(籯)

영(籯)의 음(音)은 가추(加追)의 반절(反切)인 영이다. 대바구니는 바구니, 종다래끼, 광주리라고도 한다. 대나무로 짜며 닷되 혹은 한 말 두 말 세 말을 담는 것도 있다. 차 따는 사람이 등에 지고 차를 따는 기구이다.

대바구니

영(籯)은 『한서』에 영(盈)이라고 발음한다. 소위 '상자에 가득찬 황금도 한 권의 책만 못하다'고 하였다. 안사고(顔師古)는 말하기를 '상자(籯)는 대나무 그릇이며 넉 되를 담을 뿐이다'라고 하였다.

부뚜막(竈)

부뚜막은 굴뚝이 있는 것을 쓰지 않는다.

솥(釜)

솥은 솥전이 있는 것을 사용한다.

시루(甑)

시루는 나무나 진흙으로 만들며 띠(腰帶)를 쓰지 않고 진흙을 바르며(시루 안에) 대바구니를 넣어 작은 종다래끼의 역할을 할 수 있도록 대나무 껍질로 묶는다. (차를) 찌기 시작하면 (차잎을) 작은 종다래끼에 넣고 (차가) 다 익으면 작은 종다래끼에서 꺼낸다. 가마에 물이 마르면 시루에 물을 붓는다. 시루는 띠를 두르지 않고 진흙으로 바른다. 닥나무가지를 세 갈래로 만들어 찐 차 싹과 차잎을 흩뜨려 놓는다. 차의 진(膏)이 흐를까 두렵기 때문이다.

절구공이(杵)와 절구(臼)

절구공이와 절구는 방아라 하는데 늘 쓰던 것이 좋다.

틀(規)

틀은 본(模)이라고도 하고 나무를 굽혀서 만든 틀(棬)이라고도 한다. (이 틀은) 쇠로 만들었는데 둥근 것도 있고, 모난 것도 있고, 꽃과 같은 모양의 것도 있다.

받침대(承)

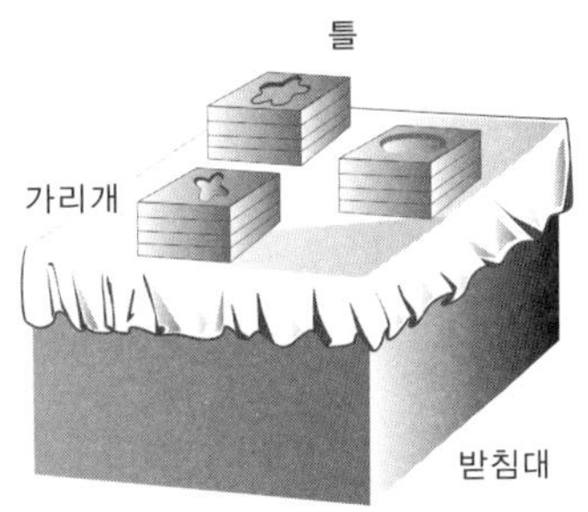

받침대는 대(臺)라고도 하고 다듬이돌이라고도 하며 돌로 만든다. 그렇지 않으면 느티나무나 뽕나무로 만들어 절반은 땅속에 묻어 밀어도 흔들리지 않도록 한다.

가리개(檐)

가리개는 옷(衣) 이라고도 하며 기름을 바른 비단이나 비옷, 찢어진 홑옷으로 만든다. 가리개로 받침대 위를 덮고 또 틀을 가리개 위에 놓고 차(떡차)를 만든다. 차가 만들어지면 틀을 들어올려 모두 바꾼다.

채반(芘莉)

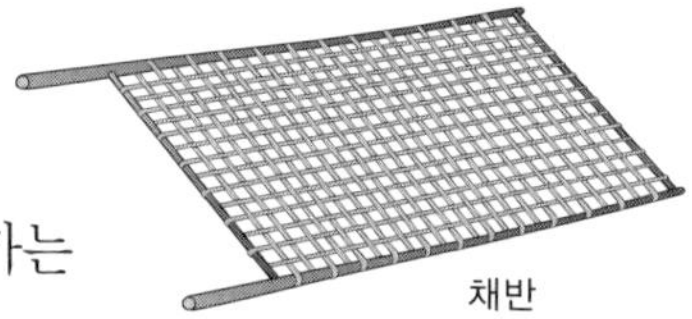

채반은 비리(芘莉)의 발음은 파리(把離)이다. 상자라고도 하고 대나무 바구니라고도 한다. 길이가 석 자되는 가는 대나무 두 개로 몸이 두 자 다섯 치가 되고 손잡이는 다섯 치가 되게 한다. 대나무 껍질로 네모나게 짜며 밭의 일꾼이 쓰는 흙체와 같고 넓이는 두 자이고, 차를 널기 위한 것이다.

창(棨)

창은 송곳이라고도 한다. 창의 자루는 단단한 나무로 만들어 차에 구멍을 뚫을 때 사용한다.

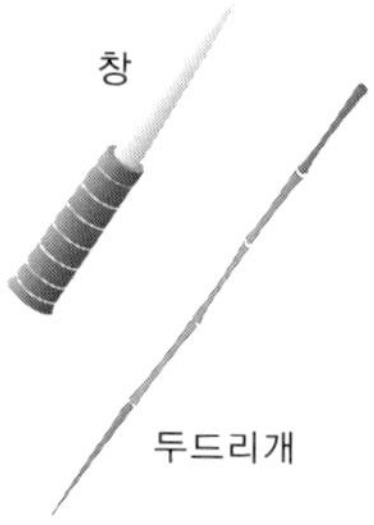

두드리개(撲)

두드리개는 채찍이라고도 한다. 대나무로 만들며 차에 구멍을 뚫어 차를 갈라 놓는다.

배로(焙爐)

배로는 땅에 구덩이를 파는데 깊이는 2자 넓이는 2자 5치 길이는 10자(한길)를 판다. 그 위에 높이 2자의 낮은 담장을 만들고 진흙으로 바른다.

꼬챙이(貫)

꼬챙이는 대나무를 깎아서 만들며 길이는 2자 5치이고 차를 꾀

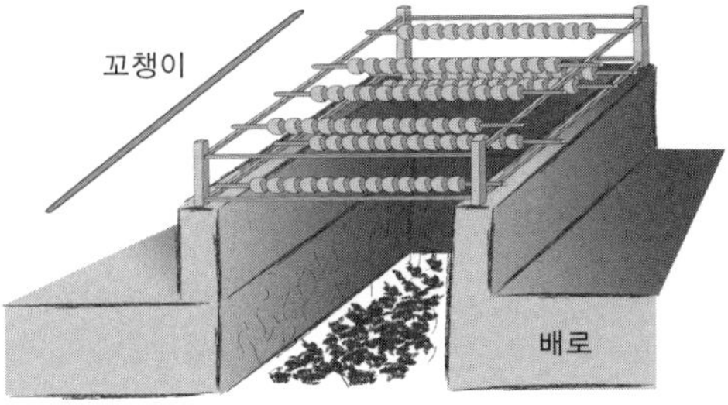

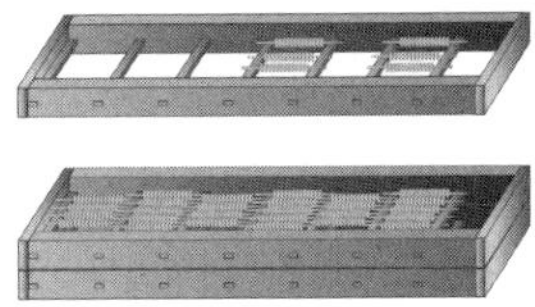

선반

어 불에 말린다.

선반(棚)

선반은 사다리라고도 한다. 나무로 얽어 만들어 배로 위에 놓는다. 나무를 엮어 2층을 만드는데 높이는 1자이며 차를 말리는데 쓴다. 차가 반쯤 마르면 아래 선반에 얹으며 완전히 마르면 위 선반에 얹는다.

꿰미(穿)

꿰미는 발음은 천(釧)이다. 강동과 회남에서는 대를 쪼개어 만든다. 파천과 협산에서는 닥나무 껍질을 엮어서 만든다. 강동에서는 한 근을 상천이라 하고 반 근을 중천이라 하며 넉 냥이나 닷 냥짜리를 소천이라 한다. 협중에서는 120근을 상천이라 하고 80근을 중천이라 하며 50근을 소천이라 한다. 穿(천)자를 예전에는 차천(釵釧)의 천(釧)자로 썼으며, 또는 관천(貫串)으로도 썼다. 지금은 그렇지 않다. 마(磨) 선

꿰미

(扇) 탄(彈) 찬(鑽) 봉(縫)의 다섯 글자와 같이 글로 쓸 때는 평성으로 적고, 뜻은 거성으로 부른다. 그 글자는 천(穿)이라 표현한다.

육(育)

육은 나무로 만들고 대나무로 엮으며 종이에 풀칠하여 바른다. 가운데는 칸막이가 있고 위에는 덮개가 있으며 아래는 물건을 놓는 대가 있고 옆에는 문이 있으며 하나의 문짝으로 가린다. 가운데(안)에는 그릇 하나를 놓고 더운 잿불을 담아서 따뜻하게 한다. 강남의 장마 때에는 불을 땐다. 육(育)이란 차의 저장과 양생을 위한 것이기 때문에 육(育)이란 이름이 붙여졌다.

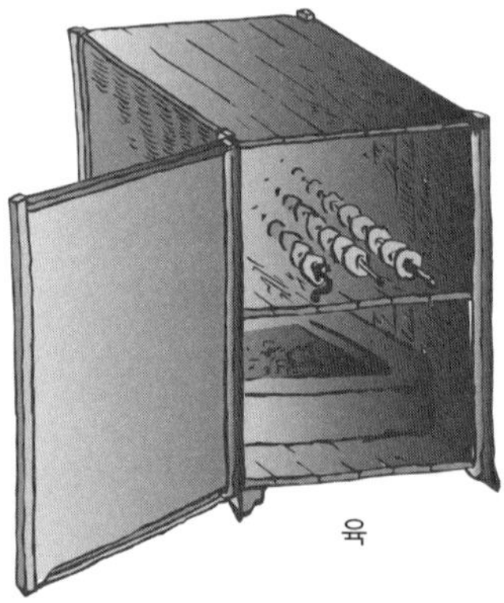

육

顔師古(안사고) (581-645) 名(명): 籀(주), 字(자): 師古(사고). 班固(반고)의 『漢書(한서)』를 주해하였다. 唐(당) 高宗(고종) 때는 朝散大夫(조산대부) 中書舍人(중서사인)의 벼슬을 하다 唐(당) 太宗(태종) 때는 秘書少監(비서소감)을 지냈다. 후에는 秘書監(비서감), 弘文館學士(홍문관학사)의 벼슬에 올랐다.

漢書(한서) 前漢(전한)(BC 206-408)代(대)의 12 임금의 역사를 기록한 240년간의 紀傳體(기전체)의 역사서이다. 後漢(후한) 때의 班固(반고)가 저술했으며 八表(팔표) 등 완성하지 못한 부분을 여동생 班昭(반소)가 補作(보작)했다.

江東(강동) 지금의 호북성(湖北省) 일부(一部).

淮南(회남) 지금의 안휘성(安徽省) 지역(地域).

巴川(파천) 지금의 사천성(四川省) 동양현 서남.

峽山(협산) 지금의 호북성(湖北省)의 창현.

峽中(협중) 삼협지역(三峽地域).

平聲(평성) 四聲(사성)(上聲(상성) · 平聲(평성) · 去聲(거성) · 入聲(입성))의 하나. 낮고 평평한 소리.

去聲(거성) 四聲(사성)(上聲(상성) · 平聲(평성) · 去聲(거성) · 入聲(입성))의 하나. 처음에 높고 뒤가 낮아지는 소리.

義(의) 뜻

籯(영) 籠也(롱야). 젓가락통, 차를 따서 넣는 바구니, 대나무상자

籃(람) (대, 버들가지로 만든) 바구니

籠(롱) 상자, 삼태기

筥(거) 광주리

織(직) 짜다, 엮다, 뜨다, 결합하다, 조성하다

斗(두) 말

竈(조) 부뚜막

突(돌) 굴뚝, 연통, 뚫다, 돌파하다, 갑자기, 돌연히

釜(부) 가마, 솥

脣(순) 입술, 솥의전(손잡이)

甑(증) 시루,

瓦(와) 진흙으로 구워만든

匪(비) 강도, 경솔하다, ~이 아니다

腰(요) 허리

泥(니) 진흙, 흙을 바르다, 침체하다

箄(비) 작은 채롱(싸리를 엮어서 만든 그릇), 종(작은)다래끼

篾(멸) 대나무껍질

系(계) 매다, 묶다, 계통, 계열, 맺다, 연결하다

蒸(증) 찌다, 무리, 뭇

乎(호) 에, 에서, 보다

旣(기) 이미, 다, 다하다, 마치다, 끝나다

涸(학) 잦을, 마를, 말릴, 마르다

帶(대) 띠

穀木(곡목) 닥나무(아귀나무)

椏(아) (둘로)갈라진, 갈래

畏(외) 미워하다, 두려워하다, 꺼리다, 복종하다, 겁내다

膏(고) 기름, 고약, 진

杵(저) 절구공이

碓(대) 방아

惟(유) 오직, 생각하다

恒(항) 항상, 오래

規(규) 본, 규칙, 규모, 꾀하다, 계획하다, 틀

模(모) 본, 더듬다, 본뜨다

棬(권) 소 코뚜레, 나무를 굽혀서 만든 틀(그릇)

承(승) 받침대

砧(침) 다듬이돌, 방치돌

槐(괴) 槐木(괴목), 느티나무

遣(견) 그것으로 하여금, 보내다, 밀다

檐(첨) 처마, 추녀, 차양(챙), 가리개

絹(견) 비단

衫(삼) 적삼, 옷

單服(단복) 홑옷

敗者(패자) 찢어진, 꿰진

擧(거) 들어올리다, 일으키다, 모두 죄다

芘(비) 풀, 가리우다, 덮다, 고기그물, 가시울타리

莉(리) 풀이름, 광대싸리로 엮다

芘莉(비리) 채반

篣(방) 키, 대, 바구니, 볼기치다

筤(랑) 어린대, 籃(람)(바구니)채롱

篣筤(방랑) 대나무바구니

軀(구) 몸, 신체

柄(병) 자루, 근본, 권세, 잡다, 손잡이

土羅(토라) 흙체

列(렬) 늘어놓다, 배열하다, 끼워넣다, 줄, 대열, 여럿, 각자의 부류, 종류

圃人(포인) 밭의 일꾼, 圃(포), 밭

闊(활) 넓다, 폭, 넓이

棨(계) 의장용창, 標信(표신), 창(槍)

錐(추) 송곳, 뾰죽하다

穿(천) 뚫다, 꿰다

堅(견) 굳다, 강하다, 단단하다

撲(박) 치다, 없애다

鞭(편) 채찍, 채찍질하다

解(해) 풀다, 해체하다, 밝히다, 가르다

焙(배) (불에) 말리다, 굽다, 덥히다, 焙爐(배로): 製茶(제차)에 쓰는 乾燥爐(건조로)

鑿(착) 끌, 정, 구멍을 뚫다, 파다, 뚜렷하다, 확실하다

丈(장) 어른, 길이, 10자(尺)

貫(관) 꿰뚫다, 관통하다, 가운데 마치다

削(삭) 깍다, 빼앗다

棚(붕) 시렁, 선반, 사다리, 누각

棧(잔) 사다리, 여관, 창고

編(편) 엮다, (책을)기록하다, 벌리다, 서두르다, 땋다

昇(승) 오르다, 해돋다, 풍년들다, 얹다

構(구) 얽다, 맺다, 꾀하다, 집건물

釧(천) 팔찌

剖(부) 쪼개다, 가르다, 다스리다

紉(인) 바늘귀에 실을 꿰다, 바느질하다, 붙들어매다, 묶다. 엮다. 잇다. 연결하다

穿(천) 꿰미

以(이).....爲(위).... ~이 되다, ~(으)로 여기다, 생각하다

穀(곡) 닥나무

釵(차) 비녀

串(천) 꿰미, 친할, 습관, 익숙할, 곶(長山串(장산곶)). (천)(관)(곶)의 세 음이 있으나 여기서는 (천)으로 발음한다

磨(마) 갈다, 숫돌, 연자방아, 돌다

彈(탄) 탄환, 퉁기다, 탄핵하다, 총알을 쏘다

鑽(찬) 뚫다. (뚫고)들어가다, 깊이 연구하다, 이것저것 생각하다, 아첨하다

縫(봉) 꿰매다, 바느질하다, 호다, 혼솔기

名(명) 이름, 이름을~이라고 하다, 명목, 구실, 명성, 명예, 이름을 짓다, 표현해 내다, 형용하다

育(육) 떡차를 저장하는 기구(그릇)

隔(격) 막히다, 사이가 뜨다, 막다, 칸막이, 경계, 이미

覆(복) 뒤집다, 되풀이하다, 덮다, 덥개

床(상) 소반, 책상, 평상, 걸상, 물건을 놓는 대

傍(방) 옆, 곁

掩(엄) 가리다, 덮다, 덮치다, 숨기다, 닫다, (사이에)끼다

扇(선) 부채, 문짝

煻煨(당외) 더운재

煻(당) 불에 묻어굽다. 더운재

煨(외) 화롯불, 잿불, 데우다, 불을 묻어두다

貯(저) 담다

令(영) 명령하다, 좋다, 하여금, 가령

熅(온) 찌는기운, 따뜻하다, 뜨겁다, 불에 구어펴다. 따뜻하다

焚(분) 불사르다, 자빠지다, 불에 태우다, 불타다, 불을 때다

3. 차 만드는 방법

三. 茶之造
차 지 조

凡採茶 在二月 三月 四月之間 茶之笋者
범 채 차 재 이 월 삼 월 사 월 지 간 차 지 순 자

生爛石沃土 長四五寸 若微 蕨始抽 凌露採焉
생 난 석 옥 토 장 사 오 촌 약 미 궐 시 추 능 로 채 언

茶之牙者 發於叢薄之上 有三枝 四枝 五枝者
차 지 아 자 발 어 총 박 지 상 유 삼 지 사 지 오 지 자

選其中枝穎拔者採焉 其日有雨不採 晴有雲不
선 기 중 지 영 발 자 채 언 기 일 유 우 불 채 청 유 운 불

採 晴 採之 蒸之 搗之 拍之 焙之 穿之
채 청 채 지 증 지 도 지 박 지 배 지 천 지

封之 茶之乾矣
봉 지 차 지 건 의

茶有千萬狀 鹵莽而言 如胡人鞾者 蹙縮然
차 유 천 만 상 노 망 이 언 여 호 인 화 자 축 축 연

謂文也 犎牛臆者 廉襜然 浮雲出山者 輪囷然
위 문 야 봉 우 억 자 염 첨 연 부 운 출 산 자 윤 균 연

輕飈拂水者 涵澹然 有如陶家之子 羅膏土以
경 표 불 수 자 함 담 연 유 여 도 가 지 자 라 고 토 이

水澄泚之 謂澄泥也 又如新治地者 遇暴雨流潦
수 징 차 지 위 징 니 야 우 여 신 치 지 자 우 폭 우 유 료

之所經 此皆茶之精腴
지 소 경 차 개 차 지 정 유

有如竹籜者 枝幹堅實 艱於蒸搗 故其形籭簁
유 여 죽 탁 자 지 간 견 실 간 어 증 도 고 기 형 사 사

然 有如霜荷者 莖葉凋沮 易其狀貌 故厥狀
연 유 여 상 하 자 경 엽 조 저 역 기 상 모 고 궐 상

委萃然 此皆茶之瘠老者也
위 췌 연 차 개 차 지 척 노 자 야

自採至於封 七經目 自胡靴至於霜荷 八等
자 채 지 어 봉 칠 경 목 자 호 화 지 어 상 하 팔 등

或以光黑平正言嘉者 斯鑒之下也 以皺黃坳
혹 이 광 흑 평 정 언 가 자 사 감 지 하 야 이 추 황 요

垤言嘉者 鑒之次也 若皆言嘉及皆言不嘉者
질 언 가 자 감 지 차 야 약 개 언 가 급 개 언 불 가 자

鑒之上也 何者 出膏者光 含膏者皺 宿製者
감 지 상 야 하 자 출 고 자 광 함 고 자 추 숙 제 자

則黑 日成者則黃 蒸壓則平正 縱之則坳垤
즉 흑 일 성 자 즉 황 증 압 즉 평 정 종 지 즉 요 질

此茶與草木葉一也 茶之臧否 存於口訣
차 차 여 초 목 엽 일 야 차 지 장 부 존 어 구 절

무릇 차는 2월, 3월, 4월 사이에 딴다. 차 싹(笋)은 자갈이 있는 비옥한 땅에서 나며 길이는 너댓치로서 고비나물과 고사리가 처음 돋아난 것 같으며 이슬을 무시하고 딴다. 차 싹(牙)은 차나무 숲의 위로 피어나며 3가지, 4가지, 5가지가 있는데 그 중에서 송곳 끝처럼 빼어난 것을 골라서 딴다. 그 날에 비가 오면 차를 따지 않으며 날이 개었어도 구름이 있으면 차를 따지 않는다. 개인 날에 따

고 찌고 찧고 손으로 치고 말리고 꿰고 봉하면 차는 건조된다.

차는 여러 가지의 모양이 있다. 대강 말하면 오랑캐의 가죽신처럼 쭈글쭈글한 것도 있다. 무늬라 한다. 들소의 가슴처럼 앞치마의 주름잡힌 것 같은 것도 있다. 뜬구름이 산에서 나오는 것처럼 둥글게 굽으러진 것도 있다. 가벼운 바람이 물결을 일으키는 것처럼 고요히 잠긴 것도 있다. 그릇 만드는 집에서처럼 기름진 흙을 체로 쳐서 물을 맑게 한 것 같은 것도 있다. 진흙을 맑게 하는 것이라고 한다. 또 땅을 새로 일군 것이 폭우를 만나 괸 물이 흘러간 지경 같은 것도 있다. 이 모두는 차의 깨끗하고 품질이 좋은 차이다.

대나무껍질 같은 것도 있는데 가지와 줄기가 굳고 실해서 찌고 찧기가 어렵다. 그러므로 그 모양은 대로 만든 체와 같다.

서리맞은 연꽃과 같은 것이 있는데 줄기와 잎은 시들고 물에 젖어 있어서 그 모양이 바뀐다. 그러므로 그 모양은 시들은 풀 모양과 같다. 이러한 것은 모두 차가 조악하고 쇤 것이다.

차를 따는 것부터 차를 만들어 봉하기까지는 일곱 과정이 있으며 (차의 모양은) 오랑캐의 가죽신에서 서리맞은 연꽃잎 같은 것까지 8가지의 품질이 있다.

혹 (떡 차가) 빛이 있고 검고 평평하고 바른 것이 좋은 것이라고 말하는 것은 하등급의(낮은) 감정 방법이다. (떡 차가) 주름지고 누렇고 울퉁불퉁한 것이 좋다고 말하는 것은 차등급의 감정 방법이다. 만약에 모두 좋다고 말하거나 모두 좋지 않다고 말하는 것이 가장 좋은 (상등급의) 감정 방법이다.

왜냐하면 (떡 차에) 진이 나와 있는 것은 빛이 나고 진을 먹음은 것은 주름이 있고 하루 밤을 지나서 만든 것은 검고, 당일에 만든 것은 누렇고, 쪄서 누른 것은 평평하고 바르며 느슨하게 하면 울퉁불퉁하다.

이 차도 풀과 나뭇잎의 하나여서 차의 좋고 나쁜 것은 비법을 전수하는 말에 달려 있다.

微(미) 고비나물, 백일홍, 장미

蕨(궐) 고사리

抽(추) (새싹이) 돋다. 나오다

淩(능) 능가하다, 업신여기다, 혹독하다, 무시하고 깔보다

叢(총) 떨기, 모으다, 숲, 덤불

薄(박) 엷다, 적다, 가볍다, 메마르다, 가까이 다가오다, 핍박하다

穎(영) 빼어나다, 벼이삭, 송곳 끝

拔(발) 빼다, 뽑다, 빼어나다, 가려내다

晴(청) 날이개다

搗(도) 찧다

擣(도) 방망이, 다지다, 두드리다, 찧다, 의지하다, 모으다

拍(박) 손뼉치다

焙(배) 말리다, 굽다, 덥히다

鹵(노)(로) 간수, 일종의 소스(sauce), 삶다, 진국, 농즙

鹵莽(노망) 대강, 일이 거칠고 서투름

韡(화) 신, 가죽신

蹙(축) 찡그리다, 쫓다, 절박하다, 가까이 오다, 궁박하다, 고생하다, 독촉하다, 재촉하다

縮(축) 어지럽다, 차다, 세로 묶다, 거르다, 곧다, 오그라지다, 쪼그라지다

犎(봉) 들소, 낙타 같은 들소

臆(억) 가슴, 가득하다, 꺾다. 억누르다. 기막히다

廉(염)(렴) 옆 변두리, 모퉁이, 맑다, 검소하다, 모지다, 살피다

襜(첨) 앞치마, 행주치마, 짧은 홑옷, 홑 속옷, 휘장, 옷이 가지런한 모양.

囷(균) 둥근 곳집, 구부러지다, 서리다

飇(표) 바람, 폭풍, 불똥튀다, 문 이름

拂(불) 떨치다, 떨다, 씻다, 거슬리다. 어기다, 지불하다, 팔다

涵(함) 물로 흠뻑 적시다, 잠기다, 용납하다, 헤엄치다, 가르쳐 기르다

澹(담) 고요하다, 평탄하다, 움직이다, 싱겁다, 담박하다, 평안하다. 넉넉하다

膏土(고토) 기름진 흙

澄(징) 물잔잔하고 맑다, 맑다, 말고 흐림이 나뉘다

泚(차) 물맑다, 선명한모양, 곱다, 땀이 축축히 나다

潦(료) 큰비, 장마, 길바닥 물, 적시다, 머물다, 괸물, 장마 물

腴(유) 살찌다, 연한고기, 물고기 배, 비옥하다, 비옥한 땅, 돼지와 개의 창자

籜(탁) 대나무껍질

經(경) 지경, 경서, 도리, 다스리다, 경영하다

艱(간) 어렵다, 험하다, 뿌리, 조심, 초상, 고통하다, 어렵다

簁(사) 체, 대로 만든 체

簁(사) 체

荷(하) 연꽃, 짐지다

凋(조) 시들다, 느른하다, 이어떨어지다

沮(저) 그치다, 지나다, 무너지다, 막다, 패하다, 새다, 물에젖다, 번지다, 졸졸 흐르다

貌(모) 모양, 짓

萃(췌) 풀모양, 머위, 괘(卦)이름, 모으다, 옷스치는 소리, 버금

厥(궐) 그것, 짧다. 절하다, 그

委(위) 위임하다, 위탁하다, 맡기다, 포기하다, 버리다, 전가시키다, 떠밀다, 우회하다, 구불구불하다, 간접적이다, 잘다, 쌓아올리다, 끝, 시들다, 쇠퇴하다, 활기가 없다, 확실히, 틀림없이

瘠(척) 여위다, 파리하다, 병들다, 고기썩다, 말르는 병

經目(경목) 단계, 과정

鑒(감) 거울, 비추다, 감정하다, 귀감, 본보기

皺(추) 주름살, 주름, 찌그리다, 찡그리다, 찌푸리다, 구기다

坳(요) 산간의 평지, 오목하다, 웅덩이

垤(질) 개미둑, 언덕, 둔덕

坳垤(요질) 울퉁불퉁한 것

何者(하자) 왜냐하면

縱(종) 세로의, 석방하다, 방임하다, 쏘다, 쭈글쭈글하다, 느슨하게 하다

臧(장) 좋다, 옳다, 착하다

存(존) 있다, 가지고 있다, 마음에 두다. 묻다(問)

口訣(구결) 비법을 전수하는 말

4. 차 그릇

四. 茶之器
차 지 기

風爐 灰承 筥 炭檛 火筴 鍑 交床 夾 紙囊
풍로 회승 거 탄과 화협 복 교상 협 지낭

碾 拂末 羅合 則 水方 漉水囊 瓢 竹筴
연 불말 나합 칙 수방 녹수낭 표 죽협

鹺簋揭 熟盂 盌 畚 札 滌方 滓方 巾
차궤게 숙우 완 분 찰 척방 재방 건

具列 都籃
구열 도람

風爐 灰承
풍로 회승

風爐以銅鐵鑄之 如古鼎形 厚三分 緣闊九分
풍로이동철주지 여고정형 후삼분 연활구분

令六分虛中 致其圬墁 凡三足 古文書二十一
영육분허중 치기오만 범삼족 고문서이십일

字 一足云 坎上巽下離於中 一足云 體均五
자 일족운 감상손하이어중 일족운 체균오

行去百疾 一足云 聖唐滅*胡*明*年鑄 其三
행거백질 일족운 성당멸 호 명 년주 기삼

足之間　設三窓　底一窓　以爲通飈漏燼之所
족 지 간　설 삼 창　저 일 창　이 위 통 표 루 신 지 소

上並古文書六字　一窓之上書伊公二字　一窓
상 병 고 문 서 육 자　일 창 지 상 서 이 공 이 자　일 창

之上書羹陸二字　一窓之上書氏茶二字　所謂
지 상 서 갱 육 이 자　일 창 지 상 서 씨 차 이 자　소 위

伊公羹陸氏茶也　置墆㙞於其內　設三格　其一
이 공 갱 육 씨 차 야　치 체 얼 어 기 내　설 삼 격　기 일

格有翟焉　翟者　火禽也　畫一卦曰離　其一格
격 유 적 언　적 자　화 금 야　화 일 괘 왈 이　기 일 격

有彪焉　彪者　風獸也　畫一卦曰巽　其一格有
유 표 언　표 자　풍 수 야　화 일 괘 왈 손　기 일 격 유

魚焉　魚者　水蟲也　畫一卦曰坎　巽主風　離
어 언　어 자　수 충 야　화 일 괘 왈 감　손 주 풍　이

主火　坎主水　風能興火　火能熟水　故備其三
주 화　감 주 수　풍 능 흥 화　화 능 숙 수　고 비 기 삼

卦焉　其飾　以連葩　垂蔓　曲水　方文之類
괘 언　기 식　이 연 파　수 만　곡 수　방 문 지 류

其爐　或鍛鐵爲之　或運泥爲之　其灰承　作三
기 로　혹 단 철 위 지　혹 운 니 위 지　기 회 승　작 삼

足鐵柈檯之
족 철 반 대 지

筥
거

筥　以竹織之　高一尺二寸　徑闊七寸　或用藤
거　이 죽 직 지　고 일 척 이 촌　경 활 칠 촌　혹 용 등

作木楦如筥形織之　六出圓眼　其底蓋若利篋
작 목 훤 여 거 형 직 지　육 출 원 안　기 저 개 약 이 협

口 鑠之
구 삭 지

炭檛
탄 과

炭檛 以鐵六稜制之 長一尺 銳一豊中 執細
탄 과 이 철 육 릉 제 지 장 일 척 예 일 풍 중 집 세

頭系一小鐶* 以飾檛也 若今之河隴軍人木吾
두 계 일 소 환 이 식 과 야 약 금 지 하 롱 군 인 목 오

也 或作鎚 或作斧* 隨其便也
야 혹 작 추 혹 작 부 수 기 편 야

火筴
화 협

火筴 一名筯 若常用者 圓直一尺三寸 頂平
화 협 일 명 저 약 상 용 자 원 직 일 척 삼 촌 정 평

截 無葱臺 勾鏁之屬 以鐵或熟銅製之
절 무 총 대 구 쇄 지 속 이 철 혹 숙 동 제 지

鍑 音輔 或作釜 或作鬴
복 음 보 혹 작 부 혹 작 부

鍑 以生鐵爲之 今人有業冶者 所謂急鐵 其
복 이 생 철 위 지 금 인 유 업 야 자 소 위 급 철 기

鐵以耕刀之趄 鍊而鑄之 內摸土而外摸沙 土
철 이 경 도 지 저 련 이 주 지 내 모 토 이 외 모 사 토

滑於內 易其摩滌 沙澁於外 吸其炎焰 方其
활 어 내 이 기 마 척 사 삽 어 외 흡 기 염 염 방 기

耳 以正令也 廣其緣 以務遠也 長其臍 以守
이 이 정 령 야 광 기 연 이 무 원 야 장 기 제 이 수

中也 臍長 則沸中 沸中 則末易揚 末易揚
중야 제장 즉비중 비중 즉말이양 말이양

則其味淳也 洪州以瓷爲之 萊州以石爲之 瓷
즉기미순야 홍주이자위지 래주이석위지 자

與石皆雅器也 性非堅實 難可持久 用銀爲之
여석개아기야 성비견실 난가지구 용은위지

至潔 但涉於侈麗 雅則雅矣 潔亦潔矣 若用
지결 단섭어치려 아즉아의 결역결의 약용

之恒 而卒歸於鐵*也
지항 이졸귀어철 야

交床
교상

交床 以十字交之 剜中令虛 以支鍑也
교상 이십자교지 완중령허 이지복야

夾
협

夾 以小青竹爲之 長一尺二寸 令一寸有節
협 이소청죽위지 장일척이촌 영일촌유절

節以*上剖之 以炙茶也 彼竹之篠 津潤於火
절이 상부지 이적차야 피죽지소 진윤어화

假其香潔以益茶味 恐非林谷間莫之致 或用
가기향결이익차미 공비임곡간막지치 혹용

精鐵 熟銅之類 取其久也*
정철 숙동지류 취기구야

紙囊
지낭

紙囊 以剡藤紙 白厚者 夾縫之 以貯所炙茶
지낭 이섬등지 백후자 협봉지 이저소적차

使不泄其香也
사불설기향야

碾 拂末
연 불말

碾 以橘木爲之 次以梨 桑 桐 柘爲之 內
연 이귤목위지 차이이 상 동 자위지 내

圓而外方 內圓 備於運行也 外方 制其傾危
원이외방 내원 비어운행야 외방 제기경위

也 內容墮而外無餘木 墮 形如車輪 不輻而
야 내용타이외무여목 타 형여차륜 불복이

軸焉 長九寸 闊一寸七分 墮徑三寸八分 中
축언 장구촌 활일촌칠분 타경삼촌팔분 중

厚一寸 邊厚半寸 軸中方而執圓 其拂末 以
후일촌 변후반촌 축중방이집원 기불말 이

鳥羽製之
조우제지

羅合
라합

羅末 以合蓋貯之 以則置合中 用巨竹剖而
라말 이합개저지 이칙치합중 용거죽부이

屈之 以紗絹衣之 其合 以竹節爲之 或屈杉
굴지 이사견의지 기합 이죽절위지 혹굴삼

以漆之 高三寸 蓋一寸 底二寸 口徑四寸
이칠지 고삼촌 개일촌 저이촌 구경사촌

則
칙

則 以海貝 蠣蛤之屬 或以銅 鐵 竹 匕策
칙 이해패 여합지속 혹이동 철 죽 비책

之類 則者 量也 准也 度也 凡煮水一升
지류 칙자 양야 준야 도야 범자수일승

用末方寸匕 若好薄者 減之 嗜濃者 增之
용말방촌비 약호박자 감지 기농자 증지

故云則也
고운칙야

水方
수방

水方 以椆木 槐 楸 梓等合之 其裏并外縫
수방 이주목 괴 추 재등합지 기리병외봉

漆之 受一斗
칠지 수일두

漉水囊
녹수낭

漉水囊 若常用者 其格以生銅鑄之 以備水濕
녹수낭 약상용자 기격이생동주지 이비수습

無有苔穢 腥澁意 以熟銅 苔穢 鐵 腥澁也
무유태예 성삽의 이숙동 태예 철 성삽야

林棲谷隱者 或用之竹木 木與竹非持久涉遠
임서곡은자 혹용지죽목 목여죽비지구섭원

之具 故用之生銅 其囊 織青竹以捲之 裁碧
지구 고용지생동 기낭 직청죽이권지 재벽

縑以縫之　細翠鈿以綴之　又作綠油囊以貯之
겸 이 봉 지　세 취 전 이 철 지　우 작 녹 유 낭 이 저 지

圓徑五寸　柄一寸五分
원 경 오 촌　병 일 촌 오 분

瓢
표

瓢　一曰犧杓　剖瓠爲之　或刊木爲之　晉舍人
표　일 왈 사 작　부 호 위 지　혹 간 목 위 지　진 사 인

杜毓　荈賦云　酌之以匏　匏　瓢也　口闊　脛
두 육　천 부 운　작 지 이 포　포　표 야　구 활　경

薄　柄短　永嘉中　餘姚人虞洪　入瀑布山採茗
박　병 단　영 가 중　여 요 인 우 홍　입 폭 포 산 채 명

遇一道士云　吾　丹丘子　祈子他日甌犧之餘
우 일 도 사 운　오　단 구 자　기 자 타 일 구 사 지 여

乞相遺也　犧　木杓也　今常用以梨木爲之
걸 상 유 야　사　목 작 야　금 상 용 이 이 목 위 지

竹筴
죽 협

竹筴　或以桃　柳　蒲葵木爲之　或以柿心木爲
죽 협　혹 이 도　유　포 규 목 위 지　혹 이 시 심 목 위

之　長一尺　銀裹兩頭
지　장 일 척　은 과 양 두

鹺簋 揭
차 궤 게

鹺簋　以瓷爲之　圓徑四寸　若合形　或瓶　或
차 궤　이 자 위 지　원 경 사 촌　약 합 형　혹 병　혹

罍 貯鹽花也 其揭 竹製 長四寸一分 闊九
뢰 저염화야 기게 죽제 장사촌일분 활구

分 揭 策也
분 게 책야

熟盂
숙우

熟盂 以貯熟水 或瓷 或沙 受二升
숙우 이저숙수 혹자 혹사 수이승

盌
완

盌 越州上 鼎州次 婺州次 岳州次 壽州
완 월주상 정주차 무주차 악주차 수주

洪州次 或者以邢州處越州上 殊爲不然 若
홍주차 혹자이형주처월주상 수위불연 약

邢瓷類銀 越瓷類玉 邢不如越一也 若邢瓷類
형자류은 월자류옥 형불여월일야 약형자류

雪 則越瓷類冰 邢不如越二也 邢瓷白而茶
설 즉월자류빙 형불여월이야 형자백이차

色丹 越瓷青而茶色綠 邢不如越三也 晉杜毓
색단 월자청이차색록 형불여월삼야 진두육

荈賦 所謂 器擇陶揀 出自東甌 甌 越也
천부 소위 기택도간 출자동구 구 월야

甌 越州上 口脣不卷 底卷而淺 受半升已下
구 월주상 구순불권 저권이천 수반승이하

越州瓷 岳瓷皆青 青則益茶 茶作白紅之色
월주자 악자개청 청즉익차 차작백홍지색

邢州瓷白　茶色紅　壽州瓷黃　茶色紫　洪州瓷
형 주 자 백　차 색 홍　수 주 자 황　차 색 자　홍 주 자

褐　茶色黑　悉不宜茶
갈　차 색 흑　실 불 의 차

畚
분

畚　以白蒲捲而編之　可貯盌十枚　或用筥　其
분　이 백 포 권 이 편 지　가 저 완 십 매　혹 용 거　기

紙帊以剡紙夾縫　令方　亦十之也
지 파 이 섬 지 협 봉　영 방　역 십 지 야

札
찰

札　緝栟櫚皮　以茱萸木夾而縛之　或截竹束而
찰　집 병 려 피　이 수 유 목 협 이 박 지　혹 절 죽 속 이

管之　若巨筆形
관 지　약 거 필 형

滌方
척 방

滌方　以貯滌洗之餘　用楸木合之　制如水方
척 방　이 저 척 세 지 여　용 추 목 합 지　제 여 수 방

受八升
수 팔 승

滓方
재 방

滓方 以集諸滓 製如滌方 處五升
재방 이집제재 제여척방 처오승

巾
건

巾 以絁布爲之 長二尺 作二枚 互用之
건 이시포위지 장이척 작이매 호용지

以潔諸器
이결제기

具列
구열

具列 或作床 或作架 或純木 純竹而製之
구열 혹작상 혹작가 혹순목 순죽이제지

或木或竹 黃黑可扃* 而漆者 長三尺 闊二尺
혹목혹죽 황흑가경 이칠자 장삼척 활이척

高六寸 具列者 悉斂 諸器物 悉以陳列也
고육촌 구열자 실렴 제기물 실이진열야

都籃
도람

都籃 以悉設諸器而名之 以竹篾 內作三角方
도람 이실설제기이명지 이죽멸 내작삼각방

眼 外以雙篾闊者經之 以單篾纖者縛之 遞壓
안 외이쌍멸활자경지 이단멸섬자박지 체압

雙經 作方眼 使玲瓏 高一尺五寸 底闊一尺
쌍경 작방안 사영롱 고일척오촌 저활일척

高二寸 長二尺四寸 闊二尺
고이촌 장이척사촌 활이척

풍로재반이(風爐(풍로), 灰承(회승)), 숯광주리(筥(거)), 숯가르개(炭檛(탄과)), 부젓가락(火筴(화협)), 솥(鍑(복)), 솥 놓는 상(交床(교상)), 집게(夾(협)), 종이주머니(紙囊(지낭)), 매가루털이개(碾(연), 拂末(불말)) 체와 합(盒)(羅合(나합)) 차숟가락(則(칙)), 물통(水方(수방)), 물 거르는 자루(漉水囊(녹수낭)), 표주박(瓢(표)), 대젓가락(竹筴(죽협)), 소금그릇, 숟가락(鹺簋(차궤), 揭(게)), 물식힘 그릇(熟盂(숙우)) 찻잔(盌(완)), 멱둥구미(畚(분)), 솔(札(찰)), 개숫물통(滌方(척방)), 찌꺼기통(滓方(재방)), 행주((수건)(巾(건)), 찻장((진열대)(具列(구열)), 모듬바구니(都籃(도람))

풍로 재반이(風爐 灰承(풍로 회승))

풍로는 구리나 쇠로 만들며 옛 솥 모양과 같으며 두께는 세 푼이고 가장자리의 넓이는 아홉 푼이다. 가운데는 여섯 푼을 비워두고 흙을 바른다. 풍로는 보통 세 다리가 있는데 (거기에) 옛 글자 21자를 쓴다. 한 다리에는 "坎上(감상) 巽下(손하) 離於中(이어중)"이라 적고 (위에는 물(坎) 아래에는 바람(巽) 가운데는 불(離)) 또 한 다리에는 "體均五行去百疾(체균오행거백질)"이라 적고(몸은 오행을 가지런히 하여 백 가지 질병을 물리친다). 나머지 한 다리에는 "聖唐滅胡明年鑄(성당멸호명년주)"라고 쓴다(거룩한 당나라가 오랑캐를 멸망시킨 다음해에 만들었다).

풍로의 세 발 사이에 창문 셋을 만든다. 밑바닥에 창문 하나를 만들어 바람을 통하게 하고 불타고 남은 것을 빠지도록 한다. 창문 위에는 옛 글자 6자를 쓴다. 한 창문 위에는 '伊公(이공)' 이란 두 글자를 쓰고 또 한 창문 위에는 '羹陸(갱육)' 의 두 글자를 쓰며

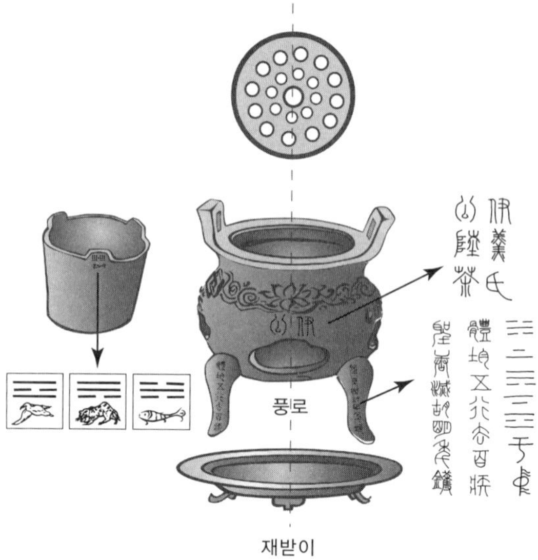

다음 창문 위에는 '氏茶(씨차)'의 두 글자를 쓴다. 이를테면 '국(羹)이라면 이공(伊公)이고, 차라면 육우이다'라는 것이다.

풍로 안에는 솟아오른 둔덕을 만들고 세 개의 칸막이를 만든다. 한 칸막이에는 꿩을 그린다. 꿩은 불을 상징하는 날짐승이기 때문에 불의 괘인 "이(離)"괘를 그린다(☲). 또 한 칸막이에는 범을 그린다. 범은 바람을 상징하는 짐승이므로 바람의 괘인 "손(巽)"괘를 그린다(☴). 다른 칸막이에는 물고기를 그린다. 물고기는 물에 사는 동물이므로 물의 괘인 "감(坎)"괘를 그린다(☵). 손(巽)괘는 바람을 주관하고 이(離)괘는 불을 주관하며 감(坎)괘는 물을 주관한다. 바람은 불을 일으킬 수 있고 불은 물을 끓일 수 있으므로 세 개의 괘를 갖추는 것이다.

(풍로의 표면은) 이어진 꽃무늬 드리운 덩굴무늬 파도무늬 네모

난 무늬들로 장식한다. 풍로는 쇠를 두들겨서 만들기도 하고 진흙을 빚어서 만드는 것도 있다. 풍로의 재받이는 세 발이 있는 쇠 소반을 만들어 받침대로 한다.

숯광주리(筥(거))

숯광주리는 대나무를 짜서 만들고 높이는 한 자 두 치이며 지름의 넓이는 일곱 치이다. 혹은 등나무를 사용하기도 하며 광주리 모양과 같이 나무상자를 만들고 등나무로 밖을 엮는다. 육각의 둥근 눈 구멍이 나타나도록 하고 숯광주리의 밑바닥과 뚜껑이 만약 날카로운 상자의 입과 같으면 문지러서매끄럽게 한다.

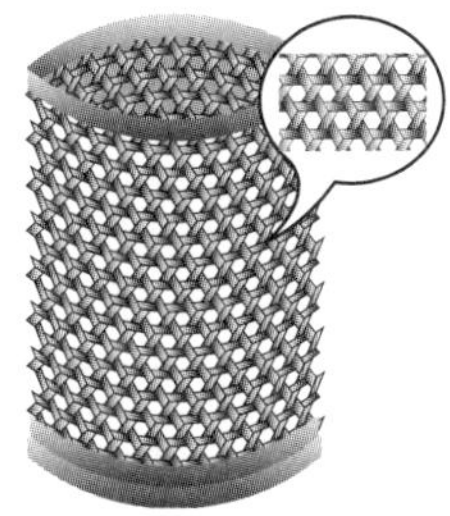
숯광주리

숯가르개(炭檛(탄과))

숯가르개는 쇠로 육각형으로 만든다. 길이는 한자 인데 한쪽은 날카롭게 하고 가운데는 풍성하게 하며 손잡이는 가늘게 하고 머리 부분은 한 개의 작은 고리로 가르개를 장식한다. 오늘날 하롱(河隴)지방의 군인들의 나무방망이와 같다.

(숯가르개는) 혹 망치처럼 만들기도 하고 혹은 도끼처럼 만들기도 하는데 그것은 편의에 따른 것이다.

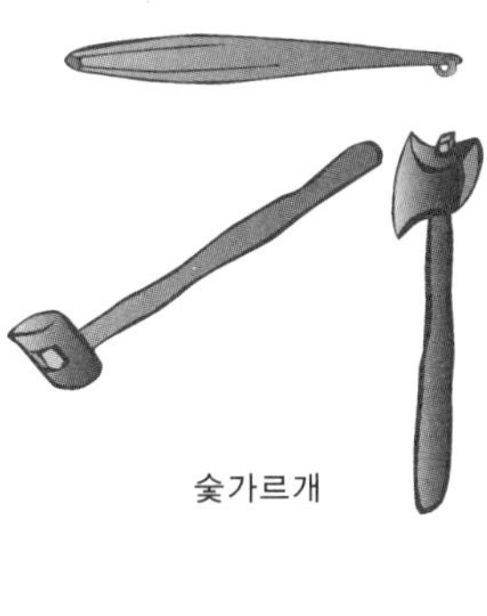
숯가르개

부젓가락(火筴(화협))

부젓가락은 일명 젓가락(筯(저))이라고도 한다. 늘 사용하는 것과 같은 것이며 모양은 둥글고 곧으며 한 자 세 치이고 꼭대기는 평평하고 끊어져 있다. 파를 놓는 대(팟종)나 갈고리 진 쇠사슬로 장식하지 않는다. 부젓가락은 쇠나 정련된 구리로 만든다.

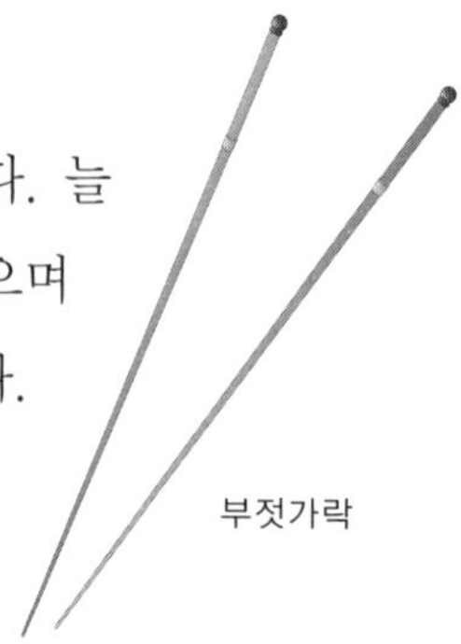
부젓가락

솥(鍑(복)), 음은 보(輔) 또는 부(釜)와 부(鬴)이다.

솥은 제련하지 않은 쇠로 만든다. 요지음의 대장장이는 급철이라고 한다. 그 쇠는 못 쓰는 보습을 정련하여 주조한 것이다.

(주조할 때) 솥의 속은 흙으로 문지르고 겉은 모래로 문지른다. (솥의) 속에 있는 흙은 매끄러워서 가볍게 문질러 씻어내기 쉽고 (솥의) 겉에 있는 모래는 매끄럽지 않아서 화염을 빨아들인다.

솥의 손잡이(耳)는 네모나게 하여 바르게 잡도록 한다. 솥의 가장자리를 넓게 하여 (열이) 멀리까지 퍼지게 한다. 솥의 배꼽은 길게 하여 중심을 지키게 한다. 솥의 배꼽이 길면 (솥의) 가운데부터 끓는다. 가운데부터 끓으면 차 가루가 위로 올라가기가 쉽다. 차 가루가 위로 올라가기 쉬우면 차맛이 순하다.

홍주에서는 (솥을) 자기로 만들고 내주에서는 (솥을) 돌로 만든다. 자기와 석제는 모두 아름다운 그릇이지만 성질이 견실하지 못하여 오래 가지기가 (사용하기가) 어렵다.

은으로 만들어 쓰면 매우 깨끗하나 지나쳐서(涉) 너무 사치스럽고 곱다. 아름다운 것이 좋으면 아름다운 것을 또한 깨끗한 것이 좋으면 깨끗한 것을 사용하되 만약 항상 사용하려면 결국은 쇠로 돌아간다.

솥

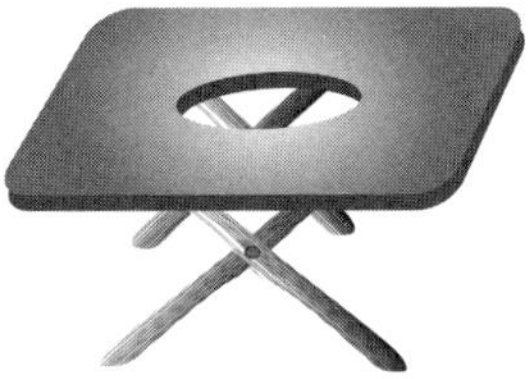

솥 놓는 상

솥 놓는 상(交床(교상))(다리가 서로 교차된 상)

교상의 다리는 열십자 모양으로 교차시키고, 상의 가운데를 도려내어 비게 하여 솥을 지탱하게 한다.

집게(夾(협))

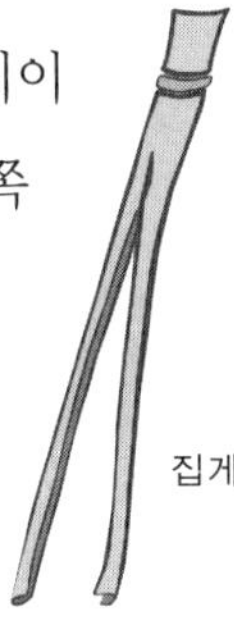

집게

집게는 작은 푸른 대로 만들고 길이는 한 자 두 치이다. 한 치가 되는 곳에 마디가 있게 하고 마디의 위쪽을 쪼개어 (떡) 차를 (꾀어) 굽는다. 그 가는 대를 불에 쪼이면 진(즙)이 나와 윤이 나며 그 깨끗한 향기를 빌려서 차의 맛을 더 좋게 한다. 아마 숲이 있는 골짜기가 아니면 (작은 푸른대는) 가져올 수가 없다. (대나무 대신에) 정련된 쇠나 구리 종류의 (집게)를 사용하는 것은 그 (수명이) 길기 때문에 취하는 것이다.

종이주머니(紙囊(지낭))

종이주머니는 희고 두꺼운 섬등지를 두 겹(夾)으로 꿰매서 만든다. 이것은 불에 구운 떡차를 저장하고 그 향기가 새지 않게 하려는 것이다.

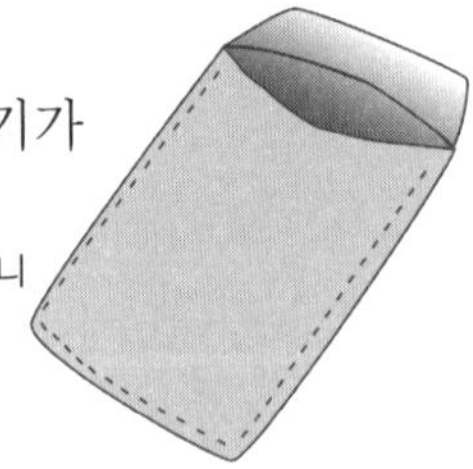

종이주머니

매 가루털이개(碾 拂末(연불말))

매(약연(藥研))는 귤나무로 만들며 다음은 배나무 뽕나무 오동나무 산 뽕나무로 만든다. (매의) 안은 둥글게 하고 바깥은 네모나게 한다. 안을 둥글게 하는 것은 (둥근 바퀴가) 잘 운행하게 하기 위해서이고 바깥을 네모나게 하는 것은 (매가) 기울 위험이 있기 때문이다. 안에는 둥근바퀴(墮)를 넣어 밖에는 남은 여유가 없게 한다. 둥근바퀴(墮)는 그 모양이 수레바퀴와 같으나 바퀴살은 없고 굴대가 있다. 길이는 9치이고 넓이는 한 치 칠 푼이다. 둥근바퀴의 지름은 3치 8푼이고 가운데 두께는 한 치이며 가장자리의 두께는 5푼이다. 굴대의 가운데는 네모나고 손잡이(執)는 둥글다. 가루털이개(拂末)는 새털로 만든다.

가루털이개

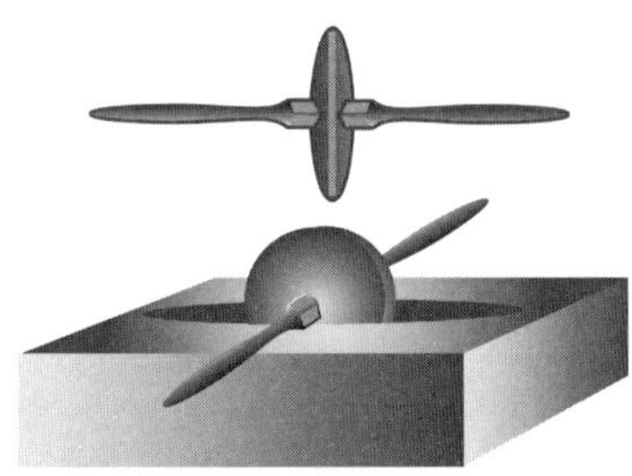

매

체(羅(라)), 합(合)

체로 친 가루차를 합(盒) 속에 넣고 뚜껑을 덮어 저장하며 차순가락도 합 속에 넣는다. (체는) 큰 대나무를 쪼개고 구부려서 천(紗絹)으로 싼다(衣).

합(盒)은 대나무 마디로 만들거나 삼나무를 구부려서 만들고 옻칠을 한다. 합의 높이는 3치이고 뚜껑은 1치이며 바닥은 2치이고 지름은 4치이다.

차숟가락(則(칙))

차숟가락은 바다 굴껍질과 조개껍질이나 구리나 쇠나 대나무로 만든 숟가락(匕策) 종류이다. 차숟가락(則)은 수량(量)과 표준(准)과 자(度)를 뜻한다. 대개 물 한 되를 끓여서(차를 만들려면) 사방 한 치의 숟가락을 사용하여 가루차를 뜬다.

만약 연한 (차맛을) 좋아하는 사람은 (차의 량을) 줄이고 진한 (차맛을) 좋아하는 사람은 (차의 량을) 늘인다. 그러므로 (이것을) 차숟가락이라고 한다.

물통(水方(수방))

물통은 주목과 회화나무(槐木)와 가래나무와 노나무의 판자를 짜 맞추어(合) 만든다. 그 안(裏)과 바깥의 짜 맞춘 데(縫)는 옻칠을 하며 (물은) 한 말(斗)이 들어간다(受)

물 거르는 자루(漉水囊(녹수낭))

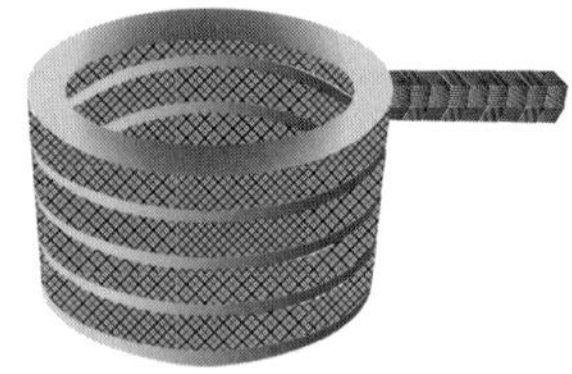

물 거르는 자루

물 저장하는 자루

물 거르는 자루는 늘 사용하는 것과 같으며 그 틀은 제련되지 않은 구리(生銅)를 주조하여 만들며 습기에 대비했으므로 더러운 이끼가 없고 비린내와 떫은 기운도 없다. 정련된 구리(熟銅)로 만들면 더러운 이끼가 끼고 쇠로 만들면 비린내와 떫은 기운이 있다.

숲이나 계곡에 숨어 사는 사람은 대나무나 나무로 만들어 사용한다. 나무와 대는 멀리 가지고 다니며 오래 쓸 수 없으므로 구리로 만들어 사용한다. 물 거르는 자루는 푸른 대나무로 짠 것을 말아서 만들며 푸른 합사비단(合絲)을 재단하여 꿰매며 정교하고 푸른 나전(螺鈿)으로 장식한다. 또한 초록빛의 기름먹인 자루를 만들어 물을 저장한다. 지름은 5치이며 손잡이는 1치 5푼이다.

표주박(瓢(표))

표주박은 사작(犧杓)이라고도 한다. 박을 쪼개어 만들거나 나무를 깍아서 만든다. 진나라의 사인(舍人)이란 벼슬을 한 두육(杜毓)이 『천부』에서 "술 따르는 것은 박으로 한다"고 하였다. 박은 표주박이다. 표주박의 입은 넓고 목 부분은 빈약하며 손잡이는 짧다. 진나라의 영가(永嘉) 년중에 여요 사람인

표주박

우홍(虞洪)이 폭포산에 들어가 차를 따다가 한 도사를 만났다. 도사가 말하기를 "나는 단구자인데 당신에게 부탁하노니 후일에 (차를 마시다가) 차가 남으면 비노니 (내게도) 보내 주시오"라고 하였다. 사(犧)는 나무로 된 구기이다. 지금 늘 사용하고 있는 것은 배나무로 만든 것이다.

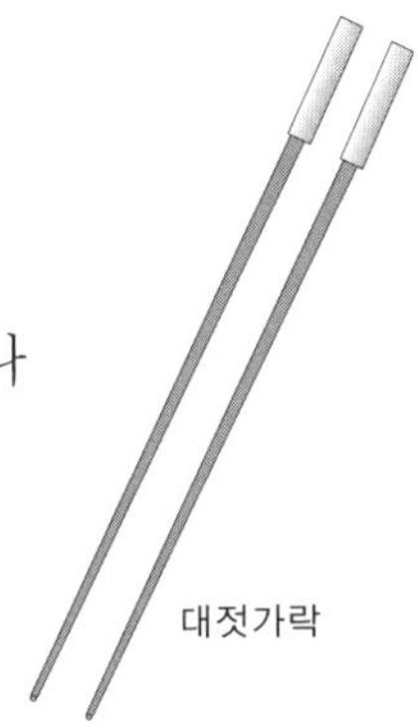

대젓가락

대젓가락(竹筴(죽협))

대젓가락은 복숭아 나무나 버드나무나 포규나무로 만들거나 감나무의 중심 부분으로 만든다. 길이는 한 자이고, 대젓가락의 두 머리는 은으로 싼다.

소금그릇

소금그릇 숟가락(鹺簋 揭(차궤게))

소금그릇은 자기(瓷器)로 만들며 지름은 4치이고, 모양은 합(盒)과 같으며 혹은 병이나 술잔 같은 것도 있으며 소금을 저장한다. 소금 숟가락은 대나무로 만들며 길이는 4치 1푼이고 너비는 9푼이다. 소금 숟가락은 대쪽으로 만든다.

물 식힘 그릇

물 식힘 그릇(熟盂(숙우))

끓인 물 식힘 그릇은 끓인 물을 저장하고 자기(瓷器)나 사기(沙器)로 만들며 2되를 담는다.

찻잔(盌(완))

찻잔은 월주(越州)에서 나는 것이 상품이고 정주(鼎州)와 무주(婺州) 악주(岳州) 수주(壽州) 홍주(洪州)의 것이 버금간다.

어떤 사람은 형주(邢州)의 (찻잔을) 월주 것 위에 놓기도 (處) 하지만 전혀 그렇지가 않다.

찻잔

만약 형주의 자기(瓷器)가 은(銀)과 같다면 월주의 자기는 옥(玉)과 같다. 이것이 형주의 자기가 월주의 것과 같지 않은 첫째 이유이다.

만약 형주의 자기가 눈(雪)과 같다면 월주의 자기는 어름(氷)과 같다. 이것이 형주의 자기가 월주의 것과 같지 않은 둘째 이유이다.

형주의 자기가 흰색이므로 차의 빛깔은 붉으며 월주의 자기는 푸른색이므로 차의 색깔은 녹색이다. 이것이 형주의 자기가 월주의 것과 같지 않은 셋째 이유이다. 진나라 두육의 『천부』에 "그릇은 고르고 도기(질그릇)는 가리는데, 동구(東甌)에서 나온다"고 하였다. 찻잔(甌)은 월주이다. 찻잔(甌)은 월주의 것이 상품이며 (잔의) 입술은 말려 있지 않고 (잔의) 바닥은 굽고(曲) 얕으며 반되가 안 되게 들어간다.

월주의 자기와 악주의 자기는 모두 청색이며 청색이므로 차에는 도움이 된다. (찻잔이 청색이므로) 차는 연한 갈색이 된다.

형주의 자기는 백색이어서 차의 색깔은 붉다. 수주의 자기는 황색이어서 차의 색깔은 자주빛이다. 홍주의 자기는 갈색이어서 차의 색깔은 검은 빛이다. (이러한 자기들은) 모두 차에는 마땅하지 않다.

멱둥구미(畚(분))

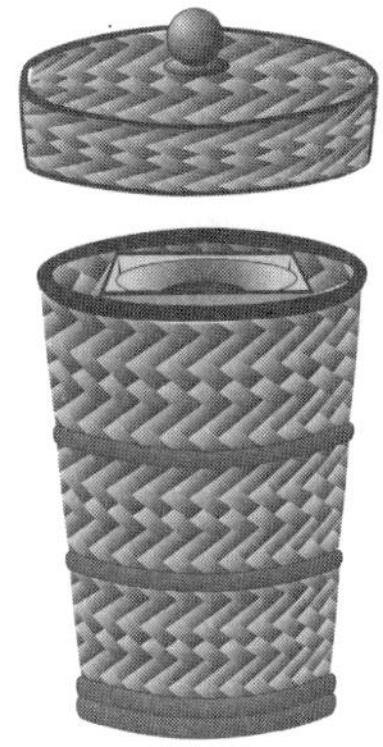
멱둥구미

멱둥구미는 흰부들을 둥글게 말아서 짜며 찻잔 열 개를 저장한다. 또는 광주리(筥)를 사용하기도 한다.

종이 수건은 섬등지(剡藤紙)를 겹으로 꿰매어 네모나게 하며 또한 열 개를 만든다. (찻잔 열 개를 싸기 위해)

솔(札(찰))

솔

솔은 종려나무 껍질을 모아 수유목에 끼워서 묶는다. 또는 대나무를 잘라 (종려나무 껍질로) 묶어 붓대처럼 만든다. 그러면 큰 붓의 모양과 같다.

개숫물통(滌方(척방))

개숫물통

개숫물통은 (차그릇을) 씻고 남은 물을 넣는 곳이다. 그러므로 가래나무 (판자를)합쳐 물통과 같이 만든다. 여덟 되가 들어간다.

찌꺼기통(滓方(재방))

찌꺼기통은 모든 찌꺼기를 모아두는 곳이

며 개숫물통과 같이 만들고 닷 되를 처리한다.

찌꺼기통

행주(巾(건))

행주는 비단이나 삼베로 만든다. 길이는 2자이고 두 장을 만들어 서로 (바꾸어) 사용하며 모든 그릇을 깨끗이 닦는다.

행주

찻장(具列(구열))

찻장은 상처럼 만들기도 하고 선반(시렁)처럼 만들기도 한다. 또는 전부 나무로 만들거나 전부 대나무로 만들기도 한다.

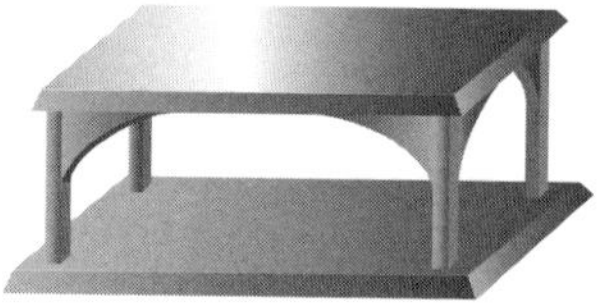
찻장

나무로 만들거나 대나무로 만들거나 빗장은 황흑색으로 옻칠을 한다. 길이는 3자이고 너비는 2자이며 높이는 6치이다. 찻장(具列)은 모든 찻그릇을 다 모아서 전부 진열한다.

모듬바구니

모듬바구니(都籃(도람))

모듬바구니(都籃)는 모든 찻그릇을 다 두기 때문에 붙여진 이름이다.

(모듬바구니는) 대나무 껍질로 안쪽은 (세모난) 삼각의 눈을 만들고, 바깥

쪽은 두 겹의 넓은 대나무 껍질을 세로로 하여, 한겹의 가는 대나무 껍질로 묶고, 두 겹의 대나무 껍질을 세로로 하여 점점 누르고, 네모난 눈을 만들어 영롱하게 한다.

높이는 1자 5치이고, 바닥의 너비는 한 자이며, (바닥의) 높이는 2치이고, 길이는 2자 4치이며, 너비는 2자이다.

*滅(멸): 원문에는 年(년)으로 되어 있다.

*胡(호): 원문에는 號(호)로 되어 있다.

*明(명): 원문에는 某(모)로 되어 있다.

*鐶(환): 원문에는 金(금)자 옆에 展(전)으로 되어 있다. 오자이다.

*斧(부): 원문에는 釜(부)로 되어 있다. 오자이다.

*鐵(철): 원문에는 銀(은)으로 되어 있다.

*以(이): 원문에는 已(이)로 되어 있다.

*也(야): 원문에는 없어 삽입했다.

*扃(경): 원문에는 局(국)으로 되어 있다. 오자이다.

鹺簋(차궤) 소금그릇.

木吾(목오) 나무방망이.

棒(봉) 몽둥이, 지팡이.

耕刀(경도) 보습, 쟁기.

炎焰(염염) 불꽃, 화염.

侈麗(치려) 크고 아름답다.

熟銅(숙동) 정련한 구리.

剡藤紙(섬등지) 당나라 때의 섬현(剡縣)으로 지금의 절강성(浙江省) 승현(嵊縣)에서 등나무껍질로 만든 종이.

拂末(불말) 가루털이개.

方寸匕(방촌비) 사방 한 치의 숟가락.

圓徑(원경) 지름.

犧杓(사작) 예기에 나오는 말로 사준(犧樽)(나무로 희생에 쓰는 소모양으로만든 술통)에서 술을 따랐기 때문에 사작(犧杓)이라 한다(=주준(酒樽: 술통).

杜毓(두육) 두육(杜育)이라고도 쓴다.

晉(진) 서진(西晉)(AD 265-316)이다.

舍人(사인) 서진의 벼슬 이름. 중서사인(中書舍人, 中舍人)

荈賦(천부) 차에 관해쓴 최고의 시.

永嘉(영가) 서진말기(西晉末期)의 년호(AD 307-312).

餘姚(여요) 절강성 여요현.

瀑布山(폭포산) 절강성 천태현에 있는산.

丹丘子(단구자) 한 대의 선인(仙人).

甌犧(구사) 구(甌)는 찻잔 사(犧)는 자루가 있는 표주박을 말한다.

竹筴(죽협) 말차를 젓기 위한 것. 송대에 등장하는 차선(茶筅)의 대용으로 썼다.

蒲葵(포규) 종려나무와 비슷하다.

柿心木(시심목) 감나무의 중심부에 흑시(黑柿)라 부르는 단단한 부분.

鹽花(염화) 꽃모양으로 결정(結晶)된 소금.

越州(월주) 지금의 절강성(浙江省) 소흥현(紹興縣).

鼎州(정주) 지금의 섬서성(陝西省) 경양현(經陽縣).

婺州(무주) 지금의 절강성(浙江省) 금화현(金華縣).

岳州(악주) 지금의 호북성(湖北省) 악양현(岳陽縣).

壽州(수주) 지금의 안휘성(安徽省) 수현(壽縣).

洪州(홍주) 지금의 강서성(江西省) 남창현(南昌縣).

邢州(형주) 지금의 하북성(河北省) 형태현(邢台縣).

白蒲(백포) 흰부들(부들과의 다년생풀, 줄기는 자리를 만드는 데 씀, 가루는 약용).

紙帊(지파) 종이수건.

栟櫚(병려) 종려나무.

茱萸木(수유목) 예향과의 낙엽교목.

楸木(추목) 가래나무.

玲瓏(영롱) 광채가 찬란함. 금옥의 소리, 옥과 같이 빛이 찬란함.

檛(과) 종아리채, 말채찍, 가르개

筴(협) 젓가락, 대쪽, 편지, 꾀, 우리

鍑(복) 아가리가큰 솥, 가마솥

夾(협) 집게, 끼우개, 집다, 혼합하다

則(칙) 차숟가락

漉(녹)(록) 스미다, 젖어들다, 여과하다, 거르다, 흠뻑 젖다.

瓢(표) 표주박, 쪽박, 바가지, 국자, 주걱

鹺(차) 짜다

簹(궤) 대제기, 예의

揭(게) 주걱, 높이들다: (갈)메다, 길다, 세우다. 지다, 일어나다

盂(우) 밥그릇, 주발, 바리, 그릇

畚(분) 삼태기, 가래, 멱둥구미(짚으로 둥글게 엮어 곡식을 담는 그릇)(약자로는 둥구미라 함)

札(찰) 솔, 편지, 빗: (알), 갚다

滌(척) 씻다, 닦다. 깨끗하다, 우리

滓(재) 앙금, 찌꺼기, 그릇 이름

都(도) 모두, 모이다, 도읍, 도시

籃(람) 채롱, 들바구니

令(영)(령) 하여금, 시키다, 부리다, 명하다, 가령

圬(오) 바르다, 흙손

墁(만) 흙덮다, 흙손, 쇠손

致(치) 되다, 실현하다, 주다

坎(감) 구덩이, 웅덩이: 험하다. 때 못 만나다, 물의 괘(卦)

巽(손) 공손하다, 바람의 괘(卦)

離(이) 불의 괘(卦)

飇(표) 바람, 폭풍, 불똥이 튀다, 문 이름

凡(범) 보통

漏(루) 스미다, 누설하다, 잃어버리다. 빠뜨리다, 구멍, 뚫다. 샘물이 윤택하다

燼(신) 깜부기불, 불탄끄트머리, 촛불똥, 불타다 남은 나머지

伊(이) 저, 오직, 이, 글 읽는 소리, 답답하다. 인하다

伊公(이공) 은나라 탕왕(湯王)의 신하인 이윤(伊尹)이다. 국을 잘 끓여 탕왕의 인정을 받았다.

羹(갱) 국

墆(체)(절) 솟아오른, 높다, 쌓다. 그치다

格(격) 바로잡다, 칸막이, 이르다, 오다, 감동하다, 격식, 바르다, 오르다, 다투다, 어긋나다, 죽이다. 들어올리다, 시렁, 대적하다, 자격, 헤아리다, 막다, 말뚝

(얼) 작은 산, 둔덕

翟(적) 꿩

彪(표) 범, 무늬

葩(파) 꽃

蔓(만) 덩굴, 뻗다, 퍼지다, 가지가 길다

鍛(단) 쇠불리다, 두드리다, 단련하다, 얽다, 이기다, 치다, 숫돌

柈(반) 널, 쟁반, 소반, 받침

檯(대) 받침대, 탁자, 작업대

筥(거) 광주리

徑(경) 지름

藤(등) 등나무

楦(훤) 신발의 골, 느티나무, 난간, 울타리

篋(협) 상자

(삭) 쇠녹이다, 녹다, 아름답다. 정정하다. 만지다, 눈이 밝다

若(약) ~과 같다, ~이라면, 만약, ~ 및, 혹은, 이것, 당신, 너

稜(릉) 육릉(六稜), 육각형, 서슬, 벼, 모(나다), 모질, 헤아릴, 밭두둑

銳(예) 날카롭다, 창, 날래다, 작다, 사발

執(집) 손잡이, 지키다, 가지다, 막다, 잡다, 곳, 맡다

鐶(환) 고리, 반지, 가락지, 쇠고리

隴(롱) 땅이름, 언덕이름, 밭, 밭두둑, 민간, 시골, 구릉, 쇠퇴한 모양

鎚(추) 쇠망치, 몽둥이

斧(부) 도끼

筯(저) 젓가락 시저(匙筯): 수저

頂(정) 꼭대기, 이마, 가장, 매우

截(절) 끊어지다. 끊다. 자르다.

趄(저) 머뭇거리다, 망설이다. 낡은, 오래된, 경사지다, 기울다

葱(총) 파, 푸르다. 파랗다.

勾(구) 갈고리, 지우다, 그어버리다, 뽑아내다, 삭제하다, 묘사하다, 뒤섞다, 결합하다

鏁(쇄) 잠을쇠, 쇠사슬

輔(보) 돕다. 광대뼈

鬴(부) 가마솥, 다리 굽은 솥

冶(야) 대장장이, 제련하다, 주조하다

鍊(련) 정련하다, 단련하다

摸(모) (손으로)어루만지다, 짚어보다, (손으로)더듬다, 문지르다.

滑(활) 매끈하다, 매끄럽다.

摩(마) 가볍게 문지르다

澁(삽) 매끄럽지 않다

吸(흡) 끌어당기다, 빨아들이다, 흡수하다

務(무) 힘쓰다, 일, 직무, 퍼지게하다

臍(제) 배꼽

揚(양) 위로 올라가다, 높이들다

淳(순) 순박하다, 순수한

但(단) 다만, 오직, 그러나, 그렇지만, 기탄없이, 거리낌없이

涉(섭) 물건너다, 거칠다, 지나쳐보다

侈(치) 사치스럽다

麗(려) 곱다, 빛나다

卒(졸) 마침내, 결국, 드디어

剜(완) 아로새기다, 도려내다, 파다

支(지) 받치다, 괴다, 버티다, 지탱하다

夾(협) 끼우다, 집다, 사이에두다, 뒤섞이다, 혼합하다, 집게, 끼우개

剖(부) 쪼개다, 가르다, 분석하다, 분별하다

篠(소) 가는대

津(진) 침, 타액, 땀, 윤택하다, 나루터, 즙

潤(윤) 매끈하다, 윤이 나다. 여분의 나머지(의)

恐(공) 아마, 두려워하다, 놀래다, 무서워하다, 어쩌면

致(치) 실현(달성)하다, 초래하다, 가져오다, 한 결과가 되다, 전념하다, 주다, 보내다, 표시하다.

暇(가) 가령, 만약, 빌다, 사용하다. 빌리다

潔(결) 청결하다, 청렴하다, 청결하게 하다

彼(피) 그, 그것, 저, 저것, 상대방, 그들

剡(섬)(염) 날카롭다, 뾰족하다, 고을이름

縫(봉) 꿰매다, 바느질하다

泄(설) 새다, 빠지다, 배출하다

柘(자) 산뽕나무

墮(타) 둥근바퀴, 연(碾)의 알, 빠지다, 떨어지다, 낙하하다

軸(축) 굴대, 차축, 축

輻(복) 바퀴살

危(위) 위험하다, 위태롭게 하다, 해치다, 높다, 가파르다, 단정하다, 바르다

徑(경) 지름(직경), 좁은길, 곧, 바로, 직접

厚(후) 두께, 두텁다, 친밀하다, 많다, 풍부하다, 진하다

拂(불) 털다, 털어내다

末(말) 가루, 분말, 부스러기, 끝머리, 극히 미세한, 없다, 아니다

蓋(개) 뚜껑, 덮개, 덥다, 세우다

屈(굴) 구부리다, 굽히다, 억울함, 무고한죄

漆(칠) 옻칠, 칠하다, 검다, 까맣다, 옻나무

則(칙) 구기, 차숟갈, 차작(茶杓)

杉(삼) 삼나무

紗(사) 방적용 가는 실, 성글게 짠 천

衣(의) 싸다

絹(견) 명주, 견직물, 손수건

底(저) 바닥, 밑

蠣(여) 굴, 가오리

蛤(합) 조개

匕(비) 숟가락, 구기

策(책) 대쪽, 계책, 방법, 채찍, 매

嗜(기) 좋아하다, 즐기다, 애호하다, 취미

濃(농) 진하다, 짙다, 깊다, 강렬하다, 왕성하다

增(증) 늘다, 증가하다, 많아지다

椆(주) 삿대나무, 椆木(주목)

槐(괴) 회화나무, 홰나무, 아카시아, 괴목(槐木)

楸(추) 가래나무, 예덕나무, 추목(楸木)

梓(재) 개오동나무, 가래나무, 노나무

漉(녹) 거르다, 여과하다, 스미다, 젖어들다, 흠뻑젖다

囊(낭) 주머니, 자루, 밀대

格(격) 틀

若(약) 같다

意(의) 기운, 기, 예상하다, 짐작하다, 생각, 마음, 뜻, 견해

苔(태) 이끼

穢(예) 더럽다, 불결하다, 추악하다, 잡초

腥(성) 날고기나 생선 등의 비린 것, 비린내, 비리다

棲(서) (새가)깃들이다, 서식하다, 살다, 머물다, 접근하다, 다가가다

捲(권) 말다, 감다, 걷다, 말아올리다, 휩쓸다, 휘어지다

裁(재) 베다, 자르다, 재단하다, 줄이다, 덜다, 판단하다, 결단하다, 처리하다, 억제하다

碧(벽) 푸른, 청옥, 청록색의

縑(겸) 합사비단, 책표지

鈿(전) 비녀, 자개박을, 화장

螺鈿(나전) 광채나는 작은 자개조각을 여러 가지 형상으로 박아 붙여 꾸민공예품

綠(녹) 초록색, 푸르다

細(세) 가늘다, 좁다, (알이)잘다, 보드랍다, 약하다, 정교하다, 섬세하다, 정밀하다, 자세하다, 작다, 사소하다, 미세하다, 검소하다

瓢(표) 표주박, 바가지, 국자, 주걱

犧(사) 희생, 술통, 술잔

杓(표)(작) 자루, 손자비, 끌다(引), 매다, 구기, 국자, 주걱

瓠(호) 박, 조롱박=匏(포)

刊(간) 깎다, 새기다, 쪼개다, 책펴냄

杜)두) 아가위, 향풀, 막다, 엉터리

毓(육) 양육하다, 키우다

荈(천) 늦게딴차

賦(부) 주다, 부여하다, 징수하다

酌(작) 술을따르다, 연회, 참작하다, 고려하다

闊(활) 넓다, 멀다, 폭, 너비, 사치하다, 부유하다.

脛(경) 정강이, 다리, (소문이) 매우 빨리퍼지는, (표주박의) 목부분

甌(구) 작은사발, 찻잔

子(자) 당신, 그대, 너, 아들, 남자

薄(박) 엷다, 보잘것없다, 빈약하다, 연약하다, 메마르다, 박정하다

姚(요) 예쁘다

祈(기) 기도하다, 빌다, 원하다, 간청하다, 부탁하다

乞(걸) 빌다, 구걸하다, 애걸하다

筴(협)(책) 젓가락, 계교, 산가지

蒲(포) 물가

葵(규) 아욱, 해바라기, 접시꽃, 헤아리다.

柿(시) 감

裹(과) 싸다, 꽃송이, 풀열매

鹺(차) 짜다, 짠소금

簋(궤) 대제기, 대나무그릇(육우(陸羽)는 차에 소금을 넣었기 때문에 사용한 그릇)

罍(뢰) 술잔

合(합) 합(盒)

策(책) 대쪽, 시초, 주석지팡이, 작다, 경계하다 (대쪽이 숫가락처럼 보인다 해서 "숫가락"으로 표현했다.

盂(우) 바리, 밥그릇

盌(완) 잔, 주발, 사발그릇, 茶盌(차완): 찻잔

越(월) 넘다, 건너다, 정도를 넘다, 높아지다, 떨어지다

婺(무) (地名) 婺江(무강)

岳(악) 높은산, 아내의 부모나 伯叔(백숙)

邢(형) 地名

殊(수) 다르다, 틀리다, 특별하다, 전혀, 특히, 매우, 극히, 끊다, 단절하다, 지나다, 넘다, 오히려, 아직, 전혀

冰(빙) 어름, 얼다, 엉기다

丹(단) 붉은색, 분말의 한약

擇(택) 선택하다, 고르다, 가리다, 뽑다

揀(간) 고르다, 선택하다, 줍다, 습득하다, 가리다, 선뵈다

脣(순) 입술

卷(권) 책, 권, 문서, 서류, 굽다(曲), 접다, 말다

淺(천) 얕다, 범가죽, 물이 얕다, 물이 빨리흐르다.

褐(갈) 거친 털옷, 거친 베옷, 빈천한 사람, 갈색

紫(자) 자색

悉(실) 다하다, 잘알다, 상세하다, 자세하다, 모두

捲(권) 말다, 감다, 걷다, 휩쓸다, 욕하다, 꾸짖다, 가지고 달아나다

帊(파) 복두(幞頭), 휘장

蒲(포) 부들, 창포(菖蒲), 개버들

札(찰) 편지, 요절하다, 빼다, 솔

緝(집)(즙) 길쌈, 잇다, 모으다, 잡다, 꿰매다, 빛나다

縛(박) 묶다, 얽다

截(절) 끊다, 말잘하는모양, 가지런하다

管(관) 피리, 대롱, 붓대, 주관하다, 상관하다.

滌(척) 씻을척, 없애다, 청소하다, 방탕하다

用(용) 그러므로, 때문에, 그래서

滓(재) 찌꺼기, 앙금

處(처) 처리하다, 처치하다, 살다

巾(건) 행주, 수건, 덮어싸다

絁(시) 비단

布(포) 마포(麻布), 삼베

具(구) 그릇, 모두, 이바지하다, 갖추다

列(열) 펴다, 벌리다

純(순) 오로지, 실, 온전하다, 순전하다, 부드럽다, 꾸리다, 묶다, 전부

扃(경) 빗장, 수레앞난간

斂(렴) 거두다, 모으다, 감추다, 취하다, 염습하다

架(가) 시렁, 횃대

都(도) 모두, 도읍, 거하다

籃(람) 채롱, 바구니

設(설) 두다, 설치하다

篾(멸) 대겁질 (대, 수수깡, 갈대 등의) 쪽

經(경) 세로, 겪을, 지내다, 다스리다, 법

纖(섬) 섬유, 잘다, 가늘다, 부드럽다, 갸냘프다, 인색하다

縛(박) 묶다, 얽다.

遞(체) 차례대로, 순서대로, 차츰차츰, 넘겨주다, 전해주다, 건네다. 점점

壓(압) 누르다

玲(령) 옥소리, 아로색인 모양

瓏(롱) 옥소리 쟁그렁거리는 형용

5. 차 달이는 방법

五. 茶之煮
차 지 자

凡炙茶　愼勿於風燼間炙　熛焰如鑽　使炎涼不
범 적 차　신 물 어 풍 신 간 적　표 염 여 찬　사 염 량 불

均　持以逼火　屢其翻正　候炮　普教反　出培塿
균　지 이 핍 화　누 기 번 정　후 포　보 교 반　출 배 루

狀蝦蟆背　然後去火五寸　卷而舒　則本其始
상 하 마 배　연 후 거 화 오 촌　권 이 서　즉 본 기 시

又炙之　若火乾者　以氣熟止　日乾者　以柔止
우 적 지　약 화 건 자　이 기 숙 지　일 건 자　이 유 지

其始　若茶之至嫩者　蒸罷熱搗　葉爛而牙笋存
기 시　약 차 지 지 눈 자　증 파 열 도　엽 란 이 아 순 존

焉　假以力者　持千鈞杵亦不之爛　如漆科珠
언　가 이 력 자　지 천 균 저 역 부 지 난　여 칠 과 주

壯士接之　不能駐其指　及就　則似無穰骨也
장 사 접 지　불 능 주 기 지　급 취　즉 사 무 양 골 야

炙之　則其節若倪倪如嬰兒之臂耳　既而承熱用
적 지　즉 기 절 약 예 예 여 영 아 지 비 이　기 이 승 열 용

紙囊貯之　精華之氣無所散越　候寒末之　末之
지 낭 저 지　정 화 지 기 무 소 산 월　후 한 말 지　말 지

上者 其屑如細米 末之下者 其屑如菱角
상자 기설여세미 말지하자 기설여능각

其火用炭 次用勁薪 謂桑 槐 桐 櫪之類也 其炭
기화용탄 차용경신 위상 괴 동 력지류야 기탄

曾經燔炙 爲膻膩所及 及膏木 敗器 不用之
증경번적 위전이소급 급고목 패기 불용지

膏木 爲柏 桂 檜也 敗器 謂朽廢等也 古人有勞薪
고목 위백 계 회야 패기 위후폐등야 고인유노신

之味 信哉
지미 신재

其水 用山水上 江水中 井水下 『荈賦』 所謂
기수 용산수상 강수중 정수하 천부 소위

水則岷方之注 揖彼淸流 其山水揀乳泉 石池慢流
수즉민방지주 읍피청류 기산수간유천 석지만류

者上 其瀑湧湍漱 勿食之 久食 令人有頸疾
자상 기폭용단수 물식지 구식 영인유경질

又 多別流於山谷者 澄浸不洩 自火天至霜郊
우 다별류어산곡자 징침불설 자화천지상교

以前 或潛龍蓄毒於其間 飮者可決之 以流其
이전 혹잠용축독어기간 음자가결지 이류기

惡 使新泉涓涓然 酌之 其江水 取去人遠者
악 사신천연연연 작지 기강수 취거인원자

井水取汲多者
정수취급다자

其沸如魚目 微有聲 爲一沸 緣邊如湧泉連珠
기비여어목 미유성 위일비 연변여용천연주

爲二沸 騰波鼓浪 爲三沸 已上 水老 不可
위이비 등파고랑 위삼비 이상 수노 불가

食也
식 야

初沸 則水合量 調之以鹽味 謂棄其啜餘 啜
초 비 칙 수 합 량 조 지 이 염 미 위 기 기 철 여 철

嘗也 市稅反 反市悅反 無迺䀋鑑 而鍾其一味乎
상 야 시 세 반 반 시 열 반 무 내 감 감 이 종 기 일 미 호

上 古暫反 下 吐濫反 無味也 第二沸 出水一瓢
상 고 잠 반 하 토 람 반 무 미 야 제 이 비 출 수 일 표

以竹筴環激湯心 則量末當中心而下 有頃
이 죽 협 환 격 탕 심 칙 량 말 당 중 심 이 하 유 경

勢若奔濤濺沫 以所出水止之 而育其華也
세 약 분 도 천 말 이 소 출 수 지 지 이 육 기 화 야

凡酌 置諸盌 令沫餑均 『字書』 并 『本草』 餑均
범 작 치 제 완 영 말 발 균 자 서 병 본 초 발 균

茗沫也 蒲笏反 沫餑 湯之華也 華之薄者曰沫
명 말 야 포 홀 반 말 발 탕 지 화 야 화 지 박 자 왈 말

厚者曰餑 細輕者曰華 如棗花漂漂然於環池
후 자 왈 발 세 경 자 왈 화 여 조 화 표 표 연 어 환 지

之上 又如廻潭曲渚青萍之始生 又如晴天爽朗
지 상 우 여 회 담 곡 저 청 평 지 시 생 우 여 청 천 상 랑

有浮雲鱗然 其沫者 若綠錢浮於水渭 又如菊
유 부 운 린 연 기 말 자 약 녹 전 부 어 수 위 우 여 국

英墮於樽俎之中
영 타 어 준 조 지 중

餑者 以滓煮之 及沸 則重華累沫 皤皤然
발 자 이 재 자 지 급 비 즉 중 화 누 말 파 파 연

若積雪耳 『荈賦』 所謂 煥如積雪 燁若春藪
약 적 설 이 천 부 소 위 환 여 적 설 엽 약 춘 부

有之
유 지

第一煮水沸 而棄其沫之上有水膜 如黑雲母
제 일 자 수 비 이 기 기 말 지 상 유 수 막 여 흑 운 모

飮之則其味不正 其第一者爲雋永 徐縣 全縣二
음 지 즉 기 미 부 정 기 제 일 자 위 준 영 서 현 전 현 이

反 至美者 日雋永 雋 味也 永 長也 味*長日雋永 『漢
반 지 미 자 왈 준 영 준 미 야 영 장 야 미 장 왈 준 영 한

書』 蒯通著 雋永 二十篇也 或留熟以貯之 以備
서 괴 통 저 준 영 이 십 편 야 혹 유 숙 이 저 지 이 비

育華救沸之用 諸第一與第二 第三盌次之 第
육 화 구 비 지 용 제 제 일 여 제 이 제 삼 완 차 지 제

四 第五盌外 非渴甚莫之飮
사 제 오 완 외 비 갈 심 막 지 음

凡煮水一升 酌分五盌 盌數少至三 多至五 若人多
범 자 수 일 승 작 분 오 완 완 수 소 지 삼 다 지 오 약 인 다

至十 加兩爐 乘熱連飮之 以重濁凝其下 精英
지 십 가 양 로 승 열 연 음 지 이 중 탁 응 기 하 정 영

浮其上 如冷 則精英隨氣而竭 飮啜不消亦
부 기 상 여 냉 즉 정 영 수 기 이 갈 음 철 불 소 역

然矣
연 의

茶性儉 不宜廣 則其味黯澹 且如一滿盌 啜
차 성 검 불 의 광 즉 기 미 암 담 차 여 일 만 완 철

半而味寡 況其廣乎 其色緗也 其馨欶也 香至
반 이 미 과 황 기 광 호 기 색 상 야 기 형 사 야 향 지

美日欶 欶音使 其味甘 檟也 不甘而苦 荈也
미 왈 사 사 음 사 기 미 감 가 야 불 감 이 고 천 야

啜苦咽甘 茶也 一本云 其味苦而不甘 檟也 甘而不
철 고 인 감 차 야 일 본 운 기 미 고 이 불 감 가 야 감 이 불

苦 荈也
고 천 야

대개 차를 구울 때 삼가야 할 것은 바람이 있는 곳에서 타다 남은 찌꺼기 불이 있으면 굽지 않아야 한다. (왜냐하면) 불똥과 불꽃이 송곳과 같아서 열이 고르지 않기 때문이다. (열을 고르지 않게 하기 때문이다)

(차를 구울 때는) 불에 가까이 가져가 여러 번 바르게 뒤집고, 살피면서 굽는다. 炮(포)의 음은 보교의 반절이다.

작은 언덕과 두꺼비 잔등의 모양이 나타나면 불에서 다섯 치를 물린다. 말렸다가 펴지면 처음과 같이 다시 굽는다. 만약에 불로 말린 차면 불기운으로 익으면 (굽기를) 멈추고 햇볕에 말린 차면 차가 부드러워지면 굽기를 멈춘다.

그 떡차를 처음 만들 때 만약 차의 매우 연한 잎을 쪄서 뜨거울 때 찧으면 잎은 부서지고 (흐물흐물해지고) 싹과 순만 남는다. 만약 힘있는 사람이 매우 무거운 절구공이를 가지고 찧어도 부서지지 않는다.

그것은 칠과주와 같아서 장사가 잡더라도 그 손가락을 멈출 수가 없다. 차가 다 만들어지면 곧 차잎 줄기도 없어진다.

차를 구우면 그 마디는 영아의 팔뚝처럼 여리게 된다. 이미 열을 받은 차는 종이 주머니에 넣어 저장한다. (그렇게 하면) 차의

깨끗하고 순수한 기운이 흐트러지지 않는다. 식기를 기다렸다 가루로 만든다. 차가루의 상품은 그 부스러기가 가는 알과 같으며 차 가루의 하품은 그 부스러기가 마름 열매와 같다.

차를 구울 때의 불은 숯을 사용한다. 다음으로는 단단한 섶나무를 쓴다. 이는 뽕나무, 괴목, 오동나무, 참나무 종류를 말한다.

그 숯은 이전에 고기를 구었거나 노린내나 기름기가 있는 나무와 진이 많은 나무와 썩은 목기는 숯으로 사용하지 않는다. 진이 많은 나무는 잣나무 계수나무 전나무이다. 썩은 목기는 썩고 못 쓰게 된 것들이다.

옛사람이 썩은 목기로 만든 장작불로 음식을 만들어 맛을 보았다는 말이 있는데 참으로 믿을 만하다.

차에서 사용하는 물은 산에서 흐르는 물이 상품이고, 강물이 중품이며 우물물이 하품이다. 『천부』에 이르기를 "물은 민산에서 흐르는 물이고 그 맑게 흐르는 것을 모은다"고 하였다.

산에서 흐르는 물은 유천 (종유석의 샘)과 석지 (바위 사이에 흐르는 물)에서 느리게 흐르는 것을 선택한 것이 상품이다. 폭포수처럼 솟아오르는 물이나 소리를 내며(漱) 급히 흐르는 물은 마시지 말아야 한다. 이런 물은 오래 마시면 목병이 생긴다.

또한 산골짜기에서 따로 흐르는 많은 물은 맑기는 하나 잠겨 있어 흘려 보내지 못한다.

음력 7월부터 상강(음력 9월) 이전까지 어쩌면 그 사이에 물에 잠겨 있는 용이 독을 저장해 두었을지도 모른다. (이 물을) 마시려는 사람은 수로를 터서 나쁜 물을 흘려 보내고 새로운 샘물을 조금씩 흐르게 하고 마셔야 한다.

강물은 사람이 사는 곳에서 멀리 떨어져 있는 것을 취하고, 우물물은 많이 길어다 마시는 것을 취한다.

물이 끓을 때는 물고기 눈과 같은 모양의 물방울이 있고 작은 소리가 있을 때가 첫 번째 끓음이다. 물 끓이는 그릇의 주변에 샘이 용솟음 치듯 이어진 구슬같이 물방울이 생길 때가 두 번째 끓음이다. 파도가 튀어 오르고 물결이 북치는 것과 같은 모양을 할 때가 세 번째 끓음이다. 그 이상 물이 끓으면 노수(老水)가 되어 마실 수 없게 된다.

물이 처음 끓을 때 물의 양을 헤아려 소금을 넣어 맛을 조절하며 그 맛을 보고 남은 것은 버린다. 철은 맛보는 것이다. 시세의 반절이고 또한 시열의 반절이다.

마침내 너무 짜서 맛이 없어졌다. 그러나 그 짠맛이 모아져 있기 때문은 아닌가? (※소금을 너무 많이 넣어 짠맛이 차의 맛을 없앤다는 의미이다.)

위의 감(䭙)은 고잠의 반절이고, 아래의 감(艦)은 토람의 반절이다. 즉 맛이 없다는 뜻이다.

물이 두 번째 끓었을 때 한 표주박의 물을 떠내고 대젓가락으로 끓는 물의 가운데를 세차게 휘저으면서 차가루를 비율에 맞추어 끓는 물의 중심에 넣는다. 잠시 후에 끓는 물의 기세는 마치 성난 파도처럼 물거품이 튀어 오른다. 이때에 끓는 물을 떠내어 식히고 가루차의 거품을 기른다.

대개 차를 여러 잔에 딸아 놓을 때는 가루차의 거품을 고르게 한다. 『자서』와 『본초』에 발(餑)은 차의 거품이다. 발의 음은 포홀의 반절이다.

가루차의 거품은 끓인 물 (차)의 꽃이다.

가루차의 거품이 연한 것(적은 것)을 말(沫)이라 하고 가루차의 거품이 진한 것 (많은 것)을 발(餑)이라 한다. 가루차의 거품이 작고 가벼운 것을 화(華)라 한다.

가루차의 거품은 둥근 연못 위에 대추꽃이 둥둥 떠 있는 것과 같다. 또한 휘도는 물가와 굽은 물가에 푸른 부평초가 처음 나온 것과도 같다. 또한 비늘 구름이 떠 있는 맑고 시원한 하늘과도 같다. 가루차의 거품(沫)은 물가에 떠 있는 이끼 같고 또한 술통과 도마 가운데 떨어지는 국화꽃과 같다. 가루차의 거품(餑)은 앙금을 다려서 끓게 되면 쌓인 꽃과 여러 개의 거품이 희고 희여서 눈이 싸인 것과 같다.

『천부』에 이르기를 "밝기는 쌓인 눈같고 찬란하기는 봄꽃과 같다"고 하였다.

첫 번째 다린 끓인 물은 (차는) 버린다. 그 끓인 찻물의 거품 위에는 검은 운모와 같은 수막이 있다.

(수막이 있는 찻물을) 마시면 그 맛이 바르지 않다.

그 첫 번째의 (찻물을) 가장 맛있는 준영이라 한다. 준(雋)은 서현(徐縣)과 전현(全縣)의 두 가지 반절이다. 최고로 맛있는 것을 준영(雋永)이라 한다. 준은 맛있다는 뜻이며, 영은 뛰어나다(長)는 뜻이다. 맛이 뛰어난 것을 준영이라 한다. 『한서』에는 괴통이 『준영』 20편을 지었다고 했다.

끓인 물을 저장하여 머물게 했다가 가루차의 거품을 기르고 끓은 물을 식히는데 사용하도록 대비한다.

모든 차는 첫째 잔과 둘째 잔 셋째 잔을 차례로 마시며 넷째 잔과 다섯째 잔 이상은 갈증이 심하지 않으면 마시지 않는다.

대개 물 한 되를 끓여서 다섯 개의 잔으로 나누어 마신다. 찻잔의 수는 적으면 셋 많으면 다섯 잔으로 하고 만약 사람이 많아 열 사람이 되면 화로를 둘로 늘인다. (둘을 사용한다)

차가 뜨거울 때 이어서 마신다. 차가 뜨거우면 무겁고 흐린 것들은 찻잔 아래에 엉기고 깨끗한 꽃 (가루차의 거품)은 찻잔 위에 뜬다. 차가 차가워지면 깨끗한 꽃도 열기를 따라 없어지며 마셔도 소화가 되지 않는 것은 당연하다.

차는 성품이 검소함으로 물이 많으면 마땅치 않다. 물이 많으면 차맛이 싱겁고 맛이 없다.

또한 예컨대 하나 가득찬 잔에서 반을 마셨는데도 싱겁고 맛이 없는데 하물며 물이 많으면 어떻겠는가?

차의 색깔은 담황색이고 그 향기는 아름답다.

매우 아름다운 향기를 사(𩡧)라 하며 발음은 사(使)이다. 차맛이 단 것은 가(檟)이고 달지 않고 쓴 것은 천(荈)이다. (입으로) 마실 때는 쓰고 목으로 삼킬 때 단 것이 차이다. 어떤 책에는 차맛이 쓰고 달지 않은 것을 가(檟)라 하고 달고 쓰지 않은 것을 천(荈)이라고 했다.

茶道古典

*味(미): 원문에는 史(사)로 되어 있다.

培塿(배루) 작은 언덕

煮(자) 지지다, 삶다, 다리다

炙(적)(자) 굽다, 친근하다

愼(신) 삼가다, 정성스럽다, 신칙하다, 고요하다. 조심하다

燼(신) 재, 타고남은 찌꺼기, 불똥

熛(표) 불똥이 튀다, 붉다, 불티

焰(염) 불꽃, 화염, 기세, 불길

鑽(찬) 송곳, 금강석, 찌르다, 뚫다

涼(량) 얇다, 서늘하다, 돕다, 미쁘다, 적적하고 슬프다

炎(염) 불꽃이 솟다, 태우다, 덥다

逼(핍) 다가오다, 협박하다, 마음대로하다. 좁다, 가까이가다

屢(누) 여러번, 자주, 번거롭다

翻(번) 날다, 번득이다, 엎치락뒤치락하다, 뒤집다, 뒤집히다, 뒤지다

候(후) 날씨, 상황, 망보다, 기다리다, 살피다, 상태

炮(포) 싸서굽다, 딱총

培(배) 북돋다, 가꾸다 (부) 더하다, 작은 언덕

塿(루) 작은 언덕

蝦(하) 두꺼비, 개구리, 새우

蟆(마) 두꺼비, 개구리, 진디등에

蝦蟆(하마) 두꺼비

熟(숙) 익다, 정련하다, 정제하다

嫩(눈) 부드럽다, 연하다, 어리다, 말랑말랑하다; 연하다, 엷다, (경험이) 적다, 서툴다

罷(파) 그만두다, 중지하다, 파면하다, 끝냄, 완료

爛(난) 흐물흐물하다, 깨트리다, 깨지다, 물렁물렁하다, 낡다, 헐다, 너덜너덜하다, 어수선하다, 뒤죽박죽이다, 썩다, 곪다, 빛나다; 몹시, 완전히

假(가) 거짓, 가짜, 위조, 가정하다, 만약, 가령, 빌리다, 차용하다

千鈞(천균) 고대 중량단위(30근에 해당), 매우 무거운 것, 동등하다, 균등하다

杵(저) 절굿공이, 공이, 방망이, 찌르다, 뚫다, 몰래 남에게 주다

漆科珠(칠과주) 옷칠한 구슬

壯(장) 튼튼하다, 건장하다, 웅장하다, 떳떳하다, 버젓하다, 힘을 내다

士(사) 총각, 선비, 지식인, 무사, 군인

接(접) 가까이가다, 접근하다, 닿다, 잇다, 연결하다, 잡다, 받아쥐다, 받다,

駐(주) 멈추다, 정지하다, 머무르다, 주둔하다

就(취) 접근하다, 가까이하다, 종사하다, 완성하다, 이루다, 끝나다, 이용하다, 빌리다

似(사) 곧, 즉시, 바로, 당장, 이미, 벌써, 오직, 단지, 다만

穰(양) 벼줄기, 풍족하다, 성하다

穰骨(양골) : 벼 줄기, 차잎 줄기

節(절) 마디, 관절, 절기, 요약하다, 초록하다, 절약하다, 절제하다, 항목, 사항, 조항, 절개, 알맞은 정도, 높고 험하다, 우뚝하다

倪(예) 돕다, 어리다, 끝, 가

倪倪(예예) 어리고 약한 모양

臂(비) 팔, 팔뚝

旣(기) 이미, 벌써, 다하다, 마치다, 끝나다, 그뒤에, 나중에

承(승) 받다, 맡다, 담당하다, 계속하다, 잇다, 승인하다, 인정하다

精(정) 정련한, 순수한, 훌륭하다, 우수하다, 정신, 원기, 몹시, 매우

精華(정화) 깨끗하고 순수한

散(산) 흩어지다, 분산하다, 해산하다, 가루, 중지하다, 못쓰게 되다

越(월) 넘다, 건너다, 떨어지다, 점점, 더욱더, 한층더

屑(설) 부스러기, 찌꺼기, 하찮다, 시시하다

米(미) 쌀

細(세) 가늘다, 좁다, 작다

細米(세미) 가는 알

菱(능) 마름

菱角(능각) 마름열매

角(각) 이마뼈, 술잔, 모퉁이, 뿔, 모서리, 구석

勁(경) 힘세다, 강하다, 굳세다, 굳은

薪(신) 땔나무, 봉급, 섶나무

櫪(역) 굴참나무

曾(증) 일찍, 곧, 거듭, 더하다, 깊다

曾經(증경) 이전에, 이미, 벌써, 일찍이

燔(번) 굽다, 살으다

膻(전) 어깨벗어메다, 노린내, 젖가슴

膩(이) 기름지다, 미끄럽다, 때

柏(백) 잣나무

朽(후) 썩다, 노쇠하다, 나무가 썩다

廢(폐) 폐하다, 떨어지다, 못쓰다, 집이 쏠리다

勞(노) 힘써 일하다, 느른하다

勞薪(노신) 오래쓴 가구등으로 만든 장작

哉(재) 비롯하다, 어조사(영탄, 단정, 의문, 반어, 완료 등의 뜻을 나타낸다)

岷山(민산) 사천성(四川省)의 송파현 북쪽에 있는 산

揖(읍) 읍하다, 나가다, 겸손하다, 모으다

注(주) 물대다, 물이 흐르다, 물을 쏟다

彼(피) 저, 저것

揀(간) 가리다, 선보다

乳泉(유천) 종유석에서 흐르는 물

慢(만) 느리다, 게으르다, 거만하다, 방자하다

瀑(폭) 폭포수, 소나기

湧(용) 물이솟다

湍(단) 여울

漱(수) 양치질하다, 씹다, 빨래하다, 씻다

頸(경) 목, 병의목

別(별) 각각, 따로, 다르다

澄(징) 맑다

浸(침) 잠기다, 적시다, 번지다, 빠지다

洩(설)(예) 퍼지다, 쉬다, 새다, 덜다, 흘려보내다, 빠지다

霜郊(상교) 霜降(상강) (음력 9월)

郊(교) 교외

火天(화천) 초가을인 음력 七月에 화성의 위치가 내려오는 때를 말함

決(결) 결단하다, 판단하다, 끊다, 이별하다, 물고 터놓다, 깨뜨리다, 깍지

涓(연) 물방울이 떨어지다, 졸졸 흐르다, 가리다, 조촐하다

涓涓(연연) 물이 조금씩 흐르는 모양

蓄(축) 저장하다, 쌓아두다, 품다, 지니다

酌(작) 술을 따르다, 연회, 주연, 술자리, 참작하다, 고려하다

汲(급) 물깃다, 당기다, 급하다

沸(비) 끓다, 샘물 용솟음치는 모양

微(미) 작다, 아니다, 없다

緣邊(연변) 바깥둘레, 주변

騰(등) 뛰어오르다, 질주하다

浪(랑) 물이흐르는 모양, 물결

調(조) 고르다, 알맞다, 적당하다, 조절하다, 고루 섞다, 조정하다

嘗(상) 맛보다

迺(내) 너(汝), 어조사, 바로~이다, 정말로~이다, 이에, 그래서, 비로소, 겨우, 오히려, 마침내, 결국, 드디어

鹹(감) 짠맛, 짜다, 싱겁다, 맛 없다

鹼(감) 짜다, 맛없다, (탕)싱겁다

暫(잠) (시간이)짧다, 잠시, 잠깐, 임시로

啜(철) 맛보다

濫(람) 넘쳐흐르다, 지나치다, 쓸데없다, 부실하다

吐(토) 구토하다, 내놓다

環(환) 고리, 둘러싸다, 에워싸다, 돌다, 점, 휘젓다

激(격) (물결이) 일다, 솟구치다, 차게하다 (찬물에) 채우다, 자극하다, 세차다

當(당) 알맞다, 적당하다, 반드시~한다

有頃(유경) 잠시 후에, 조금 지나서

奔(분) 달리다, 분주히뛰다, 달아나다, 도망치다, 곧장 나아가다, ~을 가하여, ~로

濺(천) (물방울이)튀다

沫(말) 거품, 포말

華(화) 가루차의 거품(泡沫)

餑(발) 찻물 위에 뜨는 거품, 보리떡

沫(말) 거품

沫餑(말발) 말차의 거품

蒲(포) 수초, 창포, 개버들

笏(홀) 홀

置(치) 두다, 베풀다, 놓다

『字書』(자서) 사전

本草(본초) 중국의 약에 관한 책, 당나라 고종(재위 649-683) 때 서적(徐勣)이 쓴 『신수본초(新修本草)』를 말한다

并(병) 합하다, 같다, 아우르다, 겸하다, 그리고, 또

華(화) 泡沫, 말차의 거품

薄(박) 연하다, 묽다, 싱겁다

厚(후) 진하다

細(세) 가늘다, 작다, 잘다

漂(표) 뜨다, 움직이다

漂漂(표표) 물에 둥둥 떠 있는 모양

渚(저) 물가, 섬

潭(담) 못, 물가

青萍(청평) 푸른부평초

爽(상) 시원하다, 밝다, 맑다

朗(랑) 밝다

爽朗(상랑) 맑고 시원하다, 쾌청하다, 쾌활하다, 명랑하다

鱗(린) 비늘

綠錢(녹전) 이끼

渭(위) 물이름, 湄(미) 물가

水渭(수위) 물가

英(영) 꽃, 재능이 뛰어나다

菊英(국영) 국화꽃

墮(타) 떨어지다, 잃어버리다

樽(준) 술단지, 머무르다, 술잔, 술통, 병

樽俎(준조) 술 넣는그릇과 고기를 괴어놓는 도마

俎(조) 도마, 제물을 올려놓는 그릇

滓(재) 앙금, 찌꺼기

累(누) 여러, 포개다, 매다, 더하다

重(중) 더하다, 심하다, 겹치다, 쌓이다, 소중하다, 무겁다

皤(파) 머리털이 흰 모양

煥(환) 빛나다, 밝다, 불꽃

燁(엽) 불이 이글이글하다, 찬란하다, 밝다, 불빛, 햇빛

敷(부) 꽃

雲母(운모) 돌비늘

沫(말) 물끓는 거품, 물방울

美(미) 맛있다, 아름답다

膜(막) 얇은 꺼풀

雋永(준영) 살찌고 맛좋은 고기

『漢書(한서)』 후한의 반고가 지은 기전체의 역사서이다. 전한(BC 206-AD 8)의 12대에 걸친 왕들에 대한 240년간의 기록

蒯通(괴통) 괴통의 전기는 『漢書(한서)』 45권의 열전(列傳)에 있다.

留(유) 머무르다, 지체하다, 오래다

育華(육화) (숙성) 가루차의 거품을 기르다

救沸(구비) 끓는 물을 식히는 것

渴(갈) 다하다, 마르다, 없어지다

消(소) 소화하다

隨(수) 좇다, 따르다

儉(검) 검소하다

黯(암) 검다, 아득하다, 어둡다

澹(담) 맑다, 싱겁다, 담박하다

黯澹(암담) 어두컴컴하다, 싱겁고 맛이 없다

且(차) 또한, 아직, 오히려, 만일, 이것

廣(광) 많다, 넓다, 폭

況(황) 하물며

緗(상) 담황색

如(여) 만일, 만약, 예컨대, ~과 같다

寡(과) 적다, 싱겁고 맛이 없다

乎(호) 의문 또는 반문을 나타냄, 추측의 어조를 나타냄

馨(형) 향기, 향기 오래 전하다

歎(사) 향기롭고 아름답다

檟(가) 차, 개오동

咽(인) 목으로 삼킨다

6. 차 마시는 방법

六. 茶之飮
차 지 음

翼而飛 毛而走 呿而言 此三者俱生 於天地
익 이 비 모 이 주 거 이 언 차 삼 자 구 생 어 천 지

間 飮啄以活 飮之時義遠矣哉 至若救渴 飮
간 음 탁 이 활 음 지 시 의 원 의 재 지 약 구 갈 음

之以漿 蠲憂忿 飮之以酒 蕩昏寐 飮之以茶
지 이 장 견 우 분 음 지 이 주 탕 혼 매 음 지 이 차

茶之爲飮 發乎神農氏 聞於魯周公 齊有晏嬰
차 지 위 음 발 호 신 농 씨 문 어 노 주 공 제 유 안 영

漢有揚雄 司馬相如 吳有韋曜 晉有劉琨 張
한 유 양 웅 사 마 상 여 오 유 위 요 진 유 유 곤 장

載 遠祖納 謝安 左思之徒 皆飮焉 滂時浸
재 원 조 납 사 안 좌 사 지 도 개 음 언 방 시 침

俗 盛於國朝 兩都並荊俞間 以爲比屋之飮
속 성 어 국 조 양 도 병 형 유 간 이 위 비 옥 지 음

飮有觕茶 散茶 末茶 餠茶者 乃斫 乃熬 乃
음 유 추 차 산 차 말 차 병 차 자 내 작 내 오 내

煬 乃舂 貯於甁缶之中 以湯沃焉 謂之痷茶
양 내 용 저 어 병 부 지 중 이 탕 옥 언 위 지 암 차

或用葱 薑 棗 橘皮 茱萸 薄荷之等 煮之
혹 용 총 강 조 귤 피 수 유 박 하 지 등 자 지

百沸 或揚令滑 或煮去沫 斯溝渠間棄水耳
백 비 혹 양 영 활 혹 자 거 말 사 구 거 간 기 수 이

而習俗不已
이 습 속 불 이

於戲 天育萬物 皆有至妙 人之所工 但獵淺
오 희 천 육 만 물 개 유 지 묘 인 지 소 공 단 렵 천

易 所庇者屋 屋精極 所著者衣 衣精極 所
이 소 비 자 옥 옥 정 극 소 착 자 의 의 정 극 소

飽者飲食 食與酒皆精極之
포 자 음 식 식 여 주 개 정 극 지

茶有九難 一曰造 二曰別 三曰器 四曰火
차 유 구 난 일 왈 조 이 왈 별 삼 왈 기 사 왈 화

五曰水 六曰炙 七曰末 八曰煮 九曰飲 陰
오 왈 수 육 왈 적 칠 왈 말 팔 왈 자 구 왈 음 음

採夜焙 非造也 嚼味嗅香 非別也 羶鼎腥甌
채 야 배 비 조 야 작 미 후 향 비 별 야 전 정 성 구

非器也 膏薪庖炭 非火也 飛湍壅潦 非水也
비 기 야 고 신 포 탄 비 화 야 비 단 옹 료 비 수 야

外熟內生 非炙也 碧粉縹塵 非末也 操艱攪
외 숙 내 생 비 적 야 벽 분 표 진 비 말 야 조 간 교

遽 非煮也 夏興冬廢 非飲也
거 비 자 야 하 흥 동 폐 비 음 야

夫珍鮮馥烈者 其盌數三 次之者 盌數五 若
부 진 선 복 열 자 기 완 수 삼 차 지 자 완 수 오 약

坐客數至五 行三盌 至七 行五盌 若六人以
좌 객 수 지 오 행 삼 완 지 칠 행 오 완 약 육 인 이

下 不約盌數 但闕一人而已 其雋永補所闕人
하 불 약 완 수 단 궐 일 인 이 이 기 준 영 보 소 궐 인

새는 날개가 있어 날고 짐승은 털이 있어 달리며 사람은 입을 벌려 말을 한다. 이 셋은 모두 하늘과 땅 사이에서 태어나고 마시고 쪼아먹으면서 살아간다. 마시는 것의 기원(時)과 의미는 오래고 깊구나!

만약 목이 마른 것을 도우려면 음료수(漿)를 마시고 근심과 분한 것을 덜어 버리려면 술을 마시며 혼미함과 잠을 완전히 없애려면 차를 마셔야 한다.

차를 마시게 된 것은 신농씨에서 시작되었고 노나라의 주공에서(때에) 이름이 났다(유명해졌다). 제나라에는 안영이 있었고 한나라에는 양웅과 사마상여가 있었고 오나라에는 위요가 있었고 진나라에는 유곤 장재, 먼 조상인 육납과 사안 좌사와 같은 사람들이 모두 차를 마셨다. 차는 때를 따라 퍼지고 속세에 침투되어 국조(당나라)에 이르러 번성하였으며 두 도읍인 장안과 낙양과 나란히 형주인 강릉과 유주인 중경 사이에서는 집집마다 차를 마셨다.

마시는 차에는 추차(거친 차) 산차(녹차) 말차 떡차가 있다. 차를 따고 볶고 구워서 말리고 절구에 찧어서 만든 차를 병이나 항아리에 담아 두었다가 끓인 물을 부어 마시는 것을 암차(탕에 담그는 차)라고 한다.

혹은 어떤 사람들은 파 생강 대추 귤껍질 수유 박하 등을 넣고 오래 끓이기도 하고 혹은 탕이 끓어 가루차가 위로 올라와 미끄럽게도 되고 혹은 끓인 거품을 버리기도 한다. 이러한 차는 도랑에 버려야 할 물인데 이런 습속이 그치지를 않는다.

아! 하늘이 만물을 기르는 데는 모두가 지극히 오묘함이 있구나. 사람이 꾸미는 것은 다만 천박하고 안이한 것만을 구할 뿐이다. 몸을 가리는 것은 집인데 그 집에는 지극한 정성을 다 들인다. 입는 것은 옷이며 그 옷에는 지극한 정성을 드린다. 배 부르게 하는 것은 음식이며 그 먹는 것과 술에는 모두 지극한 정성을 드린다.

차에는 아홉 가지의 어려움이 있다. 첫째는 차를 만드는 법이고, 둘째는 차의 품질을 분별하는 것이고, 셋째는 차 그릇이고, 넷째는 차를 굽거나 물을 끓이는 불이고, 다섯째는 물이고, 여섯째는 차를 굽는 것이고, 일곱째는 떡차로 가루를 만드는 것이고, 여덟째는 차를 달이는 방법이며, 아홉째는 차를 마시는 법이다. 하늘이 흐린 날 차를 따거나 밤에 차를 불에 말리는 것은 차를 만드는 법이 아니다. 차를 씹어서 맛을 보거나 향기를 맡아서 차를 구별하는 것은 차의 품질을 분별하는 법이 아니다. 노린내 나는 솥이나 비린내 나는 잔은 좋은 차 그릇이 아니다. 진이 있는 땔감과 부엌에서 쓰던 숯은 차를 만드는 데는 좋은 불이 아니다. 대단한 급류와 막혀서 고인 물은 차에는 좋은 물이 아니다. 떡차가 겉은 익고 속이 선 것은 잘 굽는 방법이 아니다. 가루차의 빛깔이 푸른 빛의 가루거나 옥색(담청색)의 가루는 좋은 가루차가 아니다. 차를 달일 때 험하게 다루거나 서둘러서 휘젓는 것은 차를 달이는 법이 아니다. 여름에는 차를 열심히 마시고 겨울에는 차 마시는 것을 그만 두는 것은 차 마시는 법이 아니다.

대개 진귀하고 맛과 향이 강열한 차는 한 사람이 세 잔까지 마시고 그 다음은 다섯 잔까지 마신다. 만약 *손님의 수가 다섯이면 세 개의 잔을 사용(行)하며 일곱 사람이 되면 다섯 개의 잔을 사용한다. 만약 *여섯 사람 이하일 경우에는 잔의 수는 제약하지 않는다. 다만 한 사람분이 모자랄 경우에는 그 *준영으로 부족한 한 사람분을 보충한다.

茶道古典

* "손님의 수가 다섯이면 세 개의 잔을 사용": 세 사람에게 먼저 차를 대접하고 나머지 두 사람은 사용한 잔을 되받아서 대접한다.

* "여섯 사람 이하일 경우에는 잔의 수는 제약하지 않는다": 차회를 할 때는 홀수의 사람으로 했기 때문에 사람의 수가 짝수일 경우에는 잔의 수를 제한하지 않은 듯 하다.

* "준영으로 부족한 한 사람분을 보충한다": 앞장인 5. "차 달이기"에"첫 번째 다린 차는 버린다. 그 끓인 찻물의 거품 위에는 검은 운모와 같은 수막이 있다. .... 그 첫 번째의 찻물을 가장 맛있는 준영이라 한다. .... 끓인 물(차)을 저장했다가" .... 여기에 준영을 저장했던 것으로 한 사람분을 보충한다.

神農氏(신농씨) 중국 고대 전설에 나오는 제왕으로 농사짓는 법을 처음으로 가르쳤다.

周公(주공) 주(周)나라 문왕(文王)의 아들. 무왕(武王)의 동생. 이름은 단(旦). 주나라의 제도와 예악을 정하여 주나라 문화 발전에 공을 세웠다.

晏嬰(안영) 춘추시대의 제나라의 재상. 검약을 실천한 사람(BC 580-500).

揚雄(양웅) 전한(前漢)의 학자. 자(字)는 자운(子雲). 촉(蜀)의 성도(成都) 사람. 저서는 태현경(太玄經). 양자법언(揚子法言(방언)).

司馬相如(사마상여) 한대(漢代)의 문인. 자(字)는 장경(長卿). 성도인(成都人).

韋曜(위요) (204-274) 삼국시대 오나라인(人). 문학과 사학자 위소(韋昭)라고도 함.

劉琨(유곤) (270-317) 동진 사람

張載(장재) 서진(西晉)의 무제(武帝)를 섬김. 문장가(文章家).

納(납) 육납(陸納). 진나라 때 오흥태수(吳興太守)

謝安(사안) 진(晉)의 명신(名臣). 자(字)는 안석(安石). 중서감(中書監)으로 건창현공(建昌縣公)에 책봉되다.

左思(좌사) 서진(西晉) 사람. 자, 태충(太冲). 삼도부(三都賦)를 짓다(蜀都賦 吳都賦 魏都賦).

國朝(국조) 당나라.

兩都(양도) 장안(長安)과 낙양(洛陽).

觕茶(추차) 거친 차.

散茶(산차) 지금의 녹차

瘖茶(암차) 물에 담그는 차.

橘皮(귤피) 귤껍질.

茱萸(수유) 수유나무 열매

百沸(백비) 오래 끓이다.

溝渠(구거) 하수구, 도랑.

於戲(오희) 감탄하여 내는 소리. 아!

鮮馥(선복) 맛과 향이 좋다.

翼(익) 날개, 공경하다, 붙들다, 돕다

呿(거) 입딱 벌린 모양, 입벌리다, 누어있는 소리

俱(구) 함께, 모두, 다

啄(탁) 쪼다, 부리, 똑똑두드리다, 쪼아 먹다

活(활) 살다, 생동하다

義(의) 의미, 뜻, 옳다

時(시) 기원, 때, 이, 늘, 기회, 엿보다, 시대

矣(의) 어조사

矣哉(의재) ~하구나(감탄을 나타냄)

哉(재) 어조사(영탄, 단정, 의문, 반어, 완료의 뜻을 나타냄), 비롯하다

救(구) 건지다, 구원하다, 돕다, 두둔하다

漿(장) 진한액체, 흙탕물, 음료수

蠲(견) 덜다, 깨끗하다, 밝히다, 밝다, 빠르다

憂(우) 근심, 걱정, 병

忿(분) 한(恨), 성내다, 분함

蕩(탕) 방탕하다, 씻다, 움직이다, 무너지다, 늪, 완전히 제거하다

昏(혼) 혼미하다, (정신이)흐리멍텅하다, 혼란하다, 머리가 둔하다, 어질어질하다, 어둡다

寐(매) 자다, 잠

發(발) 출발하다, 행동을 취하다, 보내다, 부치다, 표현하다, 전개하다

乎(호) ~에서, 어조사(의문형, 감탄형)

聞(문) 듣다, 전달하다, 지식, 이름이 나다

於(어) 어조사, ~에, ~에서, 있다, 하다, 되다, 같다, 더불어

魯(노) 노나라, 둔하다, 어리석다

公(공) 벼슬이름, 공평하다, 바르다, 공로

滂(방) 물이 솟구치는 모양, 퍼지다

盛(성) 번성하다, 왕성하다, 성대하다, 유행하다, 크다, 심다

荊(형) 형주(荊州), 호북성(湖北省) 강릉(江陵) 지역

俞(유) 유주(俞州), 사천성(四川省) 중경(重慶) 지역

比屋(비옥) 집집마다

觕(추) 크다, 굵다, 조잡하다, 대충, 대략

斫(작) 쪼개다, 찍다, 자르다, 차를 따다

熬(오) 볶다, 견디다

煬(양) 구워말리다, 녹이다, 불이 활활 붙다

舂(용) 찧다, 빻다, 절구질하다

缶(부) 항아리(四斛(곡)=40斗(말))

沃(옥) (물을)붓다, 뿌리다, 비옥하다, 기름지다

瘖(암) 병들다, 가벼운병, 여위다, 병

葱(총) 파

薑(강) 생강

棗(조) 대추

揚(양) 걷어내다, 위로 올리다, 높이 들다, 휘두르다(탕이 끓어 가루차가 위로 올라오는 것)

滑(활) 미끄럽다, 매끈하다

斯(사) 이것, 여기, 이에, 그래서, 곧

已(이) 그치다, 이미, 너무, 뿐

獵(렵) 사냥하다, 찾아다니다, 구하다

但(단) 다만, 오직, 그러나, 그렇지만

淺(천) 얕다, 좁다, 짧다, 평이하다, 쉽다, 천박하다, 미숙하다

屋(옥) 집, 가옥

庇(비) 가리다, 보호하다, 감싸다, 덮다

精(정) 순수한, 훌륭한, 뛰어나다, 정교하다

極(극) 매우, 지극한

工(공) 꾸미다, 작업하다

著(착) 着(착) (옷을)입다, 몸에 걸치다, 접촉하다

飽(포) 배부르다, 충분히

別(별) 분별하다, 구별하다, 변별하다

嚼(작) 씹다

嗅(후) (냄새를)맡다, 후각

羶(전) 노린내

腥(성) 비린내

庖(포) 부엌, 주방, 요리사

湍(단) 급류, 물살이 빠르다, 물살이 급하다, 물살이 세다

飛(비) 매우 빨리, 나는 듯이, 매우, 대단한

壅(옹) 막히다, 막다

潦(료) 고인 물

生(생) 설다, 날 것

碧(벽) 푸르다

縹(표) 옥색, 청백색

操(조) 다루다, (일을)하다, 조심하다

艱(간) 곤란하다, 어렵다, 험하다

攪(교) 어지럽다, 흔들다, 손놀리다, 휘젓다, 고루 섞다, 뒤섞다

遽(거) 바쁘다, 급하다, 황급히, 서둘러, 당황하다

興(흥) 성행하다, 흥미, 취미

廢(폐) 폐지하다, 그만두다

珍(진) 진귀하다, 귀중히 여기다

鮮(선) 신선하다, 맛이나 향기가 좋다

馥(복) 향기, 향기롭다

烈(열) 강렬하다, 열렬하다

行(행) 사용하다, 하다, 실행하다, 좋다, 괜찮다, 충분하다, 뛰어나다, 훌륭하다

約(약) 구속하다, 제약하다

闕(궐) 과실, 잘못, 실수=缺(결), 모자라다, 결석하다

補(보) 보충하다, 메우다, 보태 채우다, 때우다

7. 차의 역사

七. 茶之事
차 지 사

三皇 炎帝神農氏 周 魯周公旦 齊相晏嬰
삼황 염제신농씨 주 노주공단 제상안영

漢 仙人丹丘子 黃山君 司馬文園令相如 揚
한 선인단구자 황산군 사마문원령상여 양

執戟雄 吳 歸命侯 韋太傅弘嗣 晋 惠帝 劉
집극웅 오 귀명후 위태부홍사 진 혜제 유

司空琨 琨兄子 兗州刺史演 張黃門孟陽 傅
사공곤 곤형자 연주자사연 장황문맹양 부

司隸咸 江洗馬統 孫參軍楚 左記室太冲 陸
사예함 강세마통 손참군초 좌기실태충 육

吳興納 納兄子會稽內史俶 謝冠軍安石 郭弘
오흥납 납형자회계내사숙 사관군안석 곽홍

農璞 桓揚州溫 杜舍人毓 武康小山寺釋法瑤
농박 환양주온 두사인육 무강소산사석법요

沛國夏侯愷 余姚虞洪 北地傅巽 丹陽弘君擧
패국하후개 여요우홍 북지부손 단양홍군거

新*安任育長 宣城秦精 燉煌單道開 剡縣陳
신 안임육장 선성진정 돈황단도개 섬현진

務妻 廣陵老姥 河內山謙之
무처 광릉노모 하내산겸지

後魏 瑯琊王肅 宋 新安王子鸞 鸞弟豫章王
후위 낭야왕숙 송 신안왕자란 란제예장왕

子尙 鮑照妹令暉 八公山 沙門譚濟 齊 世
자상 포조매영휘 팔공산 사문담제 제 세

祖武帝 梁 劉廷尉 陶先生弘景 皇朝 徐英
조무제 양 유정위 도선생홍경 황조 서영

公勣
공적

神農『食經』'茶茗久服 令人有力悅志' 周公
신농 식경 차명구복 영인유력열지 주공

『爾雅』'檟 苦荼'『廣雅』云 '荊巴間採葉作餠
이아 가 고차 광아 운 형파간채엽작병

葉老者 餠成以米膏出之 欲煮茗飮 先炙令赤
엽노자 병성이미고출지 욕자명음 선적영적

色 搗末置瓷器中 以湯澆覆之 用葱 薑 橘
색 도말치자기중 이탕요복지 용총 강 귤

子芼之 其飮醒酒 令人不眠
자모지 기음성주 영인불면

『晏子春秋』'嬰相齊景公時 食脫粟之飯 炙
안자춘추 영상제경공시 식탈속지반 적

三弋五卵 茗菜而已'
삼익오란 명채이이

司馬相如『凡將篇』'烏喙 桔梗 芫華 款冬
사마상여 범장편 오훼 길경 원화 관동

貝母 木蘗 蔞 芩 草 芍藥 桂 漏蘆 蜚廉
패모 목벽 루 금 초 작약 계 루노 비렴

雚菌 荈詫 白蘞 白芷 菖蒲 芒消 莞 椒
관균 천타 백렴 백지 창포 망소 완 초

茱萸'
수유

『方言』‘蜀 西南人謂茶曰蔎’『吳志 韋曜傳』

방 언 촉 서 남 인 위 차 왈 설 오 지 위 요 전

‘孫皓每饗宴 坐席無不率以七升爲限 雖不盡

손 호 매 향 연 좌 석 무 불 솔 이 칠 승 위 한 수 부 진

入口 皆澆灌取盡 曜飲酒不過二升 皓初禮異

입 구 개 요 관 취 진 요 음 주 불 과 이 승 호 초 례 이

密賜茶荈以代酒’

밀 사 차 천 이 대 주

晉『中興書』‘陸納爲吳興太守時 衛將軍謝安

진 중 흥 서 육 납 위 오 흥 태 수 시 위 장 군 사 안

常欲詣納 『晉書』云 納爲吏部尙書 納兄子俶怪納

상 욕 예 납 진 서 운 납 위 이 부 상 서 납 형 자 숙 괴 납

無所備 不敢問之 乃私蓄十數人饌 安旣至

무 소 비 불 감 문 지 내 사 축 십 수 인 찬 안 기 지

所設惟茶果而已 俶遂陳盛饌 珍羞畢具 及安

소 설 유 차 과 이 이 숙 수 진 성 찬 진 수 필 구 급 안

去 納杖俶四十 云 ‘汝旣不能光益叔父 奈何

거 납 장 숙 사 십 운 여 기 불 능 광 익 숙 부 내 하

穢吾素業’『晉書』‘桓溫爲揚州牧 性儉 每讌

예 오 소 업 진 서 환 온 위 양 주 목 성 검 매 연

飲惟下七奠拌茶果而已’

음 유 하 칠 전 반 차 과 이 이

『搜神記』‘夏侯愷因疾死 宗人字苟奴察見鬼神

수 신 기 하 후 개 인 질 사 종 인 자 구 노 찰 견 귀 신

見愷來收馬 並病其妻 著平上幘 單衣 入坐

견 개 래 수 마 병 병 기 처 착 평 상 책 단 의 입 좌

生時西壁大牀 就人覓茶飲’

생 시 서 벽 대 상 취 인 멱 차 음

劉琨 與兄子南兗州刺史演書 云 ‘前得安州
유곤 여형자남연주자사연서 운 전득안주

乾薑一斤 桂一斤 黃芩一斤 皆所須也 吾體
건강일근 계일근 황금일근 개소수야 오체

中潰悶 常仰眞茶 汝可置之’ 傅咸 『司隸教』
중궤민 상앙진차 여가치지 부함 사예교

日 ‘聞南方有以困 蜀嫗作茶粥賣 爲群吏打破
왈 문남방유이곤 촉구작차죽매 위군리타파

其器具 嗣又賣餅於市 而禁茶粥以蜀姥 何哉’
기기구 사우매병어시 이금차죽이촉모 하재

『神異記』 ‘餘姚人虞洪入山採茗 遇一道士牽
신이기 여요인우홍입산채명 우일도사견

三青牛 引洪至瀑布山曰 “吾丹丘子也 聞子
삼청우 인홍지폭포산왈 오단구자야 문자

善具飮 常思見惠 山中有大茗可以相給 祈子
선구음 상사견혜 산중유대명가이상급 기자

他日有甌犧之餘 乞相遺也” 因立奠祀 後常
타일유구사지여 걸상유야 인입전사 후상

令家人入山 獲大茗焉’
영가인입산 획대명언

左思 『嬌女詩』 吾家有嬌女 皎皎頗白皙 小字
좌사 교녀시 오가유교녀 교교파백석 소자

爲紈素 口齒自淸歷 有姊字蕙芳 眉目粲如畵
위환소 구치자청력 유자자혜방 미목찬여화

馳騖翔園林 果下皆生摘 貪華風雨中 倏忽數
치무상원림 과하개생적 탐화풍우중 숙홀수

百適 心爲茶荈劇 吹噓對鼎䥶
백적 심위차천극 취허대정력

張孟陽『登成都樓』詩 云 '借問揚子舍 想見
장 맹 양 등 성 도 루 시 운 차 문 양 자 사 상 견

長卿廬 程卓累千金 驕侈擬五侯 門有連騎客
장 경 여 정 탁 누 천 금 교 치 의 오 후 문 유 연 기 객

翠帶腰吳鉤 鼎食隨時進 百和妙且殊 披林採
취 대 요 오 구 정 식 수 시 진 백 화 묘 차 수 피 림 채

秋橘 林江釣春魚 黑子過龍醢 果饌踰蟹蝑
추 귤 임 강 조 춘 어 흑 자 과 용 해 과 찬 유 해 서

芳茶冠六淸 溢味播九區 人生苟安樂 玆土聊
방 차 관 육 청 일 미 파 구 구 인 생 구 안 락 자 토 료

可娛'
가 오

傅巽 『七誨』'蒲桃宛柰 齊柿燕栗 峘陽黃梨
부 손 칠 회 포 도 완 내 제 시 연 율 환 양 황 이

巫山朱橘 南中茶子 西極石密'
무 산 주 귤 남 중 차 자 서 극 석 밀

弘君擧 『食檄』 '寒溫旣畢 應下霜華之茗
홍 군 거 식 격 한 온 기 필 응 하 상 화 지 명

三爵而終 應下諸蔗 木瓜 元李 楊梅 五味
삼 작 이 종 응 하 제 자 목 과 원 리 양 매 오 미

橄欖 懸豹 葵羹各一杯'
감 람 현 표 규 갱 각 일 배

孫楚 『歌』'茱萸出芳樹顚 鯉魚出洛水泉 白
손 초 가 수 유 출 방 수 전 이 어 출 낙 수 천 백

鹽出河東 美豉出魯淵 薑 桂 茶荈出巴蜀
염 출 하 동 미 시 출 노 연 강 계 차 천 출 파 촉

椒 橘 木蘭出高山 蓼蘇出溝渠 精稗出中田'
초 귤 목 란 출 고 산 요 소 출 구 거 정 패 출 중 전

華佗 『食論』 '苦茶久食 益意思' 壺居士
화타 식론 고차구식 익의사 호거사

『食忌』 '苦茶久食 羽化 與韮同食 令人體重'
식기 고차구식 우화 여구동식 영인체중

郭璞 『爾雅注』云 '樹小似梔子 冬生葉 可煮
곽박 이아주 운 수소사치자 동생엽 가자

羹飮 今呼早取爲茶 晚取爲茗 或一日荈 蜀
갱음 금호조취위차 만취위명 혹일왈천 촉

人名之苦茶'
인명지고차

『世說』 '任瞻字育長 小時有令名 自過江失志
세설 임첨자육장 소시유영명 자과강실지

旣下飮 問人云 "此爲茶爲茗" 覺人有怪色
기하음 문인운 차위차위명 각인유괴색

乃自分明云 "向問 飮爲熱爲冷"'
내자분명운 향문 음위열위냉

『續搜神記』 '晉武帝 宣城人秦精 常入武昌山
속수신기 진무제 선성인진정 상입무창산

採茗 遇一毛人 長丈餘 引精至山下 示以藂
채명 우일모인 장장여 인정지산하 시이총

茗而去 俄而復還 乃探懷中橘以遺精 精怖
명이거 아이복환 내탐회중귤이유정 정포

負茗而歸'
부명이귀

『晉四王起事』 '惠帝蒙塵 還洛陽 黃門以瓦盂
진사왕기사 혜제몽진 환낙양 황문이와우

盛茶上至尊'
성차상지존

『異苑』‘剡縣陳務妻 少與二子寡居 好飮茶茗
이 원 섬 현 진 무 처 소 여 이 자 과 거 호 음 차 명
以宅中有古塚 每飮輒先祀之 二子患之曰 “古
이 택 중 유 고 총 매 음 첩 선 사 지 이 자 환 지 왈 고
塚何知 徒以勞意” 欲掘去之 母苦禁而止 其
총 하 지 도 이 로 의 욕 굴 거 지 모 고 금 이 지 기
夜夢一人云 “吾止此塚三百餘年 卿二子恒欲
야 몽 일 인 운 오 지 차 총 삼 백 여 년 경 이 자 항 욕
見毁 賴相保護 又享吾佳茗 雖潛壤朽骨 豈
견 훼 뢰 상 보 호 우 향 오 가 명 수 잠 양 후 골 기
忘翳桑之報” 及曉 於庭中獲錢十萬 似久埋
망 예 상 지 보 급 효 어 정 중 획 전 십 만 사 구 매
者 但貫新耳 母告二子 慚之 從是禱饋愈甚’
자 단 관 신 이 모 고 이 자 참 지 종 시 도 궤 유 심

『廣陵耆老傳』 ‘晉元帝時有老姥 每旦獨提一
광 릉 기 로 전 진 원 제 시 유 노 모 매 단 독 제 일
器茗 往市鬻之 市人競買 自旦至夕 其器不
기 명 왕 시 육 지 시 인 경 매 자 단 지 석 기 기 불
減 所得錢 散路旁孤貧乞人 人或異之 州法
감 소 득 전 산 로 방 고 빈 걸 인 인 혹 이 지 주 법
曹縶之獄中 至夜 老姥執所鬻茗器 從獄牖*
조 집 지 옥 중 지 야 노 모 집 소 육 명 기 종 옥 유
中飛出’
중 비 출

『藝術傳』 ‘燉煌人單道開 不畏寒暑 常服小
예 술 전 돈 황 인 단 도 개 불 외 한 서 상 복 소
石子 所服藥有松 桂 蜜之氣 所餘茶蘇而已’
석 자 소 복 약 유 송 계 밀 지 기 소 여 차 소 이 이

『釋道該說 續名僧傳』‘宋釋法瑤 姓楊氏 河
석도해설 속명승전 송석법요 성양씨 하

東人 永嘉中過江 遇沈臺眞 臺眞在武康小山
동인 영가중과강 우심대진 대진재무강소산

寺 年垂懸車 飯所飲茶 永明中 勅吳興 禮
사 년수현차 반소음차 영명중 칙오흥 예

致上京 年七十九’
치상경 년칠십구

宋 『江氏家傳』‘江統 字應元* 遷愍懷太子洗
송 강씨가전 강통 자응원 천민회태자세

馬 常上疏諫云 “今西園賣醯 麪 藍子 菜
마 상상소간운 금서원매혜 면 람자 채

茶之屬 虧敗國體”’
차지속 휴패국체

『宋錄』‘新安王子鸞 豫章王子尙 詣曇濟道人
송록 신안왕자란 예장왕자상 예담제도인

於八公山 道人設茶茗 子尙味之曰 “此甘露
어팔공산 도인설차명 자상미지왈 차감로

也 何言茶茗”’
야 하언차명

王微 『雜詩』‘寂寂掩高閣 寥寥空廣厦 待君
왕미 잡시 적적엄고각 요요공광하 대군

竟不歸 收領今就檟’
경불귀 수령금취가

鮑照妹令暉著 『香茗賦』
포조매영휘저 향명부

南齊世祖武皇帝遺詔 '我靈座上 愼勿以牲爲
남 제 세 조 무 황 제 유 조 아 영 좌 상 신 물 이 생 위

祭 旦設餠果 茶飮 乾飯 酒脯而已'
제 단 설 병 과 차 음 건 반 주 포 이 이

梁劉孝綽 『謝晉安王餉米等啓』 '傳詔李孟孫
양 유 효 작 사 진 안 왕 향 미 등 계 전 조 이 맹 손

宣敎旨 垂賜米 酒 瓜 筍 菹 脯 酢 茗八
선 교 지 수 사 미 주 과 순 저 포 초 명 팔

種 氣苾新成 味芳雲松 江潭抽節 邁昌荇之
종 기 필 신 성 미 방 운 송 강 담 추 절 매 창 행 지

珍 疆場擢翹 越茸精之美 羞非純束野麏 裛
진 강 장 탁 교 월 용 정 지 미 수 비 순 속 야 균 읍

似雪之驢 鮓異陶瓶河鯉 操如瓊之粲 茗同食
사 설 지 려 자 이 도 병 하 리 조 여 경 지 찬 명 동 식

粲 酢類望柑 免千里宿舂 省三月種聚 小人
찬 초 류 망 감 면 천 리 숙 용 생 삼 월 종 취 소 인

懷惠大懿難忘'
회 혜 대 의 난 망

陶弘*景 『雜錄』 '苦茶 輕身*換骨* 昔丹丘
도 홍 경 잡 록 고 차 경 신 환 골 석 단 구

子 黃*山君服之'
자 황 산 군 복 지

『後魏錄』 '瑯琊王肅仕南朝 好茗飮 蓴羹 及
후 위 록 낭 야 왕 숙 사 남 조 호 명 음 순 갱 급

還北地 又好羊肉 酪漿 人或問之 "茗何如
환 북 지 우 호 양 육 낙 장 인 혹 문 지 명 하 여

酪” 肅曰 “茗不堪與酪爲奴”’
낙 숙 왈 명 불 감 여 낙 위 노

『桐君錄』‘西陽 武昌 廬江 晉陵好茗 皆東
동 군 록 서 양 무 창 여 강 진 릉 호 명 개 동

人作淸茗 茗有餑 飮之宜人 凡可飮之物 皆
인 작 청 명 명 유 발 음 지 의 인 범 가 음 지 물 개

多取其葉 天門冬 扶揳取根 皆益人 又 巴
다 취 기 엽 천 문 동 오 설 취 근 개 익 인 우 파

東別有眞茗茶 煎飮令人不眠 俗中多煮檀葉並
동 별 유 진 명 차 전 음 영 인 불 면 속 중 다 자 단 엽 병

大皀李作茶 竝冷 又南方有瓜蘆木 亦似茗 至
대 조 리 작 차 병 냉 우 남 방 유 과 로 목 역 사 명 지

苦澁 取爲屑茶飮 亦可通夜不眠 煮鹽人但資
고 삽 취 위 설 차 음 역 가 통 야 불 면 자 염 인 단 자

此飮 而交 廣最重 客來先設 乃加以香芼輩’
차 음 이 교 광 최 중 객 래 선 설 내 가 이 향 모 배

『坤元錄』‘辰州漵浦縣西北三百五十里無射山
곤 원 록 진 주 서 포 현 서 북 삼 백 오 십 리 무 야 산

云蠻俗當吉慶之時 親族集會歌舞於山上 山多
운 만 속 당 길 경 지 시 친 족 집 회 가 무 어 산 상 산 다

茶樹’
차 수

『括地圖』‘臨遂縣東一百四十里 有茶溪’
괄 지 도 임 수 현 동 일 백 사 십 리 유 차 계

山謙之 『吳興記』‘烏程縣西二十里 有溫山
산 겸 지 오 흥 기 오 정 현 서 이 십 리 유 온 산

出御荈’
출 어 천

『夷陵州圖經』‘黃牛 荊門 女觀 望等山
이 릉 주 도 경 황 우 형 문 여 관 망 등 산

茶茗出焉’
차 명 출 언

『永嘉圖經』‘永嘉縣東三百里有白茶山’
영 가 도 경 영 가 현 동 삼 백 리 유 백 차 산

『淮陰圖經』‘山陽縣 南二十里有茶坡’
회 음 도 경 산 양 현 남 이 십 리 유 차 파

『茶陵圖經』云 ‘茶陵者 所謂陵谷生茶茗焉’
차 릉 도 경 운 차 릉 자 소 위 능 곡 생 차 명 언

『本草木部』‘茗 苦茶 味甘苦 微寒 無毒
본 초 목 부 명 고 차 미 감 고 미 한 무 독

主瘻瘡 利小便 去痰渴熱 令人少睡 秋採之
주 루 창 이 소 변 거 담 갈 열 영 인 소 수 추 채 지

苦 主下氣消食 注云 春採之’
고 주 하 기 소 식 주 운 춘 채 지

『本草 菜部』‘苦茶 一名荼 一名選 一名遊
본 초 채 부 고 차 일 명 차 일 명 선 일 명 유

冬 生益州川谷 山陵道傍 凌冬不死 三月三
동 생 익 주 천 곡 산 릉 도 방 능 동 불 사 삼 월 삼

日採 乾 注云 疑此卽是今茶 一名荼 令人
일 채 건 주 운 의 차 즉 시 금 차 일 명 도 영 인

不眠’『本草注』按『詩』云 “誰謂荼苦”
불 면 본 초 주 안 시 운 수 위 도 고

又云 "堇荼如飴" 皆苦菜也 陶謂之苦荼 木
우 운 근 도 여 이 개 고 채 야 도 위 지 고 차 목

類 非菜流 茗 春採 謂之苦搽 途遐反
류 비 채 류 명 춘 채 위 지 고 차 도하반

『枕中方』'療積年瘻 苦茶 蜈蚣並炙 令香熟
침 중 방 요 적 년 루 고 차 오 공 병 적 영 향 숙

等分搗篩 煮甘草湯洗 以末傅之'
등 분 도 사 자 감 초 탕 세 이 말 부 지

『孺子方』'療小兒無故驚蹶 以苦茶 葱鬚煮
유 자 방 요 소 아 무 고 경 궐 이 고 차 총 수 자

服之'
복 지

(차를 마시기 시작한 것은) 삼황 중 하나인 염제 신농씨를 비롯하여, 주나라 때에는 노나라의 주공단과 제나라의 재상인 안영과 한나라 때에는 선인인 단구자와 황산군과 문제(文帝)의 원령인 사마상여와 집극인 양웅 등이 차를 마셨다.

오나라 때에는 귀명후인 손호(孫皓)와 태부인 위요(韋曜, 자(字)는 홍사)와 진나라 때는 혜제와 사공인 유곤과 유곤의 조카이며 연주자사인 유연(劉演)과 황문의 장재(張載, 자는 맹양)와 사예인 부함과 세마인 강통과 참군인 손초와 기실인 좌사(左思, 자는 태충(太冲))와 오흥태수(太守)인 육납과 육납의 조카이며 회계내사인 육숙과 관군인 사안석과 홍농태수(太守)인 곽박과 양주태수인 환온과 사인인 두육과 무강 소산사의 법요 스님과 패국의 하후개

와 여요 사람 우홍과 북지의 부손과 단양의 홍군거와 신안의 임첨(任瞻, 자는 육장)과 선성의 진정과 돈황의 단도개와 섬현의 진무의 부인과 광릉의 노모와 하내의 산겸지 등이 차를 마셨다.

후위 때 낭야의 왕숙과 남조(南朝)의 송나라 때 신안왕인 자란과 자란의 동생이며 예장왕인 자상과 포조의 누이동생인 영휘와 팔공산의 스님인 담제와 제나라의 세조인 무제와 양나라의 정위인 유효작(劉孝綽)과 도홍경 선생과 황조(당나라)에서는 영공인 서적 등이 차를 마셨다.

신농의 『식경』에 "차를 오래 마시면 사람이 힘이 있고 마음이 즐거워진다"고 하였다. 주공의 『이아』에 "가(檟)는 쓴 차"라고 하였다. 『광아』에 이르기를 "형주와 파주 사이에서는 찻잎을 따서 떡차를 만들며 쇤 찻잎은 미음을 쑤어 떡차를 만든다. 차를 다려 마시려면 먼저 차를 붉게 구워서 가루를 만들어 자기 속에 넣고 끓는 물을 붓고 뚜껑을 덮는다. 파와 생강과 귤을 섞어 끓이기도 한다. 그것을 마시면 술이 깨고 잠이 오지 않는다"고 하였다.

『안자춘추』에는 "안영이 제나라 경공의 재상으로 있을 때 현미밥과 새 구이 세 마리와 다섯 개의 알과 차나물만 먹었다"고 하였다.

사마상여의 『범장편』에는 "오훼, 길경, 원화, 관동, 패모, 목벽, 루, 금, 초, 작약, 계, 누로, 비렴, 관균, 천타, 백렴, 백지, 창포, 망소, 완, 초, 수유" 등의 약초에 대해 적혀 있다.

양웅의 『방언』에는 "촉나라의 서남쪽 사람들은 차를 설이라 한다"고 하였다.

『오지』의 『위요전』에 "손호는 향연이 있을 때마다 손님 한 사람당 대략 술 일곱 되를 책임량으로 정해 놓았다(정하지 않은 바가 없었다). 비록 그 술을 다 마시지는 않더라도 술을 모두 쏟아 부어야 했다. 그러나 위요는 술을 두 되 밖에는 마시지 못하자 손호는 처음부터 위요를 다르게 예우하여 몰래 차를 내려 술을 대신케 했다"고 하였다.

진나라의 『중흥서』에 "육납이 오흥태수로 있을 때 위장군인 사안이 늘 육납을 찾아 뵙고자 하였다. 『진서』에 이르기를 육납은 이부상서라 하였다. 육납의 조카인 육숙이 숙부인 육납이 손님을 맞을 준비가 없는 것을 괴상하게 여겼으나 감히 묻지를 못했다. 이에 육숙은 사사로히 십수인의 음식을 준비하였다. 이윽고 사안이 도착하였는데 육납이 준비한 것은 오직 차와 과일뿐이었다. 마침내 육숙이 준비한 음식을 베풀고 진수성찬도 갖추었다. 사안이 돌아가자 육납은 조카인 육숙에게 곤장 사십 대를 때리면서 말하기를 '너는 숙부를 유익하게 빛내 주지는 못할망정 어찌 내 평소에 하는 일까지 더럽히느냐'"라고 하였다. 『진서』에는 "환온이 양주목으로 있을 때 성품이 검소하여 매번 잔치에서 마실 때는 오직 일곱 번 헌상하고 차와 과일만을 나누었을 뿐이었다"고 하였다.

『수신기』에 "하후개가 병으로 죽었다. 친척 가운데 구노라는 자(字)를 가진 사람에게 귀신이 보여 자세히 살펴보니 하후개가 와서 말과 병든 그의 처를 구금하는 것을 보았다. 위가 평평한 두건과 홑옷을 몸에 걸치고 들어와 살아 있을 때와 같이 서쪽벽의 큰 침대에 앉아 바로 다른 사람에게 차를 달라고 하여 마셨다"고 하였다.

유곤이 조카인 남연주 자사 유연에게 보낸 편지에 이르기를 "전에 안주에서 얻은 말린 생강 1근과 계피 1근과 황금 1근은 모두가 필요한 것들이다. 내 몸의 기분이 편치 않을 때는 언제나 진짜 차를 의뢰하였다. 너도 (차를) 비치하는 것이 좋겠다"고 하였다.

부함의 『사예교』에 이르기를 "듣자 하니 남쪽이 빈곤하여 촉나라 할머니가 차 죽을 만들어 파는데 많은 관리들이 그 그릇을 부셔 버렸다. 그 후에 또 (들으니) 시장에서는 떡을 팔고 있다는데 촉나라 할머니의 차죽 파는 것만 금하고 있으니 어찌된 일이냐"고 하였다.

『신이기』에 "여요 사람 우홍이 산에 들어가 차를 따다가 3마리의 푸른 소를 끌고 있는 한 도사를 만났는데 도사는 우홍을 데리고 폭포산에 이르러 말하기를 '나는 단구자라 합니다. 당신이 차를 잘 다려 마신다는 말을 듣고 언제나 뵙고자 생각하였습니다. 산 속에는 큰 차나무가 있어 당신에게 주기는 넉넉합니다. 당신에게 부탁하는 것은 후일(他日)에 차를 마시고 남은 것이 있으면 내게도 보내 주십시오'라고 하였다. 이 일로 인하여 우홍은 단구자에게 차로 제사를 지냈다. 그 후 집 식구들이 산에 들어갈 때마다 늘 많은 차를 얻었다"고 하였다.

좌사의 『교녀시』(嬌女詩)에 "내 집에는 아름답고 사랑스런 여인이 있는데 매우 밝고 아름답다. 어릴 때 이름은 환소(紈素)인데 입과 이빨은 맑고 가지런하다. 언니가 있는데 이름은 혜방(蕙芳)이며 눈썹과 눈은 그림과 같이 아름답다. (둘이서) 빨리 뛰어 동산의 숲을 날아다녔고 과일나무 아래서 익지 않은 과일을 모두 땄다. 비바람 가운데서도 꽃을 탐내어 갑자기 수백 보를 갔다(걸었다).

차 때문에 마음이 바빠 솥을 향해 입으로 불을 힘껏 불었다"고 하였다.

장맹양의 『성도(成都)의 누각에 오르는 시』에 이르기를 "양웅(揚雄)의 옛집을 물어보고 사마상여(司馬相如)의 오두막집을 짐작해 본다. 정정(程鄭)과 탁왕손(卓王孫) 같은 부자는 많은 돈을 쌓아 두었으니 교만과 사치는 제후들과 견줄 만하다. 문에는 말 탄 손님이 줄을 이었고 그들의 비취 허리띠에는 오(吳)나라의 칼을 차고 있었다. 귀인의 음식이 수시로 올려지고 진수성찬의 맛은 묘하고 매우 뛰어났다. 숲을 헤치고 가을의 귤을 따고 숲이 있는 강에서는 봄의 물고기를 낚았다. 물고기는 용의 젓갈보다 뛰어나고 과일반찬은 게젓보다 뛰어났다. 향기로운 차는 여섯 가지 음료 중에 으뜸이고 넘치는 맛은 온 천하에 퍼졌다. 사람이 만일 평안하고 즐거운 곳을 찾는다면 이 땅(成都)도 우선은 즐길 만한 곳이다"라고 하였다.

부손의 『칠회』(七誨)에는 포(蒲)의 복숭아, 완(宛)의 사과, 제(齊)의 감, 연(燕)의 밤, 환양(峘陽)의 배, 무산(巫山)의 귤, 남중(南中)의 차씨(茶子), 서극(西極)의 석청(石淸) 등이 적혀 있다.

홍군거의 『식격』(食檄)에는 "날씨에 관한 인사가 끝나면 으레 서리꽃 같은 차를 대접한다. 차 석 잔 마시는 것이 끝나면 으레 사탕수수(蔗)와 모과(木瓜)와 자두(元梨)와 산 복숭아(楊梅)와 오미자(五味)와 감람(橄欖)과 산딸기(懸豹)와 아욱국(葵羹)을 한 잔씩 내놓는다"고 하였다.

손초의 『노래』(歌)에는 "수유(茱萸)는 꽃이 한창 피어 있는 나무의 꼭대기에(열매가) 맺히고, 잉어는 낙수(落水)의 샘에서 태어난다. 흰 소금은 하동(河東)에서 나며 맛있는 메주는 노연(魯淵)에서 난다. 생강과 계피와 차는 파촉(巴蜀) 지역에서 나며, 후추와 귤과 목란(木蘭)은 고산(高山)에서 난다. 여뀌(蓼)와 차조기(蘇)는 도랑에서 나며, 깨끗한 피(稗)는 밭에서 난다"고 하였다.

화타의 『식론』(食論)에 "차를 오래 마시면 사색에 유익하다"고 하였다.

호거사의 『식기』(食忌)에 "차를 오래 마시면 신선이 되고, 부추와 함께 마시면 몸이 무거워진다"고 하였다.

곽박의 『이아주』(爾雅注)에 이르기를 "나무는 작고 치자를 닮았으며 겨울에 나는 잎은 국으로 끓여서 가히 마실만 하다고 하였고, 오늘날은 일찍 딴 것은 차(茶)라 부르고 늦게 딴 것을 명(茗) 또는 천(荈)이라 부른다. 촉나라 사람은 이것을 고차(苦茶)라 부른다"고 하였다.

『세설』(世說)에 "임첨(任瞻)의 자(字)는 육장(育長)이며 어릴 때부터 높은 명성이 있었으나 서진(西晉)이 망하여 양자강을 건넌 뒤 부터는 뜻을 잃었다. 차를 대접받은 다음에 옆 사람에게 묻기를 '이것이 차입니까, 명(茗)입니까' 그러자 옆 사람이 의아해 하는 기색이 있는 것을 깨닫고는 스스로 변명하기를 '조금 전에 물은 것은 차를 뜨겁게 마십니까 차게 마십니까' 라고 물은 것"이라 하였다.

『속수신기』(續搜神記)에 "진나라 무제(武帝) 때 선성사람(宣城) 진정(秦精)은 언제나 무창산에 들어가 차를 땄다. 어느날 키가 열자가 넘고 털이 많은 선인(仙人)을 만났는데 진정을 데리고 산 아래에 이르러 차 나무숲을 보여주고 돌아갔다. 곧 다시 돌아와 품에서 귤을 찾아 진정에게 주었다. 진정은 두려워서 차를 걸머지고 돌아왔다"고 하였다.

『진사왕기사』(晋四王起事)에 "진나라의 혜제(惠帝)왕이 피난을 갔다 낙양으로 돌아오니 황문(黃門)의 벼슬을 가진 사람이 질그릇에 차를 담아 황제에게 올렸다"고 하였다.

『이원』(異苑)에 "섬현(剡縣)에 사는 진무(陳務)의 부인이 젊어서 과부가 되어 두 아들을 데리고 살면서 차 마시는 것을 좋아했다. 집안에는 옛 무덤이 있는데 차를 마실 때마다 먼저 제사를 드렸다. 두 아들은 이것을 걱정하여 어머니께 말하기를 '옛 무덤이 무엇을 알겠습니까 헛된 수고입니다' 하면서 그 무덤을 파서 없애려고 하였으나 어머니가 극력 금했으므로 그치고 말았다. 그날밤에 어머니의 꿈에 한 사람이 나타나 말하기를 '나는 이 무덤에 300여년을 머물렀는데 당신의 두 아들이 늘 이 무덤을 헐고자 하였으나 다행이 당신이 보호해 주었을 뿐 아니라 내게 좋은 차까지 대접해 주었으니 비록 땅속에 묻힌 썩은 뼈이지만 어찌 예상(翳桑)의 은혜 갚음을 잊을 수 있겠습니까' 라고 하였다. 날이 밝자 뜰에서 돈 10만 냥을 얻었는데 땅에 묻힌 지는 오래된 것 같았으나 돈꾸러미는 새것일 뿐이었다. 어머니가 두 아들에게 이 일을 말하자 두 아들은 부끄러워하면서 이때부터 더욱 열심히 제사를 지냈다"고 하였다.

『광릉기로전』(廣陵耆老傳)에 "진나라 원제(元帝) 때 한 노파가 있었는데 매일 아침 혼자 한 그릇 가득히 차를 들고 시장에서 팔았으며 시장사람들은 다투어 차를 샀다. 아침부터 저녁까지 차를 사 갔으나 차 그릇은 줄지 않았다. 그리고 차를 팔아서 얻은 돈을 길가의 외롭고 가난한 걸인들에게 나누어 주었다. 사람들은 이 일을 이상하게 의심하였고 주(州)의 법관은 노파를 구금하여 감옥에 가두었다. 밤이 되자 노파는 팔던 차 그릇을 들고 감옥의 창문을 통하여 (밖으로) 날아갔다"고 하였다.

『진서』(晉書)의 예술전(藝術傳)에 "돈황 사람 단도개(單道開)는 추위와 더위를 두려워하지 않았으며 항상 작은 돌을 먹었다. 먹는 약에는 송진과 계피와 꿀 같은 향기가 있는 것과 나머지는 차와 차조기풀 뿐이었다"고 하였다.

석도해설의 『속명승전』(續名僧傳)에 "남조(南朝) 때 송나라의 법요(法瑤) 스님의 성은 양(楊)씨이고 하동 사람이다. 영가(永嘉) 연중에 양자강을 건너 심대진(沈臺眞)을 만났는데 심대진은 무강(武康)의 소산사(小山寺)에 있었으며 나이가 많아 관직을 그만두고 차로 식사를 하였다. 영명(永明) 연중에 오흥(吳興)의 관리에게 칙명을 내려 그에게 최고의 예우를 갖춰 상경하도록 했다. 그때 그의 나이는 79세였다"고 하였다.

송나라의 『강씨가전』(江氏家傳)에 "강통(江統)의 자(字)는 응원(應元)이고 민회태자(愍懷太子)의 세마(洗馬)의 관직으로 옮겼다. 자주 임금께 올리는 상소에 간언하기를 '지금 서원(西園)에서 팔고 있는 식혜와 국수와 쪽풀씨와 채소와 차등은 유감스럽게도 나라의 체면을 훼손시킨다'"고 하였다.

『송록』(宋錄)에 "신안왕인 자란(子鸞)과 예장왕인 자상(子尙)이 팔공산으로 담제도인(曇濟道人)을 방문하였다. 담제도인이 차를 대접하자 이를 맛본 자상이 말하기를 '이것은 감로(甘露)이지 어찌 차라고 하겠습니까'"라고 하였다.

왕미(王微)의 『잡시』(雜詩)에 "높은 누각은 고요함이 덮여 있고 넓고 큰집은 쓸쓸하게 텅 비었네, 기다리던 님은 끝내 오지 않으니 옷깃을 가다듬고 이제 곧 차나 마시리"라 하였다.

포조(鮑照)의 누이동생인 영휘(令暉)는 『향명부』(香茗賦)를 지었다. 남조(南朝)때 제(齊)나라의 세조(世祖)인 무황제(武皇帝)가 남긴 조서(詔書)에는 "내 제사상 위에는 희생된 제물은 삼가 올리지 말고, 다만 떡과 과일과 마시는 차와 밥과 술과 말린 고기 (육포) 만을 올리라"고 하였다.

양(梁)나라의 유효작(劉孝綽)이 『진안왕(晉安王)으로부터 쌀 등을 받고 감사하는 글』(謝晉安王餉米等啓)에 "전조관(傳詔官) 이맹손(李孟孫)이 왕의 교지(敎旨)를 발표하고 쌀, 술, 오이, 죽순, 절인 야채, 육포, 식초, 차의 8 종류를 내려주었다. 그 쌀의 냄새는 신성(新成) 것보다 더 향기로웠고 그 술의 맛은 운송(雲松) 것보다 더 향기로웠다. 그 죽순은 계절에 강과 연못가에 돋은 창포와 순채의 진미를 능가했다. 오이는 두둑에 덩굴(翹)이 솟았고 부들꽃의 순수한 아름다움보다 뛰어났다. 육포는 실로 묶은 야생의 노루와 달리 맛이 있고 옷에 배인 향기는 눈 속의 나귀 향과 비슷했다. 젓갈은 질그릇 병에 담은 잉어와 다르고, 손에 들고 보니 아름다운 옥과 같은 깨끗한 쌀밥과 같았다. 차는 깨끗한 쌀밥을 먹는 것과 같은 맛이고, 식초는 귤을 우러러보는 맛과 같았다. 천 리 길을 가서 자도 방아 찧는 것을 면하고 석달분의 씨앗을 모으는 일도 생략되었다. 소인이 베풀어주신 은혜를 생각하니 그 크고 깊은 은혜를 어찌 잊겠습니까"라고 하였다.

도홍경(陶弘景)의 『잡록』(雜錄)에는 "차는 몸을 가볍게 하고 뼈를 바꾼다. 옛날에 단구자(丹丘子)와 황산군(黃山君)이 차를 마셨다"고 하였다.

『후위록』(後魏錄)에 "낭야(瑯琊)의 왕숙(王肅)이 남조(南朝)에서 벼슬을 했을 때 차 마시는 것과 순채국을 즐겼다. 북지로 돌아와서는 양고기와 우유(酪漿)를 즐겼다. 사람들이 가끔 '차와 우유와는 어느 쪽이 좋습니까' 하고 물으면 왕숙은 '차는 우유의 종이 될 수도 없다' 고 말하였다"고 기록하였다.

『동군록』(桐君錄)에는 "서양(西陽), 무창(武昌), 여강(廬江), 진릉(晉陵) 사람들이 좋아하는 차는 모두 동쪽 사람들이 만드는 청차(淸茶)이다. 차에는 거품(餑)이 있어 이것을 마시면 사람에게 좋다. 대개 마실 만한 것은 모두 그 잎을 많이 채취한다. 천문동(天門冬)과 오설(扶揳)은 그 뿌리를 취하며 그것은 모두 사람에게 유익하다. 또한 파동(巴東)에는 따로 진짜 차가 있는데 이것을 다려서 마시면 사람이 잠을 자지 못한다. 풍속 중에는 박달나뭇 잎과 쥐엄나무 잎을 달여 차를 만드는데 둘 다 냉하다. 또 남쪽에는 과로(瓜蘆) 나무가 있는데 역시 차를 닮아서 매우 쓰고 떫어 잎을 따서 가루로 만들어 마시며 이것 역시 밤새껏 잠을 자지 못한다. 소금을 달이는 사람들은 오직 이 음료에만 의지하며, 교주(交州)와 광주(廣州)에서는 이것을 가장 소중히 여겨 손님이 오면 먼저 대접하고 이어서 향이 좋은 채소들을 추가로 대접한다"고 하였다.

『곤원록』(坤元錄)에는 "진주(辰州)와 서포현(溆浦縣)의 서북쪽

350리에는 무야산(無射山)이 있으며 전하는 말에 야만인의 풍속에는 아주 경사스런 일이 있을 때는 친척들이 산 위에 모여 노래하고 춤춘다. 그 산에는 많은 차나무가 있다"고 하였다.

『괄지도』(括地圖)에 "임수현(臨遂懸)의 동쪽 140리에 차나무 골짜기가 있다"고 하였다.

산겸지(山謙之)의 『오흥기』(吳興記)에 "오정현(烏程縣)의 서쪽 20리에 온산(溫山)이 있는데 거기에서는 임금님께 바치는 차(御荈)가 난다"고 하였다.

『이능주도경』(夷陵州圖經)에 "황우(黃牛), 형문(荊門), 여관(女觀), 망(望) 등의 산에서는 차가 난다"고 하였다.

『영가도경』(永嘉圖經)에 "영가현(永嘉縣) 동쪽 300리에 백차산(白茶山)이 있다"고 하였다.

『회음도경』(淮陰圖經)에 "산양현(山陽縣) 남쪽 20리에 차나무 언덕이 있다"고 하였다.

『차능도경』(茶陵圖經)에 이르기를 "차능(茶陵)이란 이른바 능이 있는 골짜기에서 차가 난다는 뜻이다"라고 하였다.

『본초』(本草) 목부(木部)에 "차는 쓴차(苦茶)이고 맛은 달고 쓰며 조금 냉하나 독은 없다. 누창(瘻瘡)이란 병에 주로 쓰이며 소변을 잘 보게 하고 가래, 갈증, 몸의 열을 없애고 사람의 잠을 적게 한다. 가을에 딴 차는 쓰며 그 쓴맛은 주로 기(氣)를 가라앉히고 음식을 소화시킨다. 주석(注釋)에 이르기를 봄에 딴다"고 하였다.

『본초』(本草) 채부(菜部)에 "쓴 차(苦茶)는 차(茶), 선(選), 유동(遊冬)이라고 하며, 익주(益州)의 개천 골짜기나 산언덕이나 길가에서 자라며 혹독한 겨울에도 죽지 않는다. 3월 3일에 따서 말린다. 주석(注釋)에 이르기를 의심할 것 없이 이것이 바로 오늘의 차이며 일명 도(荼)라고도 하며 사람을 자지 못하게 한다"고 하였다. 『본초』의 주석(注釋)을 살피니 "『시경』(詩經)에 이르기를 '누가 도(荼)를 쓰다고 했는가' 라고 했고, 또 이르기를 '근도(菫荼)는 엿과 같다' 고 하였는데 이 모두는 쓴 나물이다. 도홍경(陶弘景)이 말하기를 쓴 차(苦荼)는 나무 종류이지 채소의 부류는 아니다. 봄에 딴 차를 쓴 차(苦荼)라고 한다"고 하였다. 차(搽)는 도하(途遐)의 반절이다

『침중방』(枕中方)에 "오래된 종기의 치료는 차와 지네를 함께 구워 향기가 나도록 익으면 반으로 갈라서 찧고 체로 쳐서 감초탕을 달여 환부를 씻어내고 가루를 바른다"고 하였다.

『유자방』(孺子方)에 "어린아이가 이유 없이 놀라서 기절한 것을 치료하는 데는 차와 파뿌리를 달여서 먹인다"고 하였다.

茶道古典

*新(신): 원문에는 新(신)이 없다. 중국 호주 육우 차문화 연구회에서 발행한 사고전서 육우 『차경』에는 樂(낙)으로 되어 있다.

*牗(유): 원문에는 편(片)변에 용(庸)으로 되어 있다. 오자다.

*元(원): 원문에는 원(元)이 없다.

*弘(홍): 원문에는 사(四) 밑에 방(方)이 있고 그 옆에 궤(几)로 되어 있다. 오자다.

*身(신): 원문에는 신(身)이 없다.

*骨(골): 원문에는 고(膏)로 되어 있다. 오자다.

*黃(황): 원문에는 책(責)으로 되어 있다. 오자다.

三皇(삼황) 고대 중국의 전설적인 황제로서 수인(燧人), 복희(伏羲), 신농(神農)을 말한다.

炎帝神農氏(염제신농씨) 신농은 농사짓는 법과 제약법을 가르쳤고 불을 사용하는 법을 가르쳐서 염제라고 한다.

周公旦(주공단) 주나라 문왕의 아들이며 무왕의 아우이다. 무왕이 죽은 뒤에 문왕의 어린 아들 성왕(成王)을 도와서 주나라의 기초를 놓았다.

晏嬰(안영) 춘추전국시대 제(齊)나라의 경공(景公, BC 547-490) 때 재상이 되었다. 근검 절약한 사람으로 후세들에게 귀감이 되었다. 자는 평중(平仲)이다.

丹丘子(단구자) 한나라 때의 선인(仙人).

黃山君(황산군) 한나라 때의 선인.

司馬相如(사마상여)(BC 179-117) 촉군(蜀郡) 사람. 한나라 때 제일의 문장가. 한무제(漢武帝, 재위 BC 141-BC87)를 섬겼으며, 벼슬은 문원령(文園令)에 올랐다.

揚雄(양웅)(BC 53-AD 18) 관직은 랑(郎)인데 갈라진 창(戟)을 잡고 숙직을 서서 집극(執戟)이라 불렀다. 한나라 때 사람.

歸命候(귀명후) 삼국시대 오나라의 제 4대 왕인 손권(孫權)의 손자인 손호(孫皓)(242-283)이다. 위(魏)나라에 항복하여 귀명후라 부르게 되었다. 자는 원중(元仲)이며 재위는 AD268-280.

韋太傅弘嗣(위태부홍사) 위요(韋曜, AD 220-280), 자는 홍사, 벼슬은 태부 오나라 사람으로 문인이며 역사 학자로서 『漢書』에 주(注)를 달아 유명해졌다.

惠帝(혜제) (재위 AD290-306), 서진(西晋)의 무제 사마염(武帝司馬炎)의 아들인 사마충(司馬衷)으로 제 2대 황제이다. 혜제는 황후인 가후(賈后)에게 권력을 맡긴 저능아로서 재위중에 '팔왕의 난'(八王의 亂)이 일어났다.

劉琨(유곤)(270-317) 서진때 사람으로 벼슬은 사공(司空), 서진이 멸망하고 동진(東晋)의 원제(元帝)가 황제가 되자 그를 섬겼다.

兗州刺史演(연주자사연) 유곤의 조카인 유연(劉演)이며 벼슬은 연주자사이다. 서진이 멸망하고 동진의 원제를 섬겨 후장군(后將軍)의 벼슬에 이르렀다.

張黃門孟陽(장황문맹양) 서진의 장재(張載), 자는 맹양. 3세기 사람으로 문장에 뛰어났다.

傅司隷咸(부사예함) 서진 때 사람으로 이름은 부함(傅咸, 239-294)이고 벼슬은 사예교위(司隷校尉)였다.

江洗馬統(강세마통) 서진 때 사람으로 이름은 강통(江統)이며 벼슬은 태자세마(太子洗馬)이다. AD 310년에 사망했다.

孫參軍楚(손참군초) 손초(孫楚, 218-293)는 삼국의 위나라에서 서진에 걸쳐서 산 사람, 자는 자형(子荊)이며 문장가이다.

左記室太冲(좌기실태충) 이름은 좌사(左思, 250-300)이며 자는 태충(太冲)이다. 서진의 시인으로 삼도부(三都賦)를 지어 낙양(洛陽)의 지가(紙價)를 올렸다.

陸吳興納(육오흥납) 진(晉)나라때의 육납(陸納)이며 벼슬은 오흥태수(吳興太守)이다. 자는 조언(祖言)이며 4세기 사람이다.

會稽內史俶(회계내사숙) 이름은 육숙(陸俶)이다. 회계 지방의 내사(內史)라는 관리를 지냈다. 오흥태수 육납(陸納)의 조카이다.

謝冠軍安石(사관군안석) 이름은 사안(謝安)이며 자는 안석(安石)이다. 벼슬은 오흥태수였다.

郭弘農璞(곽홍농박) 이름은 곽박(郭璞, 276-324), 자는 경순(景純)이다. 죽은후에 홍농태수라는 시호를 받았다. 동진(東晉)의 원제(元帝) 때 사람으로 문장가이다. 『이아(爾雅)』에 주(注)를 달아 유명해 졌다.

桓揚州溫(환양주온) 이름은 환온(桓溫, 313-374)이며 자는 원자(元子)이다. 동진때 양주목(揚州牧)(州의 長官)을 하였으며, 원제(元帝) 때 남강장공주(南康長公主)와 결혼하고 명제(明帝)때 대사마(大司馬)의 벼슬에 올랐고 남군공(南君公)으로 책봉되었다.

杜舍人毓(두사인육) 이름은 두육(杜毓, 265-316)(杜育이라고도 쓴다). 자는 방숙(方叔)이고 서진 때 중서사인(中書舍人)을 지냈다. 『천부』(荈賦)의 저자이다. 천부는 차를 노래한 가장 오래된 시이다.

武康(무강) 지금의 절강성 오흥현의 서남쪽.

沛國夏侯愷(패국하후개) 하후개는 동진 때 대사마(大司馬)를 지냈다. 패국(沛國)은 지금의 안휘성 소현(蕭縣).

余姚虞洪(여요우홍) 여요는 절강성 소흥현 동북지역. 우홍은 그곳에 살던 사람.

北地傅巽(북지부손) 북지는 지금의 섬서성 요현(耀縣). 부손은 부함(傅咸)의 아버지

丹陽弘君擧(단양홍군거) 단양은 지금의 강소성 남경시(南京市). 홍군거는 『식격』(食檄)의 저자.

新安任育長(신안임육장) 신안은 지금의 절강성 순안현(淳安縣), 이름은 임첨(任瞻), 자는 육장.

宣城秦精(선성진정) 선성은 지금의 안휘성 선성현, 진정에 대한 기록은 없다.

燉煌單道開(돈황단도개) 동진의 목제(穆帝) 때의 승려, 남루한 옷을 입고 하루에 700여리를 걸어 다녔으며 100여세까지 살았다. 돈황은 지금의 돈황(敦煌)이다.

剡縣陳務妻(섬현진무처) 섬현은 지금의 절강성 승현(嵊縣). 『이원(異苑)』에 나오는 진무의 부인.

廣陵老姥(광능노모) 광능은 지금의 강소성 강도현(江都縣)의 동북지역. 노모는 『광능기노전(廣陵耆老傳)』에 나오는 할머니.

河內山謙之(하내산겸지)) 하내는 지금의 하남성 심양현(沁陽縣). 산겸지는 남조(南朝)시대 송나라 사람으로 『오흥기(吳興記)』의 저자이다.

瑯琊王肅(낭야왕숙) 낭야는 지금의 산동성 제성현(諸城縣) 임기(臨沂). 왕숙(464-501)은 제(齊)나라에서 벼슬을 하다가 493년에 북위(北魏)에 초청되었으며 효문제(孝文帝)는 그의 학문을 존중했다.

新安王子鸞(신안왕자란) 남조(南朝)시대 송나라 효무제(孝武帝)의 여덟째 아들이다. 자란은 어려서 부왕 효무제의 사랑을 받자 형인 폐제(廢帝)가 왕에 즉위하자 10살밖에 안된 자란을 죽였다. 숙부인 명제(明帝)가 즉위하자 자란을 신안왕으로 봉했다.

豫章王子尙(예장왕자상) 신안왕자란의 형이며 효무제의 둘째 아들이다. 16세 때 후폐제(後廢帝)로부터 죽임을 당했다.

鮑照妹令暉(포조매영휘) 포소(鮑昭)라고도 한다. 포조는 관직이 포참군(鮑參軍)이었으며 남조 때 송나라의 시인으로 칠언시(七言詩)의 형성에 크게 기여했다. 누이동생인 영휘도 포조가 자랑하는 뛰어난 시인이었다.

八公山沙門譚濟(팔공산사문담제) 팔공산은 지금의 안휘성 봉태현(鳳台縣)의 동남에 있다. 『회남자(淮南子)』의 저자인 회남왕 안(安)이 천하의 준걸 여덟 사람을 초청하여 팔공산이란 이름이 붙여졌다. 담제는 담제(曇濟)라고도 하며 팔공산의 동산사(東山寺)의 스님이다.

齊世祖武帝(제세조무제) 남조 때 제(齊) 나라의 제2대 황제(재위 482-493)이다.

梁劉廷尉(양유정위) 남조 때 양나라의 정위 벼슬을 가진 유효작(劉孝綽, 481-539)이다. 문장이 뛰어난 문인이었다.

陶先生弘景(도선생홍경) 도홍경(456-536)은 독서만권(讀書万卷)이라고 부를 정도로 독서를 많이 했다. 남제(南齊)의 고제(高帝)때는 제왕시독(諸王侍讀)이 되었다가 무제(武帝)때 은거하여 화양도은거(華陽陶隱居)라 불리며 풍류생활에 들어갔다. 유불도(儒佛道) 삼교(三敎)에 통달하여 양(梁)나라 때는 산중재상(山中宰相)이라 불렸다. 의술과 본초(本草)에도 밝아 『본초경집주』(本草經集註)를 저술하였다.

皇朝徐英公勣(황조서영공적) 황조는 당(唐)나라이다. 서적(594-669)의 본명은 서세적(徐世勣)이었는데 당나라 황제의 성(姓)인 이(李)씨를 하사 받아 사용했으나 아들 경업(敬業)이 측천무후(則天武后)에게 반기를 들어 이씨 성을 박탈하여 다시 서씨로 복귀했다. 당나라의 장군이었다. 『본초』(신수본초, 新修本草)의 대표 편집자이다.

神農食經(신농식경) 신농이 식경을 지었다고 하나 불분명하다.

爾雅(이아) 유가(儒家)의 경전의 문자를 해설한 책으로 의미가 동일하고 문자가 다른 것을 모은 책이다. 지금은 13경(經)의 하나이다. 한나라 때의 학자가 편집하였다.

廣雅(광아) 북위의 장읍(長揖)이 『이아』를 증보한 10권의 책이다.

荊笆(형파) 지금의 호북성에서 사천성에 걸친 지역.

晏子春秋(안자춘추) 춘추시대 제나라의 재상인 안영(晏嬰)의 언행을 기록한 책.

凡將篇(범장편) 한나라의 사마상여(BC 179-117)가 지은책으로 글을 처음 배우는 사람에게 문자를 가르치는 책이었으나 지금은 전해지지 않는다. 『범장편』은 또한 사물의 이름을 분류하고 나열한 체재의 책이다.

烏喙(오훼) 부자(附子) 즉 바곳의 둥근뿌리.

桔梗(길경) 도라지.

芫華(원화) 팥꽃나무의 꽃, 서향나무(瑞香).

款冬(관동) 머위.

貝母(패모) 백합과의 풀

木蘗(목벽) 황벽(黃蘗)나무의 껍질과 열매.

蔞(루) 과루인(瓜蔞仁). 즉, 한울타리의 씨.

芩(금) 황금(黃芩)의 뿌리, 즉 속서근 풀 뿌리.

草(초) 감초(甘草)

芍藥(작약) 함박꽃 뿌리

桂(계) 육계(肉桂) 즉 계수나무의 껍질

漏蘆(누로) 절구대의 뿌리.

蜚廉(비렴) 삽주의 뿌리 즉 백출(白朮)과 창출(蒼朮).

藋菌(관균) 왕골버섯.

荈詫(천타) 차의 일종.

白蘞(백렴) 가위톱의 뿌리.

白芷(백지) 구리때의 뿌리.

菖蒲(창포) 창포의 뿌리.

芒消(망소) 망초(芒硝)라고도 한다. 박초(朴硝)를 달여 만든 약재.

莞(완) 완화(莞花) 즉 팥꽃나무의 꽃봉오리를 말린 것.

椒(초) 천초(川椒) 즉 산초나무 열매의 껍질.

茱萸(수유) 산수유나무의 열매.

方言(방언) 한나라의 양웅(BC53-AD18)의 저서로서 중국의 방언을 모아 해석한 책.

吳志(오지) 후한 다음의 삼국시대의 정사(正史)이다. 『삼국지』의 위지(魏志), 오지(吳志), 촉지(蜀志)의 오지를 말한다.

中興書(중흥서) 동진(東晋)시대의 일을 기록한 역사서로서 남조(南朝) 때 송나라의 하법성(何法盛)이 지었다.

晉書(진서) 진나라(266-420) 때의 정사(正史). 당나라의 방현령(房玄齡)(578-648) 등이 태종(太宗)의 명에 의해 편집한 역사책.

揚州牧(양주목) 양주는 지금의 강소성(江蘇省) 강도현(江都縣), 목(牧)은 중요 거점(據點)의 주(州)의 장관(長官)이다. 보통주의 장관은 자사(刺史)라 불렀다.

搜神記(수신기) 진(晉)나라의 간보(干寶)가 쓴 책. 고금의 신기한 일들을 기록한 설화집

南兗州(남연주) 동진(東晋)때의 광릉(廣陵), 지금의 강소성 강도현(江都縣)의 동북쪽.

司隷敎(사예교) 당나라의 수도인 낙양(洛陽)의 수도권 장관(首都圈長官)의 포고문(布告文)이다.

神異記(신이기) 서진(西晉)의 왕부(王浮)가 지은 책으로 한나라 때의 불가사의한 지리와 인물에 관해 적은 설화책.

餘姚(여요) 지금의 절강성 여요현.

靑牛(청우) 도사(道士)가 탔다는 검은 털의 소. 노자(老子)도 청우를 탔다고 한다.

張孟陽(장맹양) 장재(張載)의 자(字). 서진의 시인.

揚子(양자) 揚雄(양웅)(BC53-AD18)의 존칭.

長卿(장경) 사마상여(司馬相如, BC 179-117)의 자(字)

程(정) 정정(程鄭), 촉나라의 부호.

卓(탁) 탁왕손(卓王孫), 촉나라의 부호이며 사마상여의 장인.

五侯(오후) 공(公), 후(候), 백(伯), 자(子), 남(男)의 다섯 작위.

백화(白和) 진수성찬

七誨(칠회) 삼국시대 위나라의 부손이 지은 책 7가지 교훈을 의미한다.

蒲(포) 지금의 산서성, 혹은 하북성.

宛(완) 지금의 하남성.

齊(제) 지금의 산동성.

燕(연) 지금의 하북성.

峘陽(환양) 지금의 하남성 혹은 하북성.

巫山(무산) 지금의 사천성.

南中(남중) 중국의 남쪽 운남성.

西極(서극) 중국의 서역(西域) 즉 천축(天竺) 지역.

食檄(식격) 홍군거가 지은 양생(養生) 식품에 관한 책.

孫楚歌(손초가) 서진(西晉)의 참군(參軍) 벼슬을 한 손초(218-293)가 지은 노래(詩).

洛水(낙수) 섬서성 낙남현 북쪽에서 낙양을 거쳐 황하로 흐르는 강.

河東(하동) 지금의 산서성 황하의 동쪽지역.

魯淵(노연) 지금의 산동성 곡부현.

巴蜀(파촉) 지금의 사천성 지역.

華佗(화타) 후한말에서 삼국시대 위나라에 걸처 산 명의(名醫). 중국에서 처음으로 마취를 하고 수술을 한 의사. 100살에도 원기가 왕성했다.

爾雅注(이아주) 동진(東晋) 때 곽박(276-324)이 지은 책.

世說(세설) 세설신어(世說新語)의 준말. 남조(南朝)때 송나라의 유의경(劉義慶)(403-444)의 저서. 후한(後漢)에서 동진(東晋)까지의 귀족. 학자. 문인. 승려들의 언행, 언어, 문학 등을 36개 부문으로 나누어 썼다.

過江(과강) 서진(西晋)이 망하자 남쪽으로 내려가 양자강을 건너 피난한 것을 말한다.

續搜神記(속수신기) 진나라 도연명(陶淵明)의 저서. 간보(干寶)가 지은 『수신기』를 이어지은 책이라 하여 『속수신기』라 한다.

晉武帝(진무제) 서진(西晉)을 세운 왕, 무제(236-290)로서 성은 사마(司馬), 이름은 염(炎) 자(字)는 안세(安世)이다.

四王起事(사왕기사) 진나라의 여림(盧琳)의 저서, 혜제(惠帝)때 8왕의 반란중 4왕에 대한 기록. 4왕은 조왕윤(趙王倫), 제왕경(齊王冏). 장사왕의(長沙王義), 성도왕영(成都王穎)을 말한다.

黃門(황문) 진나라때 궁문을 지키는 산기관(散騎官)을 말한다. 환관(宦官).

異苑(이원) 남송(南宋)때 유경숙(劉敬叔)이 지은 괴담집.

翳桑之報(예상지보) 은혜를 잊지 않고 보답한다는 고사성어. 진나라 때 대부(大夫)인 조돈(趙盾)이 사냥을 갔다가 뽕나무 밭에서 굶어 죽게 된 영첩(靈輒)을 보고 먹을 것을 주어 살려주었다. 훗날 영첩은 영공(靈公)의 경호원이 되었다. 영공이 자기를 구해 준 은인 조돈을 죽이라는 명을 받고 매복중인 동료를 죽이고 조돈을 구해 준 이야기.

廣陵耆老傳(광릉기로전) 광릉은 지금의 강소성(江蘇省) 강도현(江都縣)의 동북지역. 기로전은 70세 이상의 노인들에 대한 기록.

晉元帝(진원제) 동진(東晋)의 처음 황제인 사마예(司馬睿)(재위 317-322)를 말한다.

法曹(법조) 법조참군(法曹參軍)의 약자로서 주(州)의 형사 소송을 담당하는 법관.

藝術傳(예술전) 『진서』(晉書) 권 95의 예술전이다. 기술자에 대한 열전이다.

釋道該說(석도해설) 석도열(釋道悅)이라고 하는 승려.

沈臺眞(심대진 397-449) 휘는 연지(演之). 자는 대진이다. 무강(武康) 사람으로 벼슬은 영가, 전당, 이부상서, 좌장군 등을 역임.

武康(무강) 절강성 오흥현의 서남지역.

京(경) 송나라의 수도인 건강(建康)으로 지금의 남경(南京) 시를 말한다.

江氏家傳(강씨가전) 서진 때 강씨 집안의 전기.

愍懷太子(민회태자) 서진의 제 2대 황제인 혜제(惠帝)의 장자인 사마휼(司馬遹).

西園(서원) 서원(西苑)이라고도 하며, 위나라 무제(武帝) 때 만든 동산으로 낙양(洛陽)에 있었다.

宋錄(송록) 동진의 멸망후 화남(華南)에서 유(劉)씨가 세운 송(宋)나라(420-478) 역사서이다. 책이 전해지지 않는다.

王微(왕미)(415-443) 남조인 송나라 건국 공신인 왕홍(王弘)의 조카. 자는 경공(景公) 또는 경현(景玄)이며 낭야(瑯琊)의 임기(臨沂) 사람이다. 문학에 조예가 깊었으며 관계(官界)에도 기대가 많았으나 벼슬을 좋아하지 않았다.

南齊世祖武皇帝(남제세조무황제) 남조(南朝)때 제(齊)나라의 제2대 황제(재위 482-493).

劉孝綽(유효작) (481-539) 남조(南朝)때 양(梁)나라의 문장가.

晉安王(진안왕) 송나라 무제(武帝)의 아들인 유자훈(劉子勛).

新成(신성) 절강성 신등현(新登縣).

免千里宿舂 省三月種聚(면천리숙용 생삼월종취) 장자(莊子)의 消遙遊篇(소요유편)의 "適百里者宿舂糧 適千里者三月糧聚(적백리자숙용량 적천리자삼월량취)"에서 인용하였다. 즉 "백 리를 가는 자는 하루 머무를 양식을 찧으며 천 리를 가는 자는 석 달치의 식량을 모은다"에서 인용.

陶弘景(도홍경)(456-536) 만권의 책을 읽어 유명하다. 유불도(儒佛道) 삼교(三敎)에 능통했으며, 양나라때는 '산중재상'(山中宰相)으로 불렸다.

瑯琊(낭야) 산동성 제성현(諸城縣)지역.

王肅(왕숙)(464-501) 처음엔 남조(南朝)에서 벼슬(493년)을 하다가 북위(北魏)에 초청되었으며, 효문제(孝文帝)는 그의 학문을 존중했다.

南朝(남조) 유유(劉裕)에 의해 동진(東晋)이 멸망하자 국호를 남조라 했다.

桐君錄(동군록) 이시진(李時珍)의 『본초강목』(本草綱目)에 동군(桐君)은 황제(皇帝)시대의 약을 채집하는 사람이다. 『동군록』은 『동군채약록』(桐君採藥錄) 또는 『동군약록』(桐君藥錄)이라고도 했다. 지금은 전해지지 않는다.

西陽(서양) 지금의 호북성 황강현(黃岡縣)이다.

武昌(무창) 지금의 호북성 악주현(鄂州縣)이다.

廬江(여강) 지금의 안휘성 곽구현(霍丘縣)이다.

晉陵(진능) 지금의 강소성 무진현(武進縣)이다.

巴東(파동) 지금의 호북성 파동현(巴東縣)이다.

交州(교주) 지금의 베트남에서 광서(廣西)의 동족자치구(僮族自治區)까지의 지역

廣州(광주) 지금의 광동(廣東)과 광서(廣西) 지역이다.

坤元錄(곤원록) 『송사』(宋史)의 예문지(藝文志)의 지리류(地理類)에 의하면 당나라 위왕태(魏王泰)가 지은 10권의 책이었으나 지금은 전하지 않는다. 위왕태는 당태종(唐太宗)의 아들로서 총명하여 이름이 높았다. 한때는 태자(太子)의 후보까지 되었다.

辰州(진주) 지금의 호남성 원능현(沅陵縣)이남.

漵浦縣(서포현) 지금의 호남성 서포현이다.

無射山(무야산) 지금의 호남성 서포현에 있다.

括地圖(괄지도) 『괄지도』란 책은 없고, 당나라의 위왕태가 편집한 550권의 지리서인 『괄지지』(括地誌)인 듯하다.

臨遂縣(임수현) 당나라때의 현(縣) 이름엔 없다. 하북성 임성현(臨城縣)인 듯하다.

山謙之(산겸지)(420-470) 남조(南朝)때 송(宋)나라 사람으로 『오흥기』(吳興記)의 저자이다.

吳興記(오흥기) 산겸지가 지은 지리(地理)책이다. 지금은 전해지지 않는다.

烏程縣(오정현) 지금의 절강성 오흥현(吳興縣)이다.

夷陵州(이능주) 지금의 호북성 의창(宜昌) 일대.

黃牛山(황우산) 지금의 호북성 의창의 서남부에 있는 산.

荊門山(형문산) 지금의 호북성 의창의 동남쪽에 있는 산

女觀山(여관산) 지금의 호북성 의도현(宜都縣)의 서북쪽에 있는 산.

望山(망산) 지금의 호북성 의창의 서쪽에 있는 산.

永嘉(영가) 지금의 절강성 영가현.

淮陰(회음) 지금의 강소성 회음현.

山陽縣(산양현) 지금의 강소성 회안현(淮安縣)이다.

茶陵(차능) 지금의 호남성 차능현이다.

本草木部(본초목부) 당나라 이적(李勣)이 지은 『신수본초』(新修本草)를 말한다.

益州(익주) 지금의 사천성의 성도(成都)이다.

陶(도) 도홍경(陶弘景)(452-536)을 말한다.

枕中方(침중방) 의학책이다.

孺子方(유자방) 소아과 의학책이다.

戟(극) 창, 갈라진창

侯(후) 임금, 과녁, 지방장관, 아름다울, 곧, 어찌

韋(위) 다룬가죽, 어길, 둘릴

傅(부) 스승, 보좌하다, 붙이다. 바르다. 덧붙이다.

嗣(사) 이을, 익힐, 대이을

劉(유) 도끼와 비슷한 무기, 죽이다, 이울다, 조락하다

琨(곤) 옥돌, 아름다운옥

兗(연) 끝, 믿을

咸(함) 다, 같을

稽(계) 생각할, 헤아릴, 합할, 머무를, 이르다

俶(숙) 비롯하다, 비로소, 지을, 정돈할, 심할, 착할, 고상할

璞(박) 옥돌, 소박할, 진실할

桓(환) 씩씩할, 머뭇거릴, 표목

毓(육) 기르다, = 育

瑤(요) 아름다운옥, 아름다울, 자개

沛(패) 물이름, 늪, 지명

愷(개) 즐겁다, 화락하다

巽(손) 유순하다, 낮을, 사양할, 괘이름

燉(돈) 고다, 푹삶다, 데우다, 끓이다

煌황) 반짝이다, 빛나다

姥(모) 할미, 노인

謙(겸) 겸허하다, 겸손하다

瑯(낭) 옥, 고을이름, 법랑, 파란

琊(야) 땅이름

肅(숙) 엄숙할, 급할, 절할

鸞(란) 난새, 칼방울, 수레에 단 방울

豫(예) 미리, 기뻐할, 놀, 참여할

鮑(포) 절인 어물, 전복

暉(휘) 빛, 햇빛

譚(담) 이야기, 말

濟(제) 건널, 그칠, 나루, 이룰, 이용할, 더할, 구제할

廷(정) 조정, 바를, 공평할

尉(위) 편안하게할, 기다릴, 벼슬 이름, 다리미

綽(작) 늘어질, 더딜

勣(적) 공적, 일

澆(요) 뿌리다, 불에 기름을 붓다, 물을 대다(주다), 부어넣다, 끄다.

芼(모) 채소를 골라뽑을, 풀, 나물 섞은 닭고기국

脫粟(탈속) 현미

弋(익) 주살(로 새를 쏘다), 잡다, 취하다, 홰, 새

喙(훼) 주둥이, 부리, 숨쉴, 괴로울

桔(길) 도라지(길경(桔梗))

梗(경) 산느릅나무, 흔들, 가시, 병, 곧을, 대개

芫(원) 여뀌

款(관) 정성스러울, 두드릴, 이를, 머무를, 조목, 새기다, 느리다

蘗(벽) 당귀, 산삼

蔞(루) 물쑥

芩(금) 그물, 사슴먹이풀, 황금(약초)

芍(작) 작약, 함박꽃

漏(루) 샐, 뚫을, 구멍, 빠뜨릴, 고민, 누수, 물시계, 냄새

漏蘆(누노) 절국대의 뿌리

蘆(로) 무, 갈대

蜚(비) 바퀴, 메뚜기, 날다

蜚廉(비렴) 바람의신, 풍백, 한약재

廉(렴) 염치, 청념하다, 값쌀, 살필, 검소할, 조촐함

雚(관) 작은참새, 황새, 박주가리, 물억새

詑(타) 자랑할, 속일, 신통할, 이상히 여기다, 놀라다

蘞(렴) 덩굴

芷(지) 향풀, 궁궁이, 구리때 뿌리

菖(창) 창포(菖蒲)

芒(망) 까락, 가스랑이, 꼬리별, 큰모양, 피곤한모양, 창날, 참억새, 이삭, 까끄라기

莞(완) 큰고랭이, 왕골, 빙그레웃는 모양, 창포

椒(초) 후추, 산초, 산꼭대기

灌(관) 물을대다, 관개하다, 부어넣다

澆灌(요관) 물을주다, 붓다, 주입하다

曜(요) 햇빛, 비치다, 비추다, 요일

皓(호) 희다, 빛나다, 밝다

率(솔) 대강, 대개, 대체로

詣(예) 이르다, 도착하다, 찾아뵙다, 방문하다, 조예, 깊은 경지

俶(숙) 비로소, 지을(作), 정돈할, 착할, 심할, 빼어날

奈(내) 참다, 견디다, 어찌, 어떻게,

奈何(내하) 어찌하다, 어떻게 하다, 어찌, 어떻게

奠(전) 설정하다, 안치하다, 제물을 바치다, 헌상하다

拌(반) 뒤섞다, 이기다, 버무리다, 말다툼하다, 버리다, 나누다

乃(내) 이에, 마침내, 드디어

遂(수) 마침내, 곧, 즉시, 결국, 끝내

宗(종) 가족, 일족, 일문(一門) 동성, 친척

字(자) 장가든 성인을 호칭할 때 이름 대신 사용한다.

察(찰) 관찰하다, 자세히 살피다

收(수) 체포하다, 가두다, 구금하다

著(착) (옷을)입다, 몸에 걸치다

幘(책) 두건

單衣(단의) 홑옷

牀(상) 침대

就(취) 바로, 꼭, 틀림없이

覓(멱) 구하다, 찾다

須(수) 필요하다, 요긴하다

潰(궤) 어지럽다

悶(민) 마음이 편치않다, 우울하다, 울적하다

仰(앙) 우러러보다, 앙모하다, 경모하다

置(치) 놓다, 두다

嫗(구) 할머니

吏(리) 관리, 관원,

群吏(군리) 많은 벼슬아치들, 관리떼(무리), 많은 관리

嗣(사) 바로뒤에, 그다음에, 뒤이어, 잇다, 계승하다

何哉(하재) 무슨 까닭인가?

因(곤) 곤궁하다, 고생하다, 괴롭히다

牽(견) 끌다, 이끌다, 잡아당기다

子(자) 당신, 그대, 너

善(선) 잘, 좋게, 부디

惠(혜) 상대방이 자기를 대하는 행위에 대해 존경을 표시하는 말

相(상) 동사의 앞에 쓰여 상대방에게 행하는 동작을 나타내며 때로는 경어를 나타냄

給(급) 주다, 넉넉하다, 풍족하다, 충분하다

犧(사) 희생, 작(杓) 즉 국자, 주걱

祈(기) 간청하다, 부탁하다, 빌다

乞(걸) 빌다, 구걸하다, 애걸하다, 빌어먹다, 동냥하다

嬌(교) 아름답고 사랑스럽다, 아리땁다.

皎(교) 희고밝다, 교교(皎皎), 깨긋하다, 결백하다, 새하얗고 밝다.

頗(파) 꽤, 상당히, 몹시, 대단히, 매우, 퍽

皙(석) 희다, 백석(白皙), 피부가 희다.

歷(력) 두루, 하나하나, 골고루, 빠짐없이, 낱낱이

眉目(미목) 눈섭과 눈

粲(찬) 선명하다, 아름답다.

馳(치) (말을) 빨리 달리다(몰다)

騖(무) 질주하다.

翔(상) 빙빙돌며날다, 날다, 상세하다.

摘(적) 따다, 꺾다.

倏(숙) 재빨리, 갑자기, 별안간, 어느덧.

倏忽(숙홀) 별안간, 갑자기, 어느덧

適(적) 가다, 적합하다, 알맞다.

劇(극) 심하다, 격렬하다, 바쁘다.

吹(취) 입으로 힘껏불다, 불다.

鑩(력) 솥

噓(허) 입김을 천천히 내불다, 천천히 숨을 내 쉬다.

借問(차문) 말씀좀 여쭙겠는데요, 찾아묻다.

廬(려)(여) 오두막집, 오막살이

驕(교) 교만하다, 자만하다.

想見(상견) 짐작하여 알다, 미루어알다, 알아볼 수 있다.

擬(의) 견주다, 비교하다, 본뜨다, 모방하다.

騎(기): 말탄사람, 기병

鉤(구) 갈고리, 허리띠고리, 낫, 낚시바늘, 끓어당길, 머무를, 올가미, 굽다, 감치다, 칼, 칼고리

鼎食(정식) 귀인의 음식

和(화) 섞다, 알맞다, 합하다.

且(차) 매우, 대단히, 몹시

殊(수) 뛰어나다, 다르다

披(피) 헤치다, 나누다, 흩으다

釣(조) 낚시질하다, 낚다.

黑子(흑자) 물고기

醢(해) 젓갈, 젓갈을 담다, 고기젓

踰(유) 뛰어넘다, 지나다, 더욱, 한층, 갈수록

過(과) 낫다, 우월하다

蟹(해) 게

蝑(서) 베짱이, 게젓

冠(관) 으뜸가다, 우승하다.

溢(일) 넘치다, 지나치다

播(파) 전파하다, 퍼뜨리다

六淸(육청) 6가지 음료(물, 미음(漿), 맑은 술(醴), 진국술(醇), 감주(醫), 기장술(酏)

九區(구구) 천하(天下), 세상. (당시는 천하를 9등분으로 나누었다)

苟(구) 진실로, 만일, 만약, 임시로

玆(자) 이(此), 이것, 지금, 여기에

聊(료) 애오라지, 즐겁다, 잠시, 우선, 조금, 약간

娛(오) 즐기다, 즐겁게하다, 오락, 즐거움

柰(내) 능금

柿(시) 감

檄(격) 격문

應(응) 응당, 꼭, 응대하다, 응답하다, 받아들이다, 감응하다.

爵(작) 작위, 고대의 술잔

蔗(자) 사탕수수

木瓜(목과) 모과

元李(원이) 자두

楊梅(양매) 산 복숭아, 소귀나무 열매

懸豹(현표) 산딸기

葵(규) 아욱, 해바라기, 접시꽃, 금전화

羹(갱) 국

芳樹(방수) 꽃이 한창 피어있는 나무

顚(전) 정수리, 꼭대기, 정상

鯉魚(이어) 잉어

美豉(미시) 맛있는 된장, 맛있는 콩자반, 맛있는 메주

蓼(료)(요) 여뀌(辛菜)

蘇(소) 차조기

稗(패) 피

意思(의사) 생각, 의견, 심정, 염원, 사색

羽化(우화) 신선이 되다, 사람의 몸에 날개가 생겨 하늘로 올라가는 신선

韮(구) 부추

令名(령명) 높은명성, 좋은 평판

旣(기) 마치다, 끝나다, 다하다, 그 뒤, 나중에

怪色(괴색) 의아해하는 기색, 납득하지 못한 표정

分明(분명) 되풀이하여 설명하다, 변명하다

向(향) 이전, 종전, 전

藂(총) 총(叢)의 속자, 떨기, 모으다, 숲

俄(아) 홀연히, 곧, 금세

俄而(아이) 곧, 머지않아, 갑자기

乃(내) 이에, 어조사

探(탐) 찾다, 뒤지다

怖(포) 무서워하다, 두려워하다

蒙塵(몽진) : 황제가 피난가는 것

盂(우) 바리, 밥그릇

瓦盂(와우) 진흙으로 만든 그릇

盛(성) 담다(물건을 용기에)

至尊(지존) 지극히 높은 이, 황제

輒(첩) 늘, 항상, 언제나

患(환) 근심, 걱정, 염려하다

徒以勞意(도이로의) 부질없는 일

徒勞(도로) 헛되이 수고함, 헛수고를 하다

苦(고) 극력, 꾸준히

卿(경) 당신, 그대

見(견) 동사 앞에 쓰여(누구에게서)....을 해 받기를 원함을 나타냄.

毁(훼) 헐다, 부수다, 훼손하다, 망가뜨리다

賴(뢰) 다행히~의 덕분으로

享(향) 대접하다

潛壤朽骨(잠양후골) 땅속에 묻힌 석은 뼈

豈(기) 어찌~하겠는가, 어떻게 ~하겠는가.

獲(획) 얻다, 획득하다

埋(매) 묻다, 파묻다

貫(관) 돈 꿰미, 꾸러미

慚(참) 부끄러워하다

從是(종시) 이때부터

饋(궤) 드리다, 증정하다, 선사하다

禱饋(도괴) 제사 지내다

愈(유) 더욱

甚(심) 심히, 더욱, 열심히

旦(단) 아침, 날

提(제) 들다, 끌다, 당기다, 끓다

鬻(육) 팔다, 기르다, 어리다

競(경) 다투다, 쫓다, 강하다

買(매) 사다, 구입하다, 매수하다

往(왕) 가다, 향하다, 이전의, 옛날의, ~쪽으로, ~(을)향해, ~쪽에서(쪽으로)(~하다)

散(산) 나누어주다, 뿌리다, 퍼지다, 흐터지다, 분산하다

路旁(노방) 길옆, 길가

或(혹) 의심하다, 괴이하다, 혹, 또

縶(집) 가두다, 구금하다, 묶다, 매다,

執(집) 들다, 잡다, 쥐다

從(종) ~부터, ~을(를) 쫓다, 순종하다, 종사하다

牖(유) 창문, 교화하다

蘇(소) 차조기풀, 소생하다, 회생하다, 잡다, 취하다

懸車(현차) 관직을 그만둠, 벼슬을 그만둠. (한나라의 설광덕(薛廣德)이 관직을 은퇴할 때 왕이 하사한 수레를 매달아 자손에게 영광을 나타낸 고사.)

勅(칙) 임금의 칙명(명령)

致(치) 극진하다, 이르다, 주다, 돌아오다, 부르다, 나아가다

遷(천) 옮기다, 관직이 바뀌다, 직위가 변하다

諫(간) 간언하다, 잘못을 고치도록 말하다

醯(혜) 식초, 식혜

藍子(람자) 쪽풀씨

虧(휴) 유감스럽게도, 실례지만, 부족하다, 기울다, 이지러지다

敗(패) 훼손시키다, 무너뜨리다, 헐다

詣(예) 방문하다, 찾아뵙다, 이르다, 도착하다

寂(적) 고요하다, 적막하다, 쓸쓸하다, 조용하다, 외롭고 쓸쓸하다

高閣(고각) 높은다락, 높은누각

掩(엄) 가리다, 숨기다, 감추듯이 덮다, 닫다

寥(요) 적막하고 공허하다, 괴괴하고 쓸쓸하다

厦(하) 큰 건물, 큰집

竟(경) 끝내, 결국, 마침내, 완수하다

收(수) 거두어들이다, 간수하다

領(령) 옷깃, 다스리다, 거느리다

就(취) 오직, 다만, 곧, 즉시, 이미, 당장

詔(조) 조서(詔書, 임금의 명령을 쓴 문서), 고하다, 가르치다

牲(생) 희생, 산제물

脯(포) 말린고기, 포, 육포

乾飯(건반) 밥

謝(사) 감사하다, 사례하다, 사과하다

餉(향) 주다, 증여하다, 술과음식, 봉급, 급료

啓(계) 편지, 서신, 열다, 깨우치다

宣(선) 선언하다, 발표하다, 공개하다, 선포하다

垂(수) 베풀다, 드리우다

賜(사) 주다

菹(저) 절인야채, 김치

酢(초) 식초, 잔돌리다, 시루

氣(기) 냄새

苾(필) 향기

抽(추) (새싹이)돋다, (이삭이)나오다

節(절) 계절

邁(매) 능가하다, 앞지르다

荇(행) 마른풀, 노랑머리연꽃, 순채(蓴菜)

珍(진) 진귀함

疆埸(강장) 두둑, 국경, 변경, 밭의경계, 지경, 변두리

茸(용) 풀이나다, 녹용, 송이, 부들꽃, 향포의 꽃

羞(수) 부끄러워하다, 나아가다, 맛있는 음식

純(순) 실, 온전하다, 크다, 묶다

麕(균) 무리짓다, 떼지어 모이다, 노루, 사슴의 일종, 무리

翹(교) 이르키다, 듣다, 뛰어나다, 새의꼬리, 덩굴

擢(탁) 빼다, 뽑다, 추리다, 솟다

裛(읍) 얽어매다, 옷에 향내배다

驢(려)(여) 나귀

鮓(자) 젓갈, 해파리

操(조) 손에잡다, 조련하다, 지도, 가락

瓊(경) 아름다운옥, 주사위

粲(차) 깨끗한 쌀밥, 선명하다, 미녀

類(류) 유사하다, 닮다, ~과 같다.

望(망) 바라다, 우러러보다, 책망하다

柑(감) 귤, 재갈

舂(용) 방아찧다, 악기, 절구질하다

免(면) 면하다, 벗다, 내쫓다, 놓다

省(생) 아끼다, 절약하다, 덜다, 줄이다, 생략하다

聚(취) 모으다, 쌓다, 많다, 고을, 부락

懷(회) 생각하다, 품다, 감추다

懿(의) : 크다, 깊다, 아름답다, 슬프다

難忘(난망) 잊을수 없다, 잊기 어렵다

蓴羹(순갱) 순채국

酪漿(낙장) 소나염소의 젓

不堪(불감) ~할 수 없다, 몹씨 나쁘다, 견디지 못하다

餑(발) 찻물의 거품

天門冬(천문동) 폐병, 천식, 가래에 좋은 한약재

扤揳(오설) 한약재

宜(의) 적합하다, 적당하다, 알맞다, 좋다

皂李(조리) 쥐엄나무

屑(설) 가루, 부스러기

但(단) 오로지, 다만, 오직

資(자) 의지하다, 제공하다, 자질, 자격

芼(모) 풀, 채소

輩(배) 견주다, 같다, 무리, 짝

吉慶(길경) 아주 경사스런 일

微(미) 작다, 조금, 없다

陵(능) 큰 언덕

道傍(도방) 길가

傍(방) 곁, 가까이하다

凌(능) 혹독한, 심한, 넘다

按(안) 살피다, 알아보다, 누르다

菫(근) 씀바귀

菫荼(근도) 오두(烏頭)와 씀바귀

飴(이) 엿

療(요) 치료하다, 병을 고치다

瘻(루) 종기

蜈(오) 지네

蚣(공) 지네

傅(부) 붙이다, 바르다

驚蹶(경궐) 놀라 기절하다, 경련

蹶(궐) 거꾸러지다, 꺾다, 움직이다

葱鬚(총수) 파뿌리

鬚(수) 수염, 꽃술

8. 차의 산지

八. 茶之出
차 지 출

山南
산 남

以峽州上　峽州　生遠安　宜都　夷陵三縣山谷
이 협 주 상　협 주　생 원 안　의 도　이 릉 삼 현 산 곡

襄州　荊州次　襄州　生南鄭縣山谷　荊州　生江陵縣山谷
양 주　형 주 차　양 주　생 남 정 현 산 곡　형 주　생 강 릉 현 산 곡

衡州下　生衡州　茶陵二縣山谷
형 주 하　생 형 주　차 릉 이 현 산 곡

金州　梁州　又下　金州　生西城　安康二縣山谷　梁州
금 주　양 주　우 하　금 주　생 서 성　안 강 이 현 산 곡　양 주

生襄城　金牛二縣山谷
생 양 성　금 우 이 현 산 곡

淮南
회 남

以光州上　生光山縣黃頭港者　與峽州同
이 광 주 상　생 광 산 현 황 두 항 자　여 협 주 동

義陽郡　舒州次　生義陽縣　鐘山者　與襄州同　舒州
의 양 군　서 주 차　생 의 양 현　종 산 자　여 양 주 동　서 주

生太湖縣潛山者　與荊州同
생 태 호 현 잠 산 자　여 형 주 동

壽州下　盛唐縣生霍山者 與衡山同也
수 주 하　성 당 현 생 곽 산 자　여 형 산 동 야

蘄州　黃州又下　蘄州　生黃梅縣山谷　黃州　生麻城縣
기주　황주우하　기주　생황매현산곡　황주　생마성현

山谷　並與荊州梁州同也
산곡　병여형주양주동야

浙西
절서

以湖州上　湖州　生長城縣顧渚山谷　與峽州　光州同
이호주상　호주　생장성현고저산곡　여협주　광주동

生烏瞻山　天目山　白茅山懸脚嶺　與襄州　荊南　義陽郡同
생오첨산　천목산　백모산현각령　여양주　형남　의양군동

生鳳亭山伏翼閣　飛雲　曲水二寺　啄木嶺　與壽州　常州同
생봉정산복익각　비운　곡수이사　탁목령　여수주　상주동

生安吉　武康二縣山谷　與金州　梁州同
생안길　무강이현산곡　여금주　양주동

常州次　常州　義興縣生君山懸脚嶺北峰下　與荊州　義陽
상주차　상주　의흥현생군산현각령북봉하　여형주　의양

郡同　生圈嶺善權寺　石亭山　與舒州同
군동　생권령선권사　석정산　여서주동

宣州　杭州　睦州　歙州下　宣州生宣城縣雅山　與蘄
선주　항주　목주　흡주하　선주생선성현아산　여기

州同　太平縣生上睦　臨睦　與黃州同　杭州　臨安　於潛二縣
주동　태평현생상목　임목　여황주동　항주　임안　어잠이현

生天目山　與舒州同　錢塘生天竺　靈隱二寺　睦州生桐廬縣
생천목산　여서주동　전당생천축　영은이사　목주생동여현

山谷　歙州生婺源山谷　與衡州同
산곡　흡주생무원산곡　여형주동

潤州　蘇州又下　潤州　江寧縣生傲山　蘇州　長州縣生
윤주　소주우하　윤주　강녕현생오산　소주　장주현생

洞庭山　與金州　蘄州　梁州同
동정산　여금주　기주　양주동

劍南
검남

以彭州上　生九隴縣馬鞍山至德寺　棚口　與襄州同
이팽주상　생구롱현마안산지덕사　붕구　여양주동

綿州　蜀州次　綿州　龍安縣生松嶺關　與荊州同　其西昌
면주　촉주차　면주　용안현생송령관　여형주동　기서창

昌明　神泉縣西山者並佳　有過松嶺者不堪採　蜀州　青城縣
창명　신천현서산자병가　유과송령자불감채　촉주　청성현

生丈人山　與綿州同　青城縣有散茶　木茶
생장인산　여면주동　청성현유산차　목차

邛州次　雅州　瀘州下　雅州百丈山　名山　瀘州　瀘川
공주차　아주　노주하　아주백장산　명산　노주　노천

者 與金州同
자 여금주동

眉州　漢州又下　眉州　丹棱縣生鐵山者　漢州　綿竹縣
미주　한주우하　미주　단릉현생철산자　한주　면죽현

生竹山者　與潤州同
생죽산자　여윤주동

浙東
절동

以越州上　餘姚縣生瀑布泉嶺曰仙茗　大者殊異　小者與
이월주상　여요현생폭포천령왈선명　대자수이　소자여

襄州同
양주동

明州　婺州次　明州鄮縣生榆筴村　婺州東陽縣東自山
명주　무주차　명주무현생유협촌　무주동양현동자산

與荊州同
여형주동

台州下　台州豊縣生赤城者　與歙州同
태주하　태주풍현생적성자　여흡주동

黔中
검중

生恩州　播州　費州　夷州
생은주　파주　비주　이주

江南
강남

生鄂州　袁州　吉州
생악주　원주　길주

嶺南
영남

生福州　建州　韶州　象州　福州生閩方山之陰縣也
생복주　건주　소주　상주　복주생민방산지음현야

其恩　播　費　夷　鄂　袁　吉　福　建　泉*　韶
기은　파　비　이　악　원　길　복　건　천　소

象十一州未詳　往往得之　其味極佳
상십일주미상　왕왕득지　기미극가

산남(山南):

산남에서는 협주(峽州) 차가 상등품이다. 협주에서는 원안(遠安)과 의도(宜都)와 이능(夷陵)의 세현의 산골짜기에서 차가 난다.

양주(襄州)와 형주(荊州)의 차는 차등품이다. 양주에서는 남정현(南鄭縣)의 산골짜기에서 나고 형주에서는 강능현(江陵縣)의 산골짜기에서 차가 난다.

형주(衡州)의 차는 하등품이다. 형주(衡州)와 차능(茶陵)의 두현의 산골짜기에서 차가 난다.

금주(金州)와 양주(梁州)의 차는 또한 하등품이다. 금주에서는 서성(西城)과 안강(安康)의 두현의 산골짜기에서 차가 나며, 양주에서는 양성(襄城)과 금우(金牛)의 두현의 산골짜기에서 차가 난다.

회남(淮南):

회남에서는 광주(光州)차가 상등품이다. 광산현(光山縣)의 황두항(黃頭港)에서 나는 차는 협주(峽州)의 차와 같다.

의양군(義陽郡)과 서주(舒州)의 차는 차등품이다. 의양현(義陽縣)의 종산(鐘山)에서 나는 차는 양주(襄州)의 차와 같다. 서주(舒州)에서는 태호현(太湖縣) 잠산(潛山)에서 나는 차와 형주(荊州)의 차는 같다.

수주(壽州)의 차는 하등품이다. 성당현(盛唐縣) 곽산(霍山)의 차는 형산(衡山)의 차와 같다.

기주(蘄州)와 황주(黃州)의 차는 또한 하등품이다. 기주의 황매현(黃梅縣) 산골짜기에서 나는 차와 황주의 마성현(麻城縣) 산골짜기에서 나는 차는 모두 형주(荊州)와 양주(梁州)의 차와 같다.

절서(浙西):

절서에서는 호주(湖州)차가 상등품이다. 호주의 장성현(長城縣) 고저산(顧渚山) 산골짜기에서 나는 차는 협주(峽州)와 광주(光州)의 차와 같다. 오첨산(烏瞻山)과 천목산(天目山)과 백모산(白茅山) 현각령(懸脚嶺)에서 나는 차는 양주(襄州)와 형남(荊南)과 의양군(義陽郡)의 차와 같다. 봉정산(鳳亭山) 복익각(伏翼閣)과 비운사(飛雲寺)와 곡수사(曲水寺) 두 사찰과 탁목령(啄木嶺)에서 나는 차는 수주(壽州)와 상주(尙州)의 차와 같다. 안길(安吉)과 무강(武康) 두현(縣)의 산골짜기에서 나는 차는 금주(金州)와 양주(梁州)의 차와 같다.

상주(常州)차는 차등품이다. 상주(常州)의 의흥현(義興縣)에서는 군산(君山) 현각령(懸脚嶺)의 북쪽 봉우리 아래서 차가 나는데 형주(荊州) 의양군(義陽郡)의 차와 같다. 권령(圈嶺)의 선권사(善權寺)와 석정산(石亭山)에서 나는 차는 서주(舒州)의 차와 같다.

선주(宣州)와 항주(杭州)와 목주(睦州)와 흡주(歙州)의 차는 하등품이다. 선주(宣州)에서는 선성현(宣城縣)의 아산(雅山)에서 차가 나는데 기주(蘄州)의 차와 같다. 태평현(太平縣)에서는 상목(上睦)과 임목(臨睦)에서 차가 나는데 황주(黃州)의 차와 같다. 항주(抗州)에서는 임안(臨安)과 어잠(於潛)의 두현(縣)의 천목산(天目山)에서 차가나는데 서주(舒州)의 차와 같다. 전당(錢塘)에서는 천축사(天竺寺)와 영은사(靈隱寺) 두 사찰에서 차가 나고, 목주(睦州)에서는 동여현(桐廬縣)의 산골짜기에서 나며, 흡주(歙州)에서는 무원(婺源)의 산골짜기에서 차가 나는데 형주(衡州)의 차와 같다.

윤주(潤州)와 소주(蘇州)의 차는 또한 하등품이다. 윤주(潤州)의 강녕현(江寧縣)에서는 오산(傲山)에서 차가 나고, 소주(蘇州)의 장주현(長州縣)에서는 동정산(洞庭山)에서 차가 나는데 금주(金州)와 기주(蘄州)와 양주

(梁州)의 차와 같다.

검남(劍南):

검남에서는 팽주(彭州)의 차가 상등품이다. 구농현(九隴縣)의 마안산(馬鞍山) 지덕사(至德寺)와 붕구(棚口)에서 차가 나는데 양주(襄州)의 차와 같다.

면주(綿州)와 촉주(蜀州)의 차는 차등품이다. 면주의 용안현(龍安縣)에서는 송령관(松嶺關)에서 차가 나는데 형주(荊州)의 차와 같다. 서창현(西昌縣)과 창명현(昌明縣)과 신천현(神泉縣)의 서산(西山)의 차는 모두 좋다. 과송령(過松嶺)에 있는 차는 딸만한 것이 못된다. 촉주(蜀州)의 청성현(靑城縣)에서는 장인산(丈人山)에서 차가 나는데 면주(綿州)의 차와 같다. 청성현(靑城縣)에는 산차(散茶)와 목차(木茶)가 있다.

공주(邛州)의 차는 차등품이며 아주(雅州)와 노주(瀘州)의 차는 하등품이다. 아주(雅州)의 백장산(百丈山)과 명산현(名山縣)과 노주(瀘州)의 노천현(瀘川縣)의 차는 금주(金州)의 차와 같다.

미주(眉州)와 한주(漢州)의 차는 또한 하등품이다. 미주(眉州)에서는 단능현(丹棱縣)의 철산(鐵山)에서 차가 나며, 한주(漢州)에서는 면죽현(綿竹縣)의 죽산(竹山)에서 차가 나는데 윤주(潤州)의 차와 같다.

절동(浙東):

절동에서는 월주(越州)의 차가 상등품이다. 여요현(餘姚縣)의 폭포천(瀑布泉) 산마루에서 나는 차를 선명(仙茗)이라 하는데, 큰 것은 매우 다르며 작은 것은 양주(襄州)의 차와 같다.

명주(明州)와 무주(婺州)의 차는 차등품이다. 명주(明州) 무현(鄮縣)의 유협촌(榆筴村)에서 나는 차와 무주(婺州) 동양현(東陽縣)의 동자산(東自山)의 차는 형주(荊州)의 차와 같다.

태주(台州)의 차는 하등품이다. 태주(台州) 풍현(豊縣)의 적성(赤城)에서 나는 차는 흡주(歙州)의 차와 같다.

검중(黔中):

검중에서는 은주(恩州)와 파주(播州)와 비주(費州)와 이주(夷州)에서 차가 난다.

강남(江南):

강남에서는 악주(鄂州)와 원주(袁州)와 길주(吉州)에서 차가 난다.

영남(嶺南):

영남에서는 복주(福州)와 건주(建州)와 소주(韶州)와 상주(象州)에서 차가 난다. 복주(福州)에서는 민방산(閩方山)의 음현(陰縣)에서 차가 난다.

그 외의 은주(恩州), 파주(播州), 비주(費州), 이주(夷州), 악주(鄂州), 원주(袁州), 길주(吉州), 복주(福州), 건주(建州), 소주(韶州), 상주(象州)의 11주(州)의 차에 대해서는 상세히 모르나 때때로 얻어 마셔 보면 그 맛이 아주 좋다.

*泉(천): 다른 판본(版本)에는 천(泉)이 없다. 천(泉)이 없어야 11주(州)가 된다.

山南(산남) 당나라 태종(太宗)의 정관 원년(貞觀元年 627년)에 전국을 10개도(道)로 나눈 그 하나이다. 즉 관내(關內). 하남(河南), 하동(河東), 하북(河北), 산남(山南), 농우(隴右), 회남(淮南), 강남(江南), 검남(劍南), 영남(嶺南)이다. 산남(山南)은 지금의 호북성을 중심으로 호남성 일부와 사천성 동부와 섬서성 남부와 감숙성 일부와 하남성 남부를 포함한다.

峽州(협주) 지금의 호북성 의창시(湖北省 宜昌市), 협주(峽州)의 주정부가 있던 곳.

遠安縣(원안현) 지금의 호북성 의창의 원안현

夷陵縣(이능현) 지금의 호북성 의창시. 협주의 주정부가 있던 곳.

宜都縣(의도현) 지금의 호북성 의창의 의도현

襄州(양주) 지금의 호북성 양양(襄陽)의 양번시(襄樊市).

荊州縣(형주현) 지금의 호북성 강능현(江陵縣).

江陵縣(강능현) 지금의 호북성 형주(荊州)의 강능현.

衡州(형주) 지금의 호남성(湖南省) 형양시(衡陽市).

衡山縣(형산현) 지금의 호남성 형양(衡陽)의 형산현.

茶陵縣(차능현) 지금의 호남성 상담(湘潭)의 차능현.

金州(금주) 지금의 섬서성(陜西省) 안강현(安康縣).

梁州(양주) 지금의 섬서성 한중시(漢中市).

西城縣(서성현) 지금의 섬서성 안강현(安康縣) 금주(金州)의 주정부가 있던 곳.

安康縣(안강현) 지금의 섬서성 안강(安康)의 한음현(漢陰縣).

襄城縣(양성현) 지금의 섬서성 한중시(漢中市)의 서북지역.

金牛縣(금우현) 지금의 섬서성 관중(關中)의 면현(沔縣) 서북지역.

淮南(회남) 당나라 10도(道)의 하나로서 강소성(江蘇省) 북부와 안휘성(安徽省)과 하남성(河南省) 남부와 호북성(湖北省) 동부의 지역.

光州(광주) 당나라의 회남도(淮南道)에 속한 주. 지금의 하남성 신양(信陽)의 황천현(黃川縣).

光山縣(광산현) 지금의 하남성 신양의 광산현.

義陽郡(의양군) 지금의 하남성 신양시(信陽市).

鐘山縣(종산현) 지금의 하남성 신양시의 동쪽지역.

太湖縣(태호현) 지금의 안휘성((安徽省) 안경(安慶)의 태호현.

壽州(수주) 지금의 안휘성 육안(六安)의 수현(壽縣).

盛唐縣(성당현) 지금의 안휘성 육안현(六安縣).

霍山(곽산) 지금의 안휘성 육안의 곽산현(霍山縣).

蘄州(기주) 지금의 호북성 황강(黃岡)의 기춘현(蘄春縣).

黃州(황주) 지금의 호북성 황강현(黃岡縣).

黃梅縣(황매현) 지금의 호북성 황강의 황매현.

麻城縣(마성현) 지금의 호북성 황강의 마성현.

浙西(절서) 지금의 절강성의 서부지역.

湖州(호주) 지금의 절강성 가흥(嘉興)의 호주시.

長城縣(장성현) 지금의 절강성 가흥의 장흥현(長興縣).

顧渚山(고저산) 지금의 절강성 장흥현에있는 산.

烏瞻山(오첨산) 지금의 절강성 장홍현의 서쪽에 있는 산.

白茅山(백모산) 지금의 절강성 장흥현에 있는 산.

懸脚嶺(현각령) 지금의 절강성 장흥현에 있다.

鳳亭山(봉정산) 지금의 절강성 장흥현에 있는 산.

飛雲寺(비운사) 지금의 절강성 장흥현에 있는 사찰.

曲水寺(곡수사) 지금의 절강성 장흥현에 있는 사찰.

啄木嶺(탁목령) 지금의 절강성 장흥현에 있다.

安吉縣(안길현) 지금의 절강성 가흥의 안길현.

武康縣(무강현) 지금의 절강성 가흥의 덕청현(德淸縣)의 서쪽지역.

常州(상주) 지금의 강소성(江蘇省) 진강(鎭江)의 상주시(常州市) 서쪽지역.

義興縣(의흥현) 지금의 강소성 진강의 의흥현(宜興縣).

君山(군산) 지금의 강소성 의흥현에 있는 당공산(唐貢山).

宣州(선주) 지금의 안휘성(安徽省) 연호(燕湖)의 선성현(宣城縣).

杭州(항주) 지금의 절강성 항주시(杭州市).

睦州(목주) 지금의 절강성 금화(金華)의 건덕현(建德縣).

歙州(흡주) 지금의 안휘성 휘주(徽州)의 흡현(歙縣).

宣城縣(선성현) 지금의 안휘성 연호의 선성현.

雅山(아산) 지금의 안휘성 영국현(寧國縣)에 있는 산.

太平縣(태평현) 지금의 안휘성 휘주의 태평현.

臨安縣(임안현) 지금의 절강성 항주(杭州)의 임안현.

於潛縣(어잠현) 지금의 절강성 항주의 임안현 서쪽지역.

天目山 (천목산) 지금의 절강성 항주의 어잠현에 있는 산.

錢塘縣(전당현) 지금의 절강성 항주시.

天竺寺(천축사) 지금의 절강성 항주시 서호(西湖)의 서쪽에 잇는 사찰.

靈隱寺(영은사) 지금의 절강성 항주시 서호의 서족에 있는 사찰.

桐廬縣(동여현) 지금의 절강성 항주의 동여현.

婺源縣(무원현) 지금의 강서성(江西省) 상요(上饒)의 무원현.

潤州(윤주) 지금의 강소성(江蘇省) 진강시(鎭江市).

蘇州(소주) 지금의 강소성 소주시(蘇州市).

江寧縣(강녕현) 지금의 강소성 남경(南京)의 강녕현.

長州縣(장주현) 지금의 강소성 소주(蘇州)의 오현(吳縣).

洞庭山(동정산) 지금의 강소성 무석(無錫)의 태호(太湖) 안에 있는 산.

劍南(검남) 지금의 사천성(四川省).

彭州(팽주) 지금의 사천성 온강(溫江)의 팽현(彭縣).

九隴縣(구농현) 지금의 사천성 온강의 팽현.

至德寺 (지덕사) 지금의 사천성 팽현에 있는 사찰.

棚口(붕구) 지금의 사천성 온강의 팽현에 있다.

綿州(면주) 지금의 사천성 면양현(綿陽縣).

蜀州(촉주) 지금의 사천성 온강의 숭경현(崇慶縣).

龍安縣(용안현) 지금의 사천성 면양의 안현(安縣)의 북쪽지역.

松嶺關(송령관) 지금의 사천성 면주의 용안현의 북쪽에 있던 관소(關所).

西昌縣(서창현) 지금의 사천성 면양의 안현 동북지역.

昌明縣(창명현) 지금의 사천성 면양의 면양현 북쪽지역.

神泉縣(신천현) 지금의 사천성 면양의 안현 남쪽지역.

靑城縣(청성현) 지금의 사천성 온강의 관현(灌縣) 서쪽지역.

丈人山(장인산) 지금의 사천성 온강의 관현 서남쪽지역에 있는 산.

邛州(공주) 지금의 사천성 온강의 공래현(邛崍縣).

雅州(아주) 지금의 사천성 아안현(雅安縣).

瀘州(여주) 지금의 사천성 의빈(宜賓)의 여주시(瀘州市).

百丈縣(백장현) 지금의 사천성 아안의 명산현(名山縣) 동북쪽 지역.

名山縣(명산현) 지금의 사천성 아안의 명산현.

瀘川縣(여천현) 지금의 사천성 의빈의 여주시(瀘州市).

眉州(미주) 지금의 사천성 낙산(樂山)의 미산현(眉山縣).

漢州(한주) 지금의 사천성 온강의 광한현(廣漢縣).

丹棱縣(단능현) 지금의 사천성 낙산의 홍아현(洪雅縣) 동쪽지역.

綿竹縣(면죽현) 지금의 사천성 면양의 면죽현.

綿竹山(면죽산) 지금의 사천성 한주(漢州)의 면죽현에 있는 산.

浙東(절동) 지금의 절강성(浙江省) 동남쪽 지역.

越州(월주) 지금의 절강성 영파(寧波)의 소흥시(紹興市).

餘姚縣(여요현) 지금의 절강성 영파의 여요현.

瀑布泉嶺(폭포천령) 지금의 절강성 여요현에 있다. 백수산(白水山) 안에 42개의 샘이 있어서 붙여진 이름이다.

明州(명주) 지금의 절강성 영파시 운현(鄞縣).

婺州(무주) 지금의 절강성 금화시(金華市).

鄮縣(무현) 지금의 절강성 영파시 운현.

東陽縣(동양현) 지금의 절강성 금화의 동양현.

東自山(동자산) 지금의 절강성 동양현에 있는 산.

台州(태주) 지금의 절강성 온주(溫州)의 임해현(臨海縣).

豊縣(풍현) 지금의 절강성 영파의 천태현(天台縣).

赤城((적성) 지금의 절강성 천태현에 있는 적성산(赤城山).

黔中((검중) 지금의 사천성 남동쪽에서 호남성과 귀주성(貴州省)에 걸쳐 있는 지역.

恩州(은주) 지금의 호남성(湖南省) 상덕(常德)의 안화현(安化縣).

播州(파주) 지금의 귀주성 준의(遵義)의 정안현(正安縣).

費州((비주) 지금의 호남성 상덕의 안화현 동북지역.

夷州(이주) 지금의 귀주성 준의의 정안현 남쪽지역.

江南(강남) 지금의 강소성(江蘇省), 절강성(浙江省), 복건성(福建省), 안휘성(安徽省), 강서성(江西省), 호남성(湖南省), 귀주성(貴州省).

鄂州(악주) 지금의 호북성(湖北省) 효감(孝感)의 무창현(武昌縣).

袁州(원주) 지금의 강서성(江西省) 의춘현(宜春縣).

吉州(길주) 지금의 강서성 길안시(吉安市).

嶺南(영남) 지금의 광동성(廣東省)과 광서동족자치구(廣西僮族自治區) 일대.

福州(복주) 지금의 복건성 복주시(福州市).

建州(건주) 지금의 복건성 남서(南西)의 건구현(建甌縣).

韶州(소주) 지금의 광동성(廣東省) 소관시(韶關市).

象州(상주) 지금의 광서동족자치구(廣西僮族自治區) 상주현(象州縣).

9. 차 생활에서의 찻 그릇의 줄임

九. 茶之略
차 지 략

其造具 若方春禁火之時 於野寺山園 叢手而
기조구 약방춘금화지시 어야사산원 총수이

掇 乃烝 乃舂 乃煬 以火乾之 則又棨 樸
철 내증 내용 내양 이화건지 즉우계 박

焙 貫 棚 穿 育等七事皆廢
배 관 붕 천 육등칠사개폐

其煮器 若松間石上可坐 則具列廢
기자기 약송간석상가좌 즉구열폐

用槁薪 鼎鑩*之屬 則風爐* 灰承 炭檛
용고신 정력 지속 즉풍로 회승 탄과

火筴 交床等廢
화협 교상등폐

若瞰泉臨澗 則水方 滌方 漉水囊廢
약감천임간 즉수방 척방 녹수낭폐

若五人已下 茶可末而精者 則羅廢
약오인이하 차가말이정자 즉라폐

若援藟躋巖 引絙入洞 於山口炙而末之 或紙
약원류제암 인환입동 어산구적이말지 혹지

包 合貯 則碾 拂末等廢
포 합저 즉연 불말등폐

既瓢 盌 筴 札 熟盂 鹾*篋悉以一筥盛之
기 표 완 협 찰 숙 우 차 궤 실 이 일 거 성 지

則都籃廢
즉 도 람 폐

但城邑之中 王公之門 二十四器闕一 則茶廢矣
단 성 읍 지 중 왕 공 지 문 이 십 사 기 궐 일 즉 차 폐 의

차 만드는 도구는, 만약 바로 봄의 한식(寒食) 때 들의 사찰이나 동산에서 모두 함께 손을 모아 차를 따고 솥에 찌고 절구에 찧고 불에 굽고 불에 말린다면 또한 송곳인 계(棨)와 두드리개인 박(撲)과 차를 건조시키는 배로(焙爐)와 꼬챙이인 관(貫)과 선반인 붕(棚)과 꿰미인 천(穿)과 차를 저장하고 양생하는 육(育) 등의 일곱 가지 차 만드는 도구는 모두 줄여도 된다.

차를 달이는 그릇은, 만약 차 그릇을 소나무 사이의 돌 위에 앉힐 수(놓일 수) 있다면 찻장인 구열(具列)은 줄여도 된다.

마른 섶 나무와 발이 셋 있는 솥을 사용할 수 있으면 풍로(風爐)와 재받이인 회승(灰承)과 숯 가르개인 탄과(炭檛)와 부젓가락인 화협(火筴)과 솥 놓는 상인 교상(交床) 등은 줄여도 된다.

만약 샘이 내려다 보이는 곳이나 계곡에 이르게 되면 물통인 수방(水方)과 개숫물통인 척방(滌方)과 물거르는 자루인 녹수낭(漉水囊) 등은 줄여도 된다.

만약 차 마실 사람이 다섯 사람 이하이고 차를 가루내어 정선된 것이라면 체인 라(羅)는 줄여도 된다.

만약 칡 덩굴을 잡고 바위에 오르거나 굵은 밧줄을 끌어당겨 동굴에 들어갈 때 산 입구에서 차를 구어 가루를 만들어 종이에 싸거나 합에 저장할 수 있다면 맷돌인 연(碾)과 가루털이개인 불말(拂末)은 줄여도 된다.

이미 표주박인 표(瓢)와 찻잔인 완(盌)과 대젓가락인 협(筴)과 솔인 찰(札)과 끓인 물 식힘 그릇인 숙우(熟盂)와 소금 그릇인 차궤(鹾簋) 등을 모두 한 광주리인 거(筥)에 담았다면 모둠바구니인 도람(都籃)은 줄여도 된다.

다만 성읍안의 왕공(王公) 가문에서는 스물네 가지의 차 그릇 중에서 하나만 빠져도 차를 그만둔다.

茶道古典

*鑒(력): 원문에는 력(櫪)으로 되어 있다. 오자이다.

*爐(노): 원문에는 진(燼)으로 되어 있다. 오자이다.

*鹾(차): 원문에는 계유(酉)변에 차(差)로 되어 있다. 오자이다.

造具(조구) 차 만드는 도구.

禁火(금화) 한식(寒食)을 말한다. 한식은 동지(冬至)가 지나고 105일째 되는 날이며 대개 4월 5, 6일경이다. 한식은 중국 진(晉)나라 문공(文公)의 충신인 개자추(介子推)가 이날 산에서 불에 타 순직한 것을 애도하기 위하여 한식날은 불을 때서 음식을 마련하지 않고 찬음식을 먹는다는데서 유래되었다.

方(방) 바로, 바야흐로, 또한 비로소

煬(양) 구워말리다, 불에 쬐다

廢(폐) 폐기하다, 폐지하다, 그만두다, 줄이다

槁(고) 마르다, 시들다, 마른나무
𣞤(력) 솥의 한 종류
瞰(감) 내려다보다, 굽어보다, 바라보다
澗(간) 계곡, 물이 흐르는 골짜기
臨(임) 이르다, 임하다
精(정) 정선한, 정련한, 정제한

援(원) 손에 쥐다, 돕다, 원조하다
藟(류) 칡덩굴, 등덩굴
躋(제) 오르다
絙(환) 굵은 밧줄
旣(기) 이미, 미리
盛(성) 담다, 받다, 무성하다

10. 차경의 그림

十. 茶之圖
차 지 도

以絹素或四幅或六幅　分布寫之　陳諸座隅　則
이 견 소 혹 사 폭 혹 육 폭　분 포 사 지　진 제 좌 우　즉

茶之源　之具　之造　之器　之煮　之飮　之事
차 지 원　지 구　지 조　지 기　지 자　지 음　지 사

之出　之略　目擊而存　於是『茶經』之始終備焉
지 출　지 략　목 격 이 존　어 시　차 경　지 시 종 비 언

『차경』을 네 폭 혹은 여섯 폭의 흰 비단에 나누어 그림을 그리고 차 마시는 모든 좌석의 곁에 걸어 놓는다. 『차경』의 그림 즉 차의 근원과 차 만드는 기구와 차 만드는 방법과 차 그릇과 차 달이는 방법과 차 마시는 법과 차의 역사와 차의 산지와 차 그릇 줄임 등을 직접 보고 보존하면 이제 『차경』의 시작부터 끝까지가 모두 갖추어진 것이다.

茶道古典

絹(견) 비단

陳(진) 진열하다, 늘어놓다, 걸다

隅(우) 옆, 구석, 모퉁이, 가

目擊(목격) 직접보다, 눈여겨보다

存(존) 보존하다, 보관하다, 남기다

備(비) 구비하다, 다 갖추어지다, 마련하다, 준비하다

於是(어시) 이제, 그래서, 그리하여

부록

중국의 차문화

한국의 다도정신

중국의 차문화

1. 차란 무엇인가?

차는 세 잎(一槍二旗)의 새순이 뾰족 나왔을 때 청명과 곡우 그리고 입하 사이에 차 잎을 딴다. 청명 전에 딴 차를 명전차라하고 곡우 전에 딴 차를 우전차라 한다. 이러한 차들이 좋은 차이다. (그러나 우리나라는 초의 장의순이 쓴 『동차송』에 의하면 입하 때 따는 것이 가장 좋다고 하였다. 중국의 남쪽 보다는 기후가 덜 따뜻하기 때문이다.)

딴 차잎을 솥에서 덖어서 손으로 비벼 그늘에 말린 것을 차라하고 끓인 물에 차를 우려내어 마신다.

차나무는 동백나무과에 속하며 사철 잎이 푸른 다년생 나무로 가을에 5잎의 흰 꽃이 핀다. 열매는 동백 씨앗과 같다.

육우의 『차경』(茶經)에는 차나무에 대하여 다음과 같이 기록하였다. "차나무는 남쪽의 아름다운 나무이다. 한 자나 두 자에서 수십자에 이른다. 파산과 협천에는 두 사람이 껴안을 만한 큰 차나무가 있어서 가지를 베여야만 차를 딸 수 있다. 차나무는 과로와 같고 차잎은 치자나무 잎과 같으며 차꽃은 백장미와 같고 열매는 병려와 같으며 꼭지는 정향과 같고 뿌리는 호두나무 뿌리와 같다"고 하였다.

중국에서는 차의 이름을 차(茶), 가(檟), 설(蔎), 명(茗), 천(荈) 등 다섯 가지로 표현한다.

차는 야생차가 상품이며 재배한 차 밭에서 딴 것은 그 다음이다. 양지 바른 언덕의 그늘진 숲에서 자라는 차가 상품이고 죽순 같은 차잎이 상품이다.

차나무가 자라는 곳은 자갈밭이 가장 좋고 그 다음은 모래땅이며 황토땅은 좋지 않다.

당 나라 때는 떡차(餠茶)를 만들어 마셨고 송나라 때는 가루차(抹茶)를 만들어 마셨으며 명 나라 때 와서 지금 우리가 마시는 잎차(녹차와 발효차)를 우려 마시게 되었다.

중국의 차 종류는 많으나 차 잎으로 만드는 단계에서 발효도에 따라 다음의 여섯 가지로 분류한다. 녹차(綠茶), 백차(白茶), 황차(黃茶), 청차(青茶), 홍차(紅茶), 흑차(黑茶) 등으로 구분한다. 녹차는 불 발효차이다. 대표적인 차로는 용정차(龍井茶)와 벽라춘(碧螺春), 황산모봉(黃山毛峰) 등이 있으나 그 종류는 수십 종에 이른다. 백차는 약 발효차이다. 대표적인 것으로는 백호은침(白毫銀針)과 백모란(白牡丹), 수미(壽眉) 등이 있다. 황차는 약후발효차이다. 대표적인 것은 군산은침(君山銀針)과 북항모침(北港毛針), 곽산황아(霍山黃芽) 등이 있다. 청차는 반 발효차이다. 대표적인 것은 대홍포(大紅袍)와 동정오룡(凍頂烏龍), 철관음(鐵觀音) 등이 있다. 홍차는 완전발효차이다. 대표적인 것은 기홍모봉(祁紅毛峰)과 전홍(滇紅), 정산소종(正山小種) 등이 있다. 흑차(黑茶)는 후발효차이다. 대표적인 것은 보이차(普洱茶)와 전산유진(滇山遺珍), 육안차(六安茶) 등이 있다. 이 외에도 화차(花茶)가 있다. 꽃차는 두 종류가 있는데 하나는 차 잎에 자스민 향을 흡착시킨 것이고 다른 하나는 꽃 자체를 차 잎과 함께 넣은 것이다. 대표적인 것은 모봉향편(毛峰香片)이다.

II. 다도정신이란 무엇인가?

중국의 다도정신은 "정행검덕"(精行儉德)이다. 육우의 『차경』에 "차를 마시기에 가장 알맞은 사람은 행실은 깨끗하고 바르며 생활은 검소하고 성품은 덕스러워야 한다"는 정행검덕을 말하였다. 육우는 마시는 차를 정신세계에 까지 승화시켰다.

다도란 철학이다. 마시는 음료인 차에 의미를 부여 한 것이다. 차를 상징으로 하여 그 상징이 갖는 정신은 무엇인가 하는 것을 동양 삼국에서는 다도라고 말한다. 도(道)란 길이란 뜻도 있지만 방법이란 의미도 있고 준수해야 할 덕이나 만물의 근원이란 의미도 가지고 있다.

다도라고 말할 때 그것은 차가 내포하고 있는 의미로서의 덕이나 근원은 무엇인가 하는 것이고 그 덕이나 근원은 곧 차의 정신을 의미하는 것이다. 다도란 하나의 상징이다. 과거에 중국인이나 우리 조상들이 관혼상제의 예법에 차를 사용한 것을 보아도 차의 상징성을 알 수 있다.

일본의 다도정신은 중국 송나라 때 수단선사의 제자 유원보가 제정한 "화경청적"(和敬淸寂)을 센리큐가 받아들여 일본의 다도정신으로 삼았다. (이 뜻은 차인은 "서로 화목하고 존경하며 깨끗하고 고요한 마음을 가져야 한다"는 것이다.)

한국의 다도정신은 "중정"(中正)이다. 중정의 정신은 초의 장의순 스님이 그의 저서 『동차송』(東茶頌)에서 말하였다. (중정이란 의미는 차인은 모든 일에 지나쳐도 안 되고 모자라도 안 된다는 것을 뜻한다. 이것은 또한 자기의 분수를 알고 지키라는 것이다 별로 아는 것이 없으면서 자기의 지식을 과시하거나 별로 가진 것이 없으면서 가진 것처럼 보이려는 허영심도 버리라는 것이다. 중정의 정신은 우리의 인간성 형성에 가장 중요한 요소이다. 또한 중정의 정신은 다른 사람과 더불어 사는 생활원리이다.)

III. 중국의 차

1. 중국의 역대 차인들

육우의 『차경』에 의하면 차를 처음으로 마신 사람은 염제인 신농(神農)씨이며 주나라 때는 노나라의 주공, 제 나라에서는 재상인 안영, 한 나라에서는 선인인 단구자와 황산군과 문제의 원령인 사마상여와 집극인 양웅 등이 차를 마셨다.

오 나라 때는 손호와 태부인 위요, 진 나라 때는 혜제와 유곤과 유연과 장재와 부함, 강통, 손초, 오흥태수 육납과 조카인 육숙, 관군인 사안석, 홍능태수 곽박, 양주태수 환온, 두육과 범요스님, 하후개와 우홍, 북지의 부손, 홍군거, 임첨, 진정, 단도개, 진무부인, 광릉의 할머니, 산겸지 등이 차를 마셨다.

후위 때는 왕숙, 송나라 때는 자란과 예장왕 자상 담제스님, 제나라의 세조무제, 양 나라의 유효작과 도홍경, 당나라의 서적 등이 차를 마셨다.

2. 최초의 차 책 『차경』(茶經)

『차경』은 중국의 당나라 때 지금으로부터 약 1230년 전에 육우(陸羽)가 상중하 3권으로 저술한 책이다. 『차경』은 중국에서 뿐 아니라 세계 최초의 차에 관한 책이며 차의 최고 경전이다. 『차경』은 다도 연구의 첫 걸음이며 다도의 원리를 연구하는 데 기본적인 전문서이다.

육우는 양자강 유역의 차가 많았던 지역을 찾아 차에 관한 자료를 수집하였다. 그리고 호주자사인 안진경이 주관한 『운해경원』 360권의 편집에 참여하여 당 나라 이전의 차에 관한 자료들을 수집하여 『차경』을 저술하였다.

지금까지 발견된 『차경』의 판본은 32권이나 되며 판본마다 다소의 문자의 차이가 있다. 『사고전서』에도 여섯 종류의 『차경』이 수록되어 있다.

3. 『차경』의 저자 육우(陸羽)는 누구인가?

육우(733~804)는 지금의 중국 호북성 천문현에서 태어 났다(당시는 복주의 경능). 그는 길에 버려진 고아로서 경능에 있는 용개사의 지적스님에게 발견되어 스님이 절로 데려다 기른 아이여서 그의 생년월일이나 가문에 대해서도 확실히 알 길이 없다.

그의 성을 육(陸)씨라 한 것은 용개사의 지적스님의 속성(俗姓)을 따른 것이라고 한다. 육우가 쓴 글(陸文學自傳)에 의하면 얼굴은 못생겼고 말은 더듬었으나 입담이 좋아 말솜씨의 재능이 있었고 결단력이 뛰어났다. 그러나 방랑기가 있어 마음만 먹으면 어디든지 갔으며 한번 약속한 것은 결코 바꾸지 않는 의리의 사람이었다고 한다.

그가 사는 경능에는 종이가 없었으므로 소를 몰고 다닐 때 대나무 가지로 소의 잔등에 글자를 쓰면서 공부를 하였다. 어느 날 학자에게 글자를 물으러 갔을 때 장형(78~139)의 저서 『남도부』를 얻었다. 그러나 그 책의 내용을 알 수가 없었다. 다만 목소에서 푸른 옷을 입은 아이들을 모방하여 책을 펴놓고 글을 읽는 것처럼 입만을 움직였다.

지적스님은 불경 외에 공부하는 것을 싫어했으므로 육우는 승려의 옷을 벗어 버리고 절을 떠나 광대 패 극단에 들어가 해학 3편을 지었다. 그의 나이 11살 때의 일이었다.

당 나라 현종 5년에 영 지방에 사는 사람들이 창낭에 모여 연회를 하고 있을 때 지방관리가 육우를 초청하여 연극의 주연 광대로 삼았다. 그 때에 경능으로 좌천되어온 이제물이 그 광경을 보고 기특하게 여겨 육우의 손을 잡고 등을 어루만지며 칭찬을 하고 친히 시집을 주면서 글공부를 열심히 하도록 격려하였다. 육우는 책을 걸머지고 화문산에 있는 추부자의 별장으로 가서 글공부를 하게 되었다.

육우는 서기 755년에 일어난 안록산의 난을 피하여 양자강을 건너 호주의 초계로 갔다. 그는 양자강을 건너 피난 올 때의 심정을 시로 썼는데 그것이 "사비시"(四悲時)이다. 초계는 뽕나무밭과 삼밭이 많았으므로 육우는 자기의 아호를 상저옹(桑苧翁)이라 하였고 경능에서 왔으므로 경능자(竟陵子)라고도 하였다.

육우는 오흥의 저산에 가서 묘희사의 시승 석교연(釋皎然)과 교분을 맺었다. 석교연은 당나라의 시인으로서 유명할 뿐 아니라 시를 짓는 법을 처음으로 체계화한 사람으로도 유명하다.

『차경』은 760년에 이미 그 초고가 완성되었으나 그 후 계속해서 자료들을 더 수집하여 780년에 석교연의 후원으로 육우는 『차경』을 완성하였다.

육우가 『차경』을 저술함으로써 차 마시는 사람들이 늘어났다. 당시에 차를 파는 사람들은 도자기로 육우의 얼굴상을 만들어 차 부뚜막의 굴뚝에 올려놓고 차신(茶神)으로 섬겨 제사를 지냈다. 육우는 서기 840년에 72세로 세상을 떠났다.

4. 『차경』의 내용

1장 차의 근원에서는 차나무와 차(茶)자에 대한 설명과, 좋은 차밭, 차의 효능, 차인의 자격에 대하여 기록하였다. 2장 차 만드는 기구에 대해서는 16가지를 구체적으로 설명하였다. 3장의 차 만드는 법은 차 따는 것부터 차가 완성되어 항아리에 넣고 봉하기까지 일곱 과정을 쓰고, 좋은 차와 나쁜 차에 대하여 설명하였다. 4장은 차 그릇을 25가지로 설명하였다. 5장 차 달이는 방법에서는 떡차의 굽는 방법과 물의 선택과 가루차를 끓여 마시는 법을 설명하였다. 6장에서는 차를 다룰 때 아홉 가지의 어려움이 있다고 설명하였다. 7장 차의 역사에서는 역대의 차인들과 차와 관련된 역사적 문헌들을 상세히 기록하였다. 8장에서는 당 나라 시대에 차가 생산되는 지역과 도시에 대하여 상세히 기록하였다. 9장은 야외에서 차를 마실 때 차 그릇을 줄이는 방법에 대하여 기록하였다. 10장은 『차경』의 내용을 비단에 그림으로 그려서 걸어놓고 차 모임을 갖는다는 내용인데 지금은 『차경』의 그림이 없어져서 알 수가 없다.

5. 차에는 9가지의 어려움이 있다.

첫째는 차를 만드는 법: 흐린 날 차를 따거나 밤에 차를 불에 말려서는 안 된다.

둘째는 차의 품질을 분별하는 것: 차를 씹어서 맛을 보거나 향기를 맡아서 분별해서는 안 된다.

셋째는 차 그릇: 노린내가 나거나 비린내 나는 그릇은 사용해서는 안 된다.

넷째는 차를 굽거나 물을 끓이는 불: 진이 있는 땔감과 부엌에서 쓰던 숯은 사용해서는 안 된다.

다섯째는 물: 차에는 급류나 고인 물을 사용해서는 안 된다.

여섯째는 차를 굽는 것: 떡차의 겉은 익고 속이 설게 구워서는 안 된다.

일곱째는 떡차로 가루를 만드는 일: 가루차의 빛깔이 푸른빛이거나 옥색은 좋은 가루가 아니다.

여덟째는 차를 달이는 방법: 차를 달일 때는 험하게 다루거나 서둘러서 휘젓는 것은 잘못된 방법이다.

아홉째는 차를 마시는 법: 여름에는 차를 열심히 마시고 겨울에는 차를 마시지 않는 것은 차를 마시는 법이 아니다.

6. 차의 효능

차의 효능에 관하여 육우의 『차경』에는 “차는 그 성질이 매우 차갑다. 만약 열이 나고 갈증이 있거나 번민이 있거나 머리가 아프거나 눈이 뻑뻑하거나 사지가 번거롭거나 관절의 마디가 펴지지 않으면 너 댓 번만 마시면 제호나 감로와 견줄만하다”고 하였다.

신농(神農)의 『식경』(食經)에 “차를 오래 마시면 사람이 힘이 있고 마음이 즐거워 진다”고 하였다. 화타(華佗)의 『식론』(食論)에는 “차를 오래 마시면 사색에 유익하다”고 하였다. 호거사(壺居士)의 『식기』(食忌)에는 차를 오래 마시면 신선이 되고 부추와 함께 마시면 몸이 무거워 진다“고 하였다. 도홍경(陶弘景)의 『잡록』(雜錄)에 ”차는 몸을 가볍게 하고 뼈를 바꾼다“고 하였다. 『동군록』(桐君錄)에는 ”파동에는 진짜 차가 있는데 이것을 다려서 마시면 사람이 잠을 자지 못한다“고 하였다. 『본초』(本草)의 목(木)부에 ”차는 맛은 달고 쓰며 조금 냉하나 독은 없다. 누창(瘻瘡)이란 병에 주로 쓰이며 소변을 잘 보게 하고 가래, 갈증, 몸의 열을 없애고 잠을 적게 한다. 차의 쓴 맛은 기(氣)를 가라앉히고 음식을 소화 시킨다“고 하였다. 『침중방』(枕中方)에는 ”오래된 종기의 치료에는 차와 지네를 함께 구워 향기가 나도록 익으면 반으로 갈라서 찧고 체로 쳐서 감초탕을 달여 환부를 씻어내고 가루를 바른다“고 하였다. 『유자방』(孺子方)에 “어린아이가 이유 없이 놀라서 기절한 것을 치료 하는 데는 차와 파 뿌리를 달여서 먹인다"고 하였다.

7. 중국차의 역사

차를 처음 발견하고 마신 사람은 중국의 전설적인 황제인 신농(神農)이다. 신농은 서기전 2천7백여 년 전 사람으로 인류가 차를 마시기 시작한 것은 4천년의 긴 역사를 가지고 있다.

차는 열대와 아열대 지방인 인도와 중국 남부가 원산지이다. 차는 처음에는 생강이나 귤껍질과 다른 식물들과 함께 끓인 차 죽 같은 것으로서 마신다는 것 보다는 먹는 것으로 주로 상류계급에서 사용하였다.

차라는 말과 차의 제조법과 마시는 법이 확인 된 것은 당나라 시대였다. 당나라 이전 까지는 차(茶)라는 글자는 없었고 도(荼)라는 글자를 사용하다가 당나라 때 와서 육우가 도자에서 획 하나를 빼고 차자를 만들어 사용했다고 한다.

한(漢)나라(기원전 206~기원후 220)시대는 차는 나물의 일종으로 『신농본초기』(神農本草記)에 기록되어 있고 차의 효능에 대해서도 기록되어 있다.

이 무렵부터 사천성 근처에서 끽차의 풍습이 있었다. 그러나 당시는 기호품이라 기 보다는 다린 약으로 마시게 되었다.

삼국시대(220~280) 이후부터는 약용에서 점차 기호품이 되었다. 진나라와 남북조시대에는 귀족계급과 강남지방에서는 술 대신에 차를 마셨다고 전해지고 있다. 그리고 승려와 문인들 사이에서 유행되어 일상적으로 마시게 되었다.

당나라(7~10세기)시대에 와서 차나무는 중국의 남부뿐 아니라 장강 이남에서 재배되어 차 마시는 인구가 늘어갔다. 이때의 차는 차 잎을 따서 솥에서 찌고 절구에 넣고 찧어서 작고 딱딱하게 건조시키는 떡차(餠茶)였다. 마실 때는 떡차를 깨트려 약연(藥研)에 갈아 분말을 만들어 끓는 물속에 넣어 달여 마셨다.

상류사회에서는 장수 때문에 차를 마셨으므로 차기도 금이나 은으로 만들어 호화스럽게 사용하였다.(이때의 차기들이 타이페이의 고궁박물원에 전시되어있다.)

당시에 마시던 차의 성분, 효능, 제차법, 음차법, 차도구와차기 등에 관해서 집대성한 책이 육우의 『차경』(780년)이다. 이 『차경』은 차의 백과사전적인 존재이다. 당나라 때의 찻잔은 월주의 청자를 상품으로 여겼다. 당시의 차 그릇의 종류는 20여 가지나 되었다.

송나라(10~13세기)시대는 휘종황제의 『대관차론』(大觀茶論)에 따르면 송나라의 차는 고형차인 단차(團茶)를 만들어 차맷돌(茶碾)에 갈아서 찻솔(茶筅)으로 저어서 마시는 말차(抹茶)였다. 송나라 때 와서 처음으로 말차가 만들어 졌다. 귀족 뿐 아니라 시민계급이 생겨 차 문화가 일반화되었다. 이때에 와서 비로소 지금 우리가 마시는 말차(抹茶)를 만들어 냈다. 차 사발에 가루차를 넣고 차선(茶筅)을 사용하여 휘저어 마시는 방식이었다. 송나라 때 와서 그 유명한 검은색의 천목차완(天目茶碗)이 만들어지고 백자잔도 함께 사용하였다. 천목차완은 흑유(黑釉)를 사용한 자기로서 차의 빛깔을 더 아름답게 만들었다.

원나라(13~14세기)시대는 유목민인 몽골인들의 시대였으므로 차도 이동하기에 편리한 고형차인 떡차가 다시 발달한 시기이다. 가루차 보다는 솥에서 다려 마셨기 때문에 차의 빛깔도 연해져서 흑유의 찻잔 보다는 백자잔이 널리 보급되었다.

당시 몽골인은 중앙아시아를 지배하고 있었으므로 거기에서 좋은 흙을 가지고 와서 청화백자(青華白磁)를 경덕진(景德鎮) 가마에서 구워 우수한 찻잔을 만들어 냈다. (중국도 청화안료는 페르시아에서 수입해서 사용했음으로 가격이 비쌌다.)

차 마시는 습관이 널리 퍼지면서 사람들이 각자 차를 마시게 됨에 따라 뚜껑이 있는 찻잔(蓋碗)이 이때에 만들어 졌다.

명나라(14~17세기)시대에 오면 떡차는 제차하는데 시간이 많이 걸리고, 차의 본래의 맛을 맛볼 수 없으므로 명나라 태조 주원장(朱元璋)(1368-1397)은 떡차를 만들지 못하도록 금지령을 내렸다. 명나라 때 와서야 지금 우리가 마시는 녹차를 만들어 마시게 되었다.

청나라(17~20세기)시대는 중국 차문화의 전성기이다. 지금 우리가 사용하는 차와 차기는 모두 청나라 때 완성 된 것이다. 그리고 차문화 발전에 큰 공헌을 한 것은 복건성에서 청차(青茶)인 오룡차(烏龍茶)를 만든 것이다. 특히 향기를 즐기면서 마시는 중국의 청차가 널리 보급되었다. 작은 찻주전자를 사용하여 여러 번 우려마시는 차기들이 고안된 것이 이때이다.

중국의 차기에는 도기(陶器)와 자기(磁器)가있다. 도기는 유약을 바르지 않은 차기로서 의흥(宜興)에서 만드는 자사차기(紫砂茶器)이다. 자기는 유약을 바른 차기로서 주로 경덕진(景德鎮)에서 만든다.

한국의 다도정신

1. 문화와 전통문화

인간과 문화는 불가분의 관계에 있다. 인간 없이는 문화가 있을 수 없고 또 문화를 갖지 않은 인간도 있을 수가 없다. 문화란 한 민족이나 그 사회의 전반적인 삶의 모습을 일컫는 말이다. 인간은 문화를 가진 유일한 동물이다. 총체론적 관점에서 문화는 한 인간 집단의 생활양식의 총체를 뜻한다. 19세기 후반의 영국의 인류학자 Edward B. Tylor는 문화를 "지식, 신앙, 법률, 도덕, 관습에 의해 얻어진 것과, 사회의 구성원으로서의 인간에 의해 얻어진 다른 모든 능력이나 습성의 복합적 총체"라고 정의 하였다.

우리말의 문화란 용어는 영어의 culture나 독일어의 kultur를 번역한 것이다. 이것은 라틴어 cultura에서 유래된 것으로 17세기 이래로 유럽에서 사용되고 있는 말이다.

문화란 말은 원래 "농사"하는 일과 "육체와 정신의 돌봄"이라는 두 가지 뜻을 가지고 있다. 그래서 이 낱말은 처음부터 농경과 정신적 재산의 돌봄이라는 두 가지 의미로 쓰였다.

문화란 어느 일정한 사회에서 학습된 행동과 그 행동 결과와의 통합된 형태로서 그 사회를 구성하는 구성원에 의하여 소유되고 전승된 것이다. 문화의 전승은 나라마다 다르기 때문에 오랜 역사를 지닌 민족은 자기 나름의 독특한 전통문화를 가지고 있다. 그러므로 문화란 한 민족이나 그 사회의 전반적인 삶의 모습이다. 문화의 개념은 점차적으로 한 민족이나 그 사회의 정신적 또는 예술적 표현의 총체라는 의미로 형성되어 갔다. 오늘날도 문화라 하면 하나는, 교양 있고 세련되고 예술적인 것을 가리킨다. 교양 있고 세련된 사람을 두고 우리는 흔히 '문화인' 이라고 부른다. 또 다른 하나는, 이 보다 훨씬 광범위한 문화를 뜻한다. 즉 인간에 의해서 이룩된 모든 것이 그 범주에 속한다.

우리나라에는 고등교육을 받은 사람 중에 문화와 문명을 잘 구분 못하는 사람들이 꽤 있다. 그래서 문명한 나라는 문화도 찬란한 것으로 잘못 인식하고 있는 사람이 많이 있다.

문명은 물질적인 경제력과 과학의 발달로 인해서 이루어지는 것이다. 그러나 문화는 긴 역사를 통해서 형성되는 것이지 경제력이나 과학의 발달과는 하등의 관계가 없다. 그러므로 오랜 역사를 가진 나라는 훌륭한 문화를 가지고 있고 짧은 역사를 소유한 나라는 보잘것없는 문화를 지니고 있다. 우리나라는 오랜 역사를 가진 문화국가 이다. 역사가 200년 밖에 되지 않는 미국은 문화적 측면에서는 우리나라와 비교가 되지 않는 국가 이다. 그런데 우리는 우리의 것을 원시적인 것, 미신적인 것, 보잘것없고 천한 것으로 보는 경향이 있다. 이러한 것은 잘못된 교육의 영향이다. 특히 일본사람들이 식민지 교육을 실시 한데서 비롯된 것 들이다. 한국문화란 한국민족이 우리역사 안에서 살아온 삶의 모습 전반을 일컫는 말이다.

문화의 전승은 나라마다 다르기 때문에 오랜 역사를 지닌 민족은 자기 나름의 독특한 전통문화를 지니고 있다. 전통문화란 한 민족이 같은 역사 안에서 가꾸고 보존해온 가족제도, 관혼상제, 생활양식, 종교의례, 세시풍속, 조형전승, 예술전승, 구비문학 등을 총괄하는 명칭이다.

한국의 차문화는 우리의 훌륭한 전통문화 가운데 하나이다. 우리는 오랫동안 잊혀졌던 차문화를 복원하고 재창조하는 작업을 하고 있다. 차문화의 내용은 광범위하다. 차문화는 인간생활에서 가장 높고 깊은 면을 간직하고 있다. 하나는 예술적인 면이고 다른 하나는 도덕적인 면이다. 예술적인 면은 눈에 보이는 유형적인 문화이다. 그러나 도덕적인 면은 눈에 보이지 않는 무형적인 문화이다. 유형적인 차 문화를 현상적인 문화라 한다면 무형적인 차문화는 본질적인 문화이다. 윤리나 도덕과 예절은 전통적인 우리의 가치이다. 이것은 우리가 조상으로부터 물려받은 것이기 때문에 가장 귀중한 자산이다. 다도는 생활문화 가운데서 사람됨의 문화이며 인간생활에서 가장 침착하고 아름답게 세련된 삶을 살아가게 하는 우리의 전통문화이다.

II. 한국의 다도 정신은 중정

우리나라의 차인 들은 행차법(行茶法)에 대해서는 많이 배우고 가르치려고 한다. 그러나 다도(茶道) 즉 차의 정신에 관해서는 알려고 하지 않는다. 음료수로서의 차만을 생각하면 행차법을 익히는 것으로 충분하지만 다도라는 말을 사용하게 되면 행차법 이나 차의 성분, 차의 종류, 차기에 관해서만 배워서는 안 된다. 다도란 철학이다. 마시는 음료인 차에 의미를 부여하는 것이다. 차를 상징으로 하여 그 상징이 갖는 정신은 무엇인가 하는 것을 동양 삼국에서는 다도라고 말한다. 도(道)란 길이란 뜻도 있지만 방법이란 의미도 있고 준수해야 할 덕(德)이나 만물의 근원이란 의미도 있고 진리란 뜻도 있다. 다도라고 말할 때 그것은 차가 내포하고 있는 의미로서의 덕이나 근원은 무엇인가 하는 것이고 그 덕이나 근원은 곧 차의 정신을 의미하는 것이다. 다도란 하나의 상징이다. 우리의 조상들이 관혼상제의 예법에 차를 사용한 것을 보아도 차의 상징성을 알 수 있다.

중국의 다도 정신은 육우의 『차경』(茶經)에서 말한 "정행검덕"(精行儉德)이다. 이것은 차인은 "행동은 깨끗하고 바르게 하며 생활은 검소하고 성품은 덕스러워야 한다"는 것을 의미한다. 일본의 다도 정신은 "화경청적"(和敬淸寂) 이다. 이 뜻은 차인은 "서로 화목하고 존경하며 깨끗하고 고요한 마음을 가져야 한다"는 것이다. "화경청적"은 센리큐(千利休)가 말한 것으로 되어 있지만 사실은 중국의 송나라 때 백운산의 수단선사(守端禪師)의 제자 유원보(劉元甫)가 "화경청적"을 다도의 도리로 정하고 다도회를 조직한 데서 비롯된 것이다. 일본의 다도정신은 이것을 빌려온 것이다.

한국의 다도정신은 초의 장의순이 『동차송』에서 말한 "중정"(中正)이다. 여기서 중정이란 "차의 근본인 물(體)과 차의 싱그러운 기운(神氣)이 비록 온전하다 하더라도 오히려 중정을 지나치면 못 쓰게 된다. 중정 이란 우려낸 차의 빛깔이 좋아야 하고(健), 차의 간

이 함께 잘 맞아야 한다(靈)"고 하였다.(體神雖全猶恐過中正 체신수전유공과 중정 中正不過健靈倂 중정불과건령병)

『차신전』의 차를 우려내는 방법(泡法)에서는 중정의 방법으로 차를 우려내는 것을 말하고 있다. 즉 "차 주전자에 차를 넣을 때 차가 많지도 적지도 않고 알맞게 넣어야 한다. 중정을 지나치거나 적당치 않으면 안 된다. 차 잎을 많이 넣으면 차 맛이 쓰고 차 향기는 가라앉는다. 물이 많으면 우려낸 차의 빛깔은 맑고 맛은 부족하다"고 하였다. (茶葉多寡宜酌 차엽다과의작 不可過中失正 불가과중실정 茶重則味苦香沈水勝則色淸味寡 차중즉미고향침수승즉색청미과)

중정의 정신은 봄에 차 잎을 딸 때부터 시작된다. 차 잎을 너무 일찍 따면 차 맛이 온전치 못하고 너무 늦게 따면 차의 싱그러움이 없어진다. 그러므로 가장 적절한 시기에 차 잎을 채취해야 한다. 이것이 중정이다. 차를 만들기 위하여 물을 끓일 때도 너무 오래 끓이면 노수(老水)가 되어 차를 우려내는 데 부적절하고 물이 덜 끓으면 차의 향기가 제대로 우러나지 않기 때문에 물을 끓일 때도 중정을 지켜야 한다. 물을 끓여 차를 우릴 때도 차의 분량을 너무 적게 넣으면 차 맛이 싱겁고 차의 양을 너무 많이 넣으면 차 맛이 써서 향기가 떨어진다. 또한 차를 우려낼 때도 차 주전자 안에 너무 오래 두었다가 따르거나 너무 일찍 우려내서도 안 된다. 이 모두가 중정의 도를 넘어서면 차의 제 맛을 낼 수 없기 때문이다. 중정이란 차의 간이 맞는 것을 말한다. 차는 다섯 가지의 맛을 가지고 있다. 즉 달고(甘) 쓰고(苦) 시고(酸) 짜고(鹽) 떫은(澁) 맛이 함께 어우러져 있다. 이 다섯 가지의 맛이 전체적으로 싱거워도 간은 맞지 않고 너무 짜도 간은 맞지 않는다. 또한 어느 한가지의 맛이 유별나게 튀어도 간은 맞지 않는다. 그래서 차를 간이 맞게 잘 우려내기란 그리 쉬운 일이 아니다.

우리나라의 다도 정신은 중정(中正)에서 비롯된 것이다. 중정이란, 차인(茶人)은 모든 일에 지나쳐도 안 되고 모자라도 안 된다는 것을 의미한다. 이것은 또한 자기의 분수를 알고 지키라는 말이다. 별로 아는 것이 없으면서 자기의 지식을 지나치게 과시하거나 별로 가진 것이 없으면서 가진자 처럼 보이려는 허영심을 버리라는 뜻이다. 사람의 성격에 있어서도 과격하거나 모나는 성격도 중정의 정신에는 어긋난 것이다. 그러므로 중정의 정신은 우리의 인간성 형성에 가장 중요한 요소이다. 그리하여 차인은 소극적인 삶이 적극적인 삶으로 바뀌고 부정적인 삶이 긍정적인 삶으로 바뀌도록 하여야 한다. 또한 중정의 정신은 다른 사람과 더불어 사는 생활 원리가 되어야 한다.

차 생활은 빈부귀천에서 해방되어 누구나 즐겨 마실 수 있을 때 차원 높은 생활문화가 될 수 있다. 그리하여 차 생활은 우리의 삶 전체와 밀접히 관련되어 떨어질 수 없는 생활양식이 되어야 한다. 차 생활에서의 행차법(行茶法)은 손님에 대한 예절의 형식이며, 그 근본은 마음을 다하는 정성이 담 겨져 있으면 그것으로 훌륭한 것이다. 차 생활은 날로 발전되어 가고 차 생활 인구도 증가되어 가지만 차의 정신은 오히려 후퇴하고 있는 것이 아닌가 우려되는 때도 있다. 그럼에도 불구하고 차문화는 생활문화가 되어야 한다.

우리의 생활에서 다도 정신인 중정의 정신은 어느 한 곳에 치우침이 없는 사고방식과 삶의 태도를 가짐으로 온전한 생활을 영위할 수 있게 한다. 중정을 지키는 온전한 생활이란 다도에서 말하는 색(色) 향(香) 미(味) 즉 인간의 타고난 본래의 빛깔, 본래의 향기, 본래의 맛을 지니고 살아가는 것을 뜻한다. 다도란 높은 정신과 예절이 함께 어우러져서 격조 높은 가치와 의식으로 생활화하는 것이다.

우리가 차 생활을 하는 제일의 목적은 바람직한 인간 형성이다. 이것은 예절과 도덕을 비롯하여 다른 사람과 더불어 살아가는 생활 원리를 제공해 준다. 그 다음은 문화의 새로운 창조 작업이다. 옛 것만 문화는 아니다. 오늘 우리가 살아가는 삶의 양태는 곧 우리의 오늘의 문화이며 이것은 후대에 문화유산으로 전수된다. 문화 창조는 근원적인 인간 형성이 바르게 되었을 때 그 문화도 바르게 창조 될 수 있다.

다도 정신인 "중정"을 알고 차 생활을 하는 차인은 다음의 것을 이어가야 한다. 첫째는 선비정신의 계승이고, 둘째는 전통예절의 올바른 계승이며, 셋째는 도덕과 윤리의 향상이고, 넷째는 전통문화와 미풍양속의 보존이며, 다섯째는 우리 차문화의 새로운 창조이고, 여섯째는 고상한 취미 생활이다. 이 모두는 차인의 품격을 갖추는 일이며 중정의 정신으로 살아가는 일이다.

욕심에 찌든 마음을 열고 한번쯤은 한국의 다도 정신인 중정의 의미를 되새겨 봄은 어떨까? 물질중심과 자기중심의 세계에서 청빈하고 맑은 마음으로 되돌아오고 남과 이웃을 내 삶의 공간으로 함께 끌어들여 차가 갖는 중정의 마음 자리를 공유해 보는 일은 어떨까? 차인에게는 이런 노력이 있어야 한다.

최근에 와서 우리나라 차인들 가운데 한국의 다도정신을 "중정"이 아닌 다른 것으로 주장하는 이들이 간혹 있다. 일본에서는 다도의 유파가 여럿 있어도 다도정신을 "화경청적" 외에 달리 말하지는 않는다. 중국에서도 "정행검덕" 외에 다도정신을 다르게 주장하고 있지 않다.

우리나라에서 다도정신을 "중정"이라고 결정한 내력은 이러하다. 1970년대 '효동원'에서 원로 차인들이 차의 중흥을 위해 모임을 갖고 있었다. 그 때에 필자에게 중국과 일본에는 다도정신이 있는데 우리나라에는 다도정신이 정해져 있지 않으니 연구하여 발표하라고 하였다. 그래서 1975년에 한국 차의 정신은 『동차송』에서 초의 장의순이 말한 "중정"이어야 한다고 발표하자 거기 모인 차인들이 모두 동의하고 "중정"을 한국의 다도정신으로 삼게 되었다.

효동원에서 모이던 차인들의 모임이 모체가 되어 1977년 1월 15일에 다솔사 에서 '한국차도회'가 우리나라에서 처음으로 창립되고 회장에 효당 최범술 스님을 옹립하였다. 그때 정식으로 한국의 다도정신은 "중정"이라고 채택한 것이다. 그리고 '한국차도회'가 발전하여 1979년 1월 20일에 '한국차인회'(현 한국차인연합회)가 결성되고 한국차인회의 회지 격이었던 『다원』(1983. 2. 1 발행)이란 차 잡지가 창간될 때 한국 차의 정신은 "중정"이란 글을 처음으로 쓰게 되었다. 앞으로 우리 차인들은 한국 차의 정신은 초의 선사가 우리에게 가르쳐 준 "중정"이란 것을 따라야 할 것이다.

茶道古典 (다도고전)

편　역 윤병상
펴낸곳 연세대학교 출판부
주　소 서울특별시 서대문구 성산로 262
전　화 2123-3380~2
팩　스 2123-8673
E-mail ysup@yonsei.ac.kr
홈페이지 http://www.yonsei.ac.kr/press
등　록 1955년 10월 13일 제9-60호
인　쇄 (주)태화북스

2007년 10월 30일 2판 1쇄
2010년 4월 10일 2판 2쇄
ISBN 978-89-7141-809-3 (03590)

값 15,000원